Menachem Kaiser

KAJZER

Mein Familienerbe und
das Abenteuer der Erinnerung

Aus dem Englischen von
Brigitte Hilzensauer

Paul Zsolnay Verlag

Die Originalausgabe erschien unter dem Titel
Plunder. A Memoir of Family Property and Nazi Treasure 2021
bei Houghton Mifflin Harcourt in Boston und New York.

1. Auflage 2023
ISBN 978-3-552-07339-5
Copyright © 2021 by Meir Menachem Kaiser
Published by special arrangement with Houghton Mifflin
Harcourt Publishing Company
Alle Rechte der deutschsprachigen Ausgabe
© 2023 Paul Zsolnay Verlag Ges. m. b. H., Wien
Satz: Nadine Clemens, München
Autorenfoto: © Beowulf Sheehan
Umschlag: Anzinger und Rasp, München
Motiv: © Jonathan Koch / jonathankochstudio.com
Druck und Bindung: CPI books GmbH, Leck
Printed in Germany

MIX
Papier | Fördert
gute Waldnutzung
FSC
www.fsc.org
FSC® C083411

FÜR ZAIDY

Teil eins

MAŁACHOWSKIEGO
12

1

MAIER MENACHEM KAISER, der Vater meines Vaters, starb im
April 1977. Das war acht Jahre, bevor ich geboren wurde. Ich
habe ihn nicht gekannt, wir hatten keine Großvater-Enkel-Mo-
mente. Ich habe ihn nie umarmt, er hat mir nie Geschenke gemacht, von denen meine Eltern nicht begeistert waren, er hat
mich nie ausgeschimpft, weil ich auf die Straße gelaufen war,
oder mir gesagt, dass er mich liebt. Für mich war er der Vater,
den mein Vater einmal gehabt hatte, und das war's. Ich wusste
erstaunlich wenig über ihn, viel weniger, als dem Umstand zugeschrieben werden konnte, dass unsere Lebensspannen sich
nicht überschnitten. Was wusste ich eigentlich? Ich kannte die
Boxenstopps im Nachruf. Ich wusste, dass er in Polen geboren
war (nicht aber, in welcher Stadt); ich wusste, dass er den Krieg
überlebt hatte (kannte aber kein einziges zusätzliches Detail),
und ich wusste, dass er nach dem Krieg nach Deutschland gegangen war, wo er 1946 Bertha Ramras geheiratet und ein Kind
bekommen hatte, meinen Onkel; dann nach New York, wo mein
Vater und meine Tante geboren wurden; dann nach Toronto, wo
er mit 56 Jahren an Herzversagen starb.

Das bisschen Ahnung, das ich von meinem Großvater hatte,
rührte von dem her, was mein Vater mir erzählt hatte, meist am
Jahrestag seines Todes, der Jahrzeit. An diesem Tag befolgten
mein Vater und ich eine Routine, dieselbe in jedem Jahr, festgelegt, ritualisiert. Kurz vor Sonnenaufgang weckt mich mein Vater, und wir gehen in die Schul, wo er den Gottesdienst leitet und

das Kaddisch spricht. Danach holt er ein paar Flaschen Schnaps hervor, einen Beutel mit Gebäck, einen Beutel mit Crackern. Etwa ein Dutzend Männer stehen herum, trinken ein Gläschen, essen ein wenig Gebäck und sagen zu meinem Vater: »Möge seine Neschama ein Alija haben.« Das sagen sie so, wie man einander frohe Feiertage wünscht – der Form halber, nachlässig, aber nicht lieblos. Mein Vater antwortet »Amen«, danke.

Nach der Schul fahren er und ich zum Friedhof. Der ist äußerst gepflegt, nach Zugehörigkeit zu den verschiedenen Synagogen aufgeteilt und wirkt wie ein Wohnviertel mit unscharfen Abgrenzungen und akkuraten Avenuen: Beth Emeth, Minsker, Stopnitzer, Anschel Minsk. Gesittet sogar im Jenseits, liegen Männer und Frauen separiert begraben.

Wir stellen das Auto ab und gehen zum Grab meines Großvaters, wo wir Psalmen lesen. Es gibt Psalmen für jeden Anlass. An einem Grab spricht man Kapitel 33, 16, 17, 72, 91, 104 und 130; aus dem Kapitel 119 dann, das aus 22 Abschnitten besteht, für jeden hebräischen Buchstaben einer, liest man die Verse, die dem Namen des Hingeschiedenen entsprechen. Ich lese die Psalmen sehr schnell, für mich ist das bloß eine von diesen spirituellen Aufgaben, und ich habe Übung darin, mich durch das Hebräische zu ackern. Aber wenn ich fertig bin, habe ich nichts mehr zu tun, kann nirgendwohin, und so stehe ich vor dem Grab meines Großvaters, gelangweilt, aber nicht rastlos, und beobachte meinen Vater. Er sieht sehr gut aus, mit kantigem Kinn, vollem schwarzem Haar, gepflegt. Er trägt, was er immer trägt: hohe Schnürschuhe, ein weißes oder blaues Hemd mit Button-down-Kragen, eine dunkle Windjacke und eine dunkle Baseballmütze (das Logo ist ihm vollkommen egal, da könnte SWAT oder FUBU darauf stehen). Er liest die Psalmen viel langsamer als ich, langsamer sogar als in seinem üblichen Gebetstempo. Mein Vater ist ein Gewohnheitsmensch – aus Regeln und Routine bezieht er einen tiefen Trost, sogar eine Art Stärke –, und seine Intensität zeigt sich in den vorgeschriebenen Methoden. Ich weiß nicht, was mein Vater für seinen Vater empfindet, über ihn denkt. Aber was immer diese Gedanken und Empfindungen sein mögen, sie werden demonstriert, doch nicht ganz artikuliert, wenn er leise, aber nicht stumm am Grab seines Vaters betet. Er schließt seine Augen so fest, dass sich an seinen Schläfen Falten bilden. Hie und da, bei einem hebräischen Wort stockend, wird seine Stimme lauter, bricht. Mein Vater zermalmt die Worte des Psalmisten in seinem Mund. In den meisten Jahren weint er nicht, manchmal aber doch – stoische Tränen ohne Schluchzen –, und ich spähe zu ihm hin, unbehaglich, unsicher, was ich oder ob ich etwas tun soll. Heute fällt mir ein, dass dies die einzigen Anlässe waren, bei denen ich meinen Vater weinen sah.

Auf dem Grabstein steht der hebräische Name meines Großvaters, der zugleich mein offizieller Name ist: Meir Menachem Kaiser. (Meine Eltern haben auf die englische Schreibweise von »Maier« upgedatet.) Seltsam, seinen Namen auf einem Grabstein eingraviert zu sehen. Ich würde nicht sagen, es sei verstörend oder verunsichernd – ich bin noch jung, hege nicht viele Gedanken an den Tod, tiefgründig oder nicht –, es ist bloß schräg. Den restlichen Platz auf dem Grabstein nimmt ein kurzes hebräisches Gedicht ein, ein Wortspiel mit seinem Namen – »Meir« ist vom hebräischen Wort für Licht abgeleitet, Menachem vom Wort für Trost: »*Das Licht* (meir) *unserer Augen ist von uns genommen / Wir finden keinen Trost* (menachem).«

Als Gedicht ist das nichts Besonderes, aber es ist aufrichtig, geradeheraus, unprätentiös. Ich bin mir sicher, dass das Gedicht alle, die meinen Großvater kannten, berührt hat und nach wie vor berührt.

Ich habe meinen Großvater nie kennengelernt; ich bin nicht tief berührt. Gefühllos bin ich nicht – an einem Grab fühlt man *irgendetwas*: Man fühlt die Gestalt der Traurigkeit, einen Stich des Mitgefühls, weil andere den Verlust so viszeral empfinden –, doch mein Großvater ist für mich so abstrakt wie für ihn sein Großvater, dessen Name nicht einmal mein Vater kennt. Die Abwesenheit meines Großvaters ist ein trockenes, untragisches Faktum. Dass ich seinen Namen trage, ist ein Zufall des Timings: Wäre eine meiner beiden älteren Schwestern männlich gewesen, dann hätte eben derjenige den Namen Meir Menachem erhalten, der acht Jahre lang da gehangen und auf einen Jungen gewartet hatte, auf den er fallen konnte.

Als mein Vater endlich mit den Psalmen fertig ist, nehmen er und ich jeder ein Steinchen vom Boden und legen es oben auf den Grabstein, eine Sitte, von der ich nicht weiß, woher sie kommt, aber ich nehme an, sie bedeutet: Ich war hier, ich erinnere mich. Während wir durch den und dann aus dem Friedhof fahren, spricht mein Vater – der sich aufgewühlt, schwermütig oder vielleicht einsam fühlt – über seinen Vater. Aber er sagt nicht viel, und seine Beschreibungen gehen beinahe nie über frustrierend ungenaue Gemeinplätze hinaus; fast nie gibt es Anekdoten, Zitate, Konflikte, Rückschläge, Erfolge, Angewohnheiten, Marotten, nichts, das dem toten Mann, den wir eben besucht haben, Form oder Gestalt verleihen könnte. In einem Jahr erzählte mir mein Vater, dass mein Großvater ein Gesundheitsfanatiker gewesen sei. »Er machte Yoga«, sagte Vater, »lange bevor das in Mode war. Jeden Tag ist er auf dem Kopf gestanden.« Ein anderes Jahr erzählte er, dass Großvater an Magengeschwüren gelitten und Magnesiummilch getrunken habe. Und in einem weiteren Jahr, dass mein Großvater und ich sehr ähnlich seien. Ich bat meinen Vater, das näher zu erläutern – wie genau bin ich wie Zaidy? Mein Vater schüttelte den Kopf und sagte: »Weiß nicht. Ich sehe es einfach.«

Es gibt Fotos von meinem Großvater, aber nicht viele, und die meisten sind streng komponiert und gestellt. Er ist ansehnlich, kahlköpfig, sieht gut aus im Anzug. Er hat ein breites, glattrasiertes Gesicht und Wangen, die beim Lächeln Knitterfalten bilden.

Wir wussten, dass mein Großvater aus seiner Familie der Einzige gewesen war, der den Krieg überlebt hatte, dass seine Eltern und seine Geschwister ermordet worden waren, ebenso wie beinahe alle in seiner weiteren Verwandtschaft. Aber als Wissen war dies dunkle Materie. Wir wussten nichts über sein Leben vor dem Krieg oder in der Zwischenkriegszeit. Wir wussten nicht, in welchen Konzentrationslagern er gewesen war oder wie sein Vater seinen Lebensunterhalt verdient hatte. Wir wussten nichts über seine Eltern, Tanten, Onkel, Cousins und Cousinen; mein Vater und seine beiden Geschwister – ganz zu schweigen von meiner Generation – hätten Mühe gehabt, die Namen der Geschwister meines Großvaters zu nennen; nicht einmal, wie viele es waren, hätten sie genau sagen können. Wir wussten, dass sie gestorben, hatten aber keine Ahnung, wer sie gewesen waren. Wir wussten nicht, wo oder wie sie gestorben waren. Und als dann also mein Großvater gestorben war, starben sie eine andere Art Tod.

2010 fuhr ich zum ersten Mal nach Polen, aus Gründen, die nichts mit der Familiengeschichte zu tun hatten – ich hatte gerade ein Forschungsstipendium in Litauen abgeschlossen und verbrachte Rosch Haschana in Krakau –, aber als ich dann dort war, hatte ich das Gefühl, ich sollte die Heimatorte meiner Großeltern aufsuchen. Es wirkte wie etwas, das ich tun musste.

Eigentlich weniger eine Verpflichtung, eher Etikette. Ist man gerade in der Stadt, besucht man die Verwandten und sagt Hallo; ist man zur Jahrzeit des Großvaters in Toronto, besucht man sein Grab und spricht Psalmen; ist man zum ersten Mal in Polen, sucht man die Heimatorte der Großeltern auf und macht Fotos. Man fährt hin und kann für den Rest seines Lebens sagen, man sei dort gewesen.

Ich rief meinen Vater an und fragte ihn, aus welcher Stadt seine Eltern kamen. Bei seiner Mutter war er sich nicht ganz sicher (»Oświęcim, vielleicht Rzsezów?«), doch sein Vater kam definitiv aus Sosnowiec (Sosnowitz), einer großen Stadt in der Woiwodschaft Schlesien, historisch bedeutsam durch ihre Lage an der Stelle, wo das russische und preußische Reich und die Österreichisch-Ungarische Monarchie aneinandergrenzten. Ich checkte online und sah, dass sie nur siebzig Kilometer von Krakau entfernt lag; das konnte ich an einem Tag hin und zurück spielend schaffen. Ich sagte meinem Vater, ich würde hinfahren. Er meinte, das sei eine nette Idee.

Mein Vater war nie in Sosnowiec gewesen und hatte offensichtlich auch kein brennendes Bedürfnis, hinzufahren; er war ein paar Mal in Polen gewesen, auf klimatisierten Touren in Städte, Schtetl, Lager und zu den Grabstellen berühmter Rabbis, und während ich zwar nicht glaube, dass er der Heimatstadt seines Vaters bewusst auswich – hätte der Reiseführer dort angehalten, dann hätte mein Vater freudig zugestimmt –, hatte er sich doch nie bemüßigt gefühlt, selbst etwas zu organisieren. Im Großen und Ganzen schien es meinem Vater egal. Sosnowiec, das war der Ort, wo sein Vater geboren war, wo er durchgemacht hatte, was er durchgemacht hatte, so war es eben. Teilweise ist das eine Sache der Persönlichkeit: Mein Vater ist kein sentimentaler Mann, er hängt sein Herz nicht an Dinge und Orte. Aber klar ist auch, dass seine Ambivalenz gegenüber Sosnowiec bis zu einem gewissen Grad von der Zurückhaltung seines Vaters geprägt war: Wie wir mit Bedeutung, mit innerlichen und äußerlichen Gewichtungen umgehen, ist zumindest teilweise ererbt. Hätte mein Großvater oft über seine Kindheit gesprochen, hätte er sein Zuhause und seine Schule und sein Wohnviertel und das Ghetto in genauen, liebevollen und verstörenden Details beschrieben, in einer Art Nostalgie – ungebunden, abgeleitet, aber immer noch real –, dann wäre das in seine Kinder einzementiert worden. Sie hätten von Sosnowiec geträumt. Danach zu fragen, was Sosnowiec für meinen Vater bedeutete, hätte also sagen wollen, was Sosnowiec für meinen Großvater gewesen war. Eine viel schwierigere Frage.

Ich fragte meinen Vater, ob er irgendwelche wichtigen Adressen kenne, und er meinte, wahrscheinlich, er müsse einige Papiere durchsehen. Ein paar Stunden später rief er mich zurück und buchstabierte *Małachowskiego 12* – dort sei, das glaube er mit ziemlicher Sicherheit zu wissen, sein Vater aufgewachsen. Mein Vater sagte auch, meinem Urgroßvater habe sogar das Gebäude gehört; nach dem Krieg habe mein Großvater vergeblich versucht, es wiederzuerlangen; vor zwanzig Jahren habe er auf Drängen meiner Großmutter die Dokumente meines Großvaters übersetzen lassen, habe einige Nachforschungen darüber unternommen, wie das Gebäude zurückzubekommen sei, doch es war alles nutzlos, alle sagten, vergiss es, es ist unmöglich oder die Mühe nicht wert. Das war interessant – ich hatte von all dem noch nie etwas gehört –, aber nebensächlich. Was mir wichtig war: Ich hatte eine Adresse. Ich hatte nun als Ziel einen bestimmten Punkt in einer bestimmten Straße und nicht eine ganze, gesichtslose Stadt: Meine Karte von Sosnowiec besaß jetzt eine Art Gedächtnis-Topographie. Wenn man seine Ursprünge aufsucht, ist die Besonderheit des Ortes wichtig. Man möchte wissen, welche Stadt, man möchte wissen, welcher Häuserblock, man möchte wissen, welche Wohnung, welches Zimmer. Man möchte es so speziell wie nur möglich haben.

Ich nahm einen Zug von Krakau nach Kattowitz, dann einen zweiten nach Sosnowiec. Vom Bahnhof ging ich in die Małachowskiego. Die Straßen waren eng, schlaglöchrig, voller kleiner, missgelaunter Autos und störrischer Straßenbahnen und überspannt von Tausenden Drähten, wie es schien. Sosnowiec, das konnte ich erkennen, war für niemanden der Lieblings-Ferienort. Sosnowiec war düster und abgefuckt und grau von Farbe und Gemüt. War ich überrascht? Ich weiß nicht. Unter amerikanischen Juden, die die *alte Heimat* besuchen, Kameras um den Hals und mythische Erinnerungen in den Ohren, ist es eine Art Trope geworden, von der Stadt überrascht zu sein, in der die eingewanderten Großeltern gelebt haben. (Es ist so *urban*! Es ist so *modern*!) Das ist eine verzärtelte, märchenartige, sentimentale Einbildung, aber man kann ihr schwer entkommen. Ich hatte mir zwar keine Hühner und Pferde und Bauersleute vorgestellt, hatte mir nicht vorgestellt, in der Małachowskiego 12 ein bescheidenes, aber robustes Holzhäuschen mit rauchendem Schornstein und einem Geheimkeller zu finden, aber wider Willen hat man, wenn man die polnische Heimatstadt seines Großvaters imaginiert (und wir sind darauf konditioniert, uns etwas vorzustellen), etwas Ländliches vor Augen, grün, idyllisch, altmodisch, schtetlhaft. Sosnowiec ist das ganz und gar nicht. Sosnowiec ist kein Dorf, es ist kein Schtetl, und es ist nicht malerisch. Es ist eine trostlose postindustrielle Stadt. Das gilt im Historischen, Ästhetischen und Atmosphärischen. Seit Jahrhunderten ist die vorherrschende Industrie in der Gegend der Kohleabbau, und das spürt man – die Stadt fühlt sich schmuddelig, schwer, melancholisch an. Wie ein Husten. Die Architektur ist niedrig, kleinlich, sowjetisch, Beton: Die meisten Gebäude wurden nach dem Krieg errichtet oder renoviert und sind zweckmäßig, nichts Abgerundetes, in ausgewaschenem Grau oder Beige.

Ich fand die Straße ohne Schwierigkeiten – die Małachowskiego ist eine Hauptverkehrsstraße, die das Stadtzentrum durchschneidet, an ihr liegen hauptsächlich gedrungene Wohnblocks und Verwaltungsgebäude. Nummer 12 war einer jener plumpen Wohnblocks. Er war, wie es in diesem Teil der Welt üblich ist, angebaut – genauer wäre es, ihn als das letzte Viertel des sachlichen Gebäudes zu beschreiben, das beinahe die gesamte Länge des Blocks einnimmt. Aber die Adresse des angrenzenden Abschnitts war Małachowskiego 14, die Adresse hatte mit meinem Großvater nichts zu tun und interessierte mich deshalb nicht. Nummer 12 war fünf Stockwerke hoch, zwei Reihen schmaler weißer Balkone ragten wie Rippen daraus hervor. Die Farbe war ein ausgebleichtes Beige. Es sah außerordentlich schlicht aus, wenn auch nicht ganz trostlos.

Ich stand auf der gegenüberliegenden Straßenseite und betrachtete die Fassade, die über die Balkone gehängte Wäsche, die kauernden Satellitenschüsseln. Weich gestimmt, mit einem Gefühl, als erlebe ich einen bedeutsamen Moment, gab ich der Geschichte meines Großvaters die Erlaubnis, sich in diesem unscheinbar aussehenden Gebäude niederzulassen. Ich versicherte mir, dass dies der Ort sein musste, wo mein Großvater aufgewachsen war. Wo sonst? Ich hatte keine anderen Adressen, also musste es hier gewesen sein. Ich machte ein paar Fotos. Passanten beäugten mich und meine Kamera misstrauisch. Ich verstand ihren Argwohn. Ich verstand, dass ich nicht hierhergehörte. Ich fühlte es. Ich war ein Außenseiter, ich war ein Tourist, so weit wie nur möglich von einem Einheimischen entfernt. Ich tanzte meinen stupiden Nostalgietanz. Der Umstand, dass ich (sozusagen) aus Sosnowiec stammte und zurückgekehrt war, bedeutete bloß, dass ich noch weniger hierhergehörte. Was ich am deutlichsten empfand, als ich da vor dem Haus meines Großvaters stand, war keine Verbindung zu diesem Ort, dieser Zeit, sondern ein Gefühl der *Diskontinuität* mit der Geschichte. Egal, wie wörtlich oder metaphorisch man es nehmen wollte, dies war nicht meine Heimat. Meine Großeltern hatten getan, was sie konnten, um diese Geschichte wegzuwischen. Und es war ihnen gelungen, oder? Obwohl er der Sohn einer Polin und eines Polen ist, würde mein Vater die Vorstellung, er sei Pole, lachhaft finden. Keine Sehnsucht war weitergegeben worden. Keine Samen der Nostalgie waren gesät worden.

Ein alter Mann kam aus dem Gebäude, und ich lief auf ihn zu, bedeutete ihm, die Tür offen zu halten. Als liebenswürdiger und diskreter Nachbar lächelte er und hielt die Tür auf. Innen war es trist, schummrig beleuchtet, aber nicht schmutzig oder verwahrlost. Es fühlte sich wie eine Anstalt an, feuersicher. Ich ging die Treppen hinauf und hinunter. Auf jedem Stockwerk waren vier, fünf Wohnungen, und ich sah mir jede Tür an, als könne sie sich als diejenige meines Großvaters herausstellen. Aber natürlich gab sich keine Wohnung als jene zu erkennen, in der mein Großvater achtzig Jahre zuvor aufgewachsen war. Ich hätte an einer Tür anklopfen, hätte mein Möglichstes tun können, zu erklären, wer ich sei, was ich in diesem Gebäude, an dieser Tür zu tun hatte. Aber ich fühlte mich belämmert. Schon jetzt hatte ich das Gefühl, das Haus widerrechtlich betreten zu haben. Ich war hineingegangen, war so nahe gekommen, wie es mir möglich war.

Ich ging ins Rathaus, wo eine geduldige Beamtin den Namen meines Großvaters nachschlug. Es dauerte eine Weile, bis sie es richtig hinbekam – ich hatte angenommen, der gesetzliche Name meines Großvaters würde so geschrieben wie mein eigener, und ihr einfach meinen Führerschein hingereicht –, aber schließlich holte sie ein großes, ledergebundenes Buch hervor und zeigte mir einen handschriftlichen Eintrag in prächtiger Kursivschrift, der die untere Hälfte der Seite bedeckte und die Geburt meines Großvaters verzeichnete. Maier-Mendel Kajzer (»Mendel« ist das jiddische Diminutiv von Menachem) seinen Eltern Mosche und Sura-Hena.

Dann ging ich zum Bahnhof und bestieg einen Zug. Die Abreise fühlte sich endgültig an; es gab keinen Grund, anzunehmen, dass ich jemals wieder hierherkommen würde. Warum sollte ich? Ich hatte die Stadt gesehen, aus der mein Großvater kam, ich hatte das Gebäude gesehen, in dem er aufgewachsen war, ich hatte eine handgeschriebene Geburtsurkunde aufgetrieben, ich hatte meine Fotos. Als Pilgerfahrt war das ein striktes Solounternehmen. Der einzige Grund für eine Rückkehr wäre gewesen, Antworten auf noch offene Fragen zu finden, aber ich hatte keine Fragen und verspürte kein Bedürfnis, welche zu stellen.

Jedes Jahr reisen Hunderte, ja Tausende Juden in die Städte mit den schwer auszusprechenden Namen, aus denen ihre Eltern, Großeltern oder Urgroßeltern stammten. Sie fliegen in die Ukraine, nach Polen, Litauen, Lettland, Rumänien, Ungarn, Weißrussland, sie mühen sich in ächzende Züge und überfüllte Busse, engagieren alberne Reiseführer, klopfen an die Türen der Ahnen, betteln alte Leute an, ob sie sich noch an diesen und jenen Namen erinnern, haben konfuse und bedeutsame Begegnungen mit den Einheimischen, versuchen die zusammengeflickten weitergereichten Erinnerungen auszuschmücken. Im Allgemeinen ist das eine aufregende, nervenaufreibende, emotionale Reise (wie könnte es anders sein). Es ist eine Art Erinnerungs-Safari.

Das Reiseziel ist ebenso mythisch wie geographisch. Im Zentrum dieser Familien steht eine Geschichte. Wie hat er überlebt? Wie ist sie entkommen? Was hat er durchgemacht? Die Geschichte mag teilweise bekannt sein oder sogar ganz und gar unbekannt, aber man weiß, es *gibt* eine Geschichte. Sie ist weniger historisch als anekdotisch: Sie ist persönlich, sie lebt. Die Nachkommen unternehmen lange Reisen, um nachzufragen, nachzubohren, nachzusehen, diese Geschichte zu berühren.

Die Heimatstadt ist bedeutsam, weil sie die Szenerie der Geschichte bildet. (Ansonsten ist sie vollkommen unwichtig, bloß eines von zehntausend Schtetln: Ich würde keine besonderen Anstrengungen unternehmen, um die polnische Heimatstadt *deines* Großvaters aufzusuchen.) Die normale Touristin unterwirft sich dem Ort (»Können Sie mir einen Platz empfehlen, wo man gut essen kann?«). Sie akzeptiert, zelebriert und verstärkt die Abgrenzung zwischen Einheimischem und Ausländer. Die Erinnerungstouristin hingegen ist auf einer Mission. Sie versucht dem Ort seine vergrabenen Geheimnisse abzuschmeicheln. Die Frage lautet nicht »Was ist das für ein Ort?«, sondern »Was bedeutet dieser Ort?«. Sie verwischt die Grenze zwischen Einheimischen und Fremden. Ich bin nicht von hier, aber ich bin von hier. Der Zweck der Reise ist nicht so sehr, den Ort zu erleben, als dessen Mythos zu bekräftigen, zu erhellen oder zu editieren. Die Erinnerungstouristen versuchen Geister aufzuspüren und mit ihnen zu sprechen. Manchmal gelingt es ihnen.

Dass die Nachfahren mit ebenso großer Wahrscheinlichkeit den jiddischen wie den polnischen Namen der Stadt gebrauchen, stellt eine sehr passende Metapher dar.

Auf der einen Ebene ähnelt das dem genealogischen Impuls (*Woher komme ich? Wer sind meine Leute?*), doch tausend Mal intensiver, da ja die meisten Zweige der Familie mit erschreckender Abruptheit aufhören. Auf der anderen ist es eine Art, sich einer unbeschreiblichen Tragödie anzunähern, wenn auch nur mit einem winzigen Schritt. (Hier zeigt sich eine große, vibrierende Dissonanz: Einerseits hat dein Großvater *jeden Einzelnen seiner Familienmitglieder* verloren; andererseits ist seine Geschichte nichts Besonderes, beinahe klischeehaft.) Wonach suchen die Nachkommen? Manchmal ist das eindeutig. Manchmal werden die Fragen durch das Aufsuchen eines Archivs oder ein Gespräch mit einem älteren Einwohner beantwortet. Aber ich denke, oft suchen sie nach Antworten auf Fragen, von denen sie nicht wissen, wie sie sie stellen sollen, Fragen, die nicht formuliert werden können. Wer in der Nähe von Überlebenden des Holocaust aufgewachsen ist, weiß, wovon ich spreche. Falls nicht, dann versuche man sich den Versuch vorzustellen, sich in das Innenleben eines Überlebenden einzufühlen.

In den nächsten paar Jahren verbrachte ich viel Zeit in Polen, manchmal zu Recherchezwecken, manchmal bloß so, und gelegentlich erwähnte dann mein Vater das Gebäude in Sosnowiec, jene Dokumente, die im Keller Staub ansetzten. Er drängte mich, einen Blick darauf zu werfen, nachzusehen, ob da etwas sei, vielleicht könne ich etwas tun. Dass es seit dem Tag, als ich zum ersten Mal davon erfuhr, mehr als vier Jahre brauchte, bis ich sie las, lässt erkennen, wie wenig dringlich ich die Sache fand. Die Mappe lag in Toronto, im Haus meiner Eltern, und bei den paar Gelegenheiten im Jahr, wenn ich zu Besuch kam, vergaß ich immer, dass ich sie mir eigentlich ansehen sollte. Schließlich war ich im Sommer 2015 ein paar Wochen in Krakau, und mein Vater faxte mir eine Kopie der Dokumente. Es war ein dickes Bündel, fünfzig oder sechzig Seiten, auf Polnisch, Deutsch, Englisch. Und ein wüstes Durcheinander: Originale, Durchschläge, Übersetzungen, Übersetzungen von Übersetzungen.

Nachdem ich den Ordner sortiert hatte, trat eine Geschichte zutage, allerdings eine Geschichte ohne Spannungsbogen oder Auflösung. Es herrschte nur Frustration: Zwanzig Jahre lang hatte mein Großvater versucht, den Besitz seiner Familie zurückzuerhalten oder zumindest dafür entschädigt zu werden, und zwanzig Jahre lang hatte er nichts erreicht. Der Großteil der Dokumente bestand aus den Briefen an und von Menschen und Institutionen, die ihm nicht helfen konnten oder wollten. Ein Anwalt in Sosnowiec verlangte einen beträchtlichen Vorschuss und »die Daten und Orte des Todes (Ihres Onkels und Vaters) sowie Zeugen, die diese Informationen bestätigen können«; ein absurdes, unmögliches Verlangen; mein Großvater antwortete nicht einmal. Er bat eine polnische Freundin, in den städtischen Archiven nachzusehen, ob es irgendeine Möglichkeit der Entschädigung durch die polnische oder deutsche Regierung gebe; sie schrieb zurück, sie habe keinen Zugang zu den Aufzeichnungen erhalten können, und eine Entschädigung sei ohnehin ziemlich unwahrscheinlich. Mein Großvater schrieb an einen Rabbi Brandys, Oberhaupt der jüdischen Gemeinde in Sosnowiec, um eine Bestätigung zu erbitten, dass ihm das Gebäude Małachowskiego 12 gehöre; Brandys antwortete kurz, »die jüdische Gemeinde ist nicht berechtigt, ein solches Dokument auszustellen«.

Die beste Chance meines Großvaters auf eine Kompensation ergab sich 1957, nachdem die US-Regierung die Foreign Claims Settlement Commission (FCSC) eingesetzt hatte, durch die Ansprüche von US-Staatsbürgern an Polen auf Besitztümer registriert wurden, die man während des Krieges enteignet hatte. Auf dem Antrag meines Großvaters zitiert er den Verlust eines Gebäudes im Wert von 58 000 Złoty, ungefähr 400 Dollar (etwa 3500 Dollar im Jahr 2020). 1960 stimmte Polen zu, 40 Millionen Dollar an Personen mit berechtigten Ansprüchen zu zahlen; zweifellos hat mein Großvater davon erfahren, zweifellos hat er sich vorgestellt, sein Antrag werde erledigt, sein Anspruch untersucht.

Aber er hörte nichts, es kam keine Bestätigung, nicht einmal eine Ablehnung. Neun Jahre, nachdem er sein Ansuchen gestellt hatte, schrieb er an einen Anwalt in New York, einen gewissen Alberti, und ersuchte ihn, sich die Sache anzusehen.

Alberti informierte meinen Großvater, dass er seinen Antrag nicht richtig, nein, tatsächlich überhaupt keinen gestellt hatte: Es gab ein *anderes Formular*, erst ab 1961 erhältlich, und das verlangte die FCSC. Davon hatte mein Großvater anscheinend nichts gewusst. Ich verstand nicht, wie ihm das entgangen war – die FCSC hatte die Bedingungen ausführlich bekanntgemacht, hatte sogar ein Büro in New York eröffnet, um die Ansprüche zu bearbeiten. Als er an Alberti schrieb, war es zu spät. Keine nach dem 31. Januar 1965 eingebrachten Anträge wurden mehr angenommen.

Wie enttäuscht mein Großvater gewesen sein muss. Jahrelang hatte er versucht, durch diese abseitigen Bürokratien zu navigieren, hatte vergeblich versucht, Freunde, Fremde, Anwälte einzuspannen. Und dann hatte die US-Regierung eine Gelegenheit eröffnet, hatte eine Chance geboten, zumindest teilweise für das kompensiert zu werden, was der Familie genommen worden war. Doch er hatte die Anweisungen missverstanden. Er hatte es vermasselt.

1967 ließ mein Großvater etliche der Dokumente ins Deutsche übersetzen, und er bat zwei Einwohner von Sosnowiec, eidesstattliche Erklärungen abzugeben, dass der Familie Kajzer das Haus in der Małachowskiego 12 gehört hatte; anscheinend bereitete er eine Eingabe bei einem deutschen Gericht vor. Zudem ließ er sich vom Hausverwalter Konrad Moszczeński, mit dem er in sehr sporadischem Kontakt gestanden hatte, eine notariell beglaubigte Kopie des Hypothekenregisters schicken. Es war das bei weitem juristisch relevanteste Dokument in der Mappe. Ein kurzes Stück Papier, bloß zirka zehn Zentimeter lang, unten mit einem großen Stempel des Bezirksgerichts Sosnowiec versehen, bestätigte, dass »auf Basis der Entscheidung der Hypothekarabteilung der Stadt Sosnowiec vom 22. April 1936 die notarielle Urkunde der Liegenschaft Małachowskiego 12, Katasternummer 1304, an Mosche und Sura-Hena Kajzer, ein Ehepaar, 68 Prozent, und an Schia und Gitla Kajzer, 32 Prozent, ausgehändigt wurde«. Aus irgendeinem Grund reichte mein Großvater sie nie ein, oder zumindest haben wir keinen Nachweis, dass er das tat; das ist das Ende der papierenen Spur.

Ich war unerwartet bewegt, als ich diese Dokumente las, dieser Geschichte nachging. In einem bestimmten Maß war das dem Umstand geschuldet, dass ich Worte las, die mein Großvater selbst geschrieben hatte. Worte, selbst Worte in einem Brief an einen Anwalt oder an die US-Regierung, sind wie Fußabdrücke. Aber außer dass er die Namen seiner Eltern angeführt und den Umstand enthüllt hatte, dass sie ein Textilunternehmen besessen hatten, lieferte die Akte wenige biographische Informationen. Dies war kein Tagebuch, hier gab es nichts dieser Art offener Intimität.

Und trotzdem.

Ich konnte mir die Verzweiflung meines Großvaters vorstellen, seine Enttäuschung. Ich stellte ihn mir vor in seiner rosaweißen Küche, wie er die Briefe aufriss, mit rascherem Atem und wachsender Wut die Worte aufnahm. Wut nicht auf die Anwälte oder Rabbi Brandys oder die Kommission, sondern auf sie alle, auf alle, die ihm im Weg standen, auf jeden, der nicht helfen konnte oder wollte, auf jeden, der dies getan und zugelassen hatte, auf jene, die es unbestraft ließen, auf die Stadt Sosnowiec, auf Polen, die Deutschen, die Amerikaner, vielleicht auch auf Gott. Wie konnte er auch jene relativ geringfügige Ungerechtigkeit, sein Erbteil nicht retten zu können, nicht mit der unsagbaren Tragödie in Verbindung bringen, die ihn als einzigen Erben zurückgelassen hatte? Er war sehr hartnäckig. Mein Großvater fragte und fragte und fragte: den New Yorker Anwalt, den Anwalt in Sosnowiec, den Rabbi in Sosnowiec, die polnische Regierung, die amerikanische Regierung – alle waren freundlich und beflissen (außer dem Rabbi), aber die Antwort lautete immer Nein.

In der gesamten Akte zeigte sich mein Großvater als sachlich, unvoreingenommen. Aber man fragte sich unwillkürlich, was darunter brodelte. Was bedeutete ihm das Gebäude? War sein endloser bürokratischer Kampf ein Ersatz für einen tieferen, persönlicheren, weniger artikulierbaren Kampf? Sah mein Großvater dies als seine einzige Chance, wenigstens ein kleines bisschen Gerechtigkeit zu erlangen? Später erzählte mir mein Vater, als die Familie 1963 nach Toronto gezogen sei, habe sein Vater Ersparnisse von 50 000 Dollar mitgebracht, nach heutigem Wert etwa eine halbe Million Dollar. Ich war überrascht. Da ich einige Zeit mit jener Version meines Großvaters verbracht hatte, die aus der Akte ersichtlich war, hatte ich angenommen, er habe unter schwerer Geldnot gelitten. »Wenn Zaidy so viel Geld hatte«, fragte ich meinen Vater, »warum dann das ganze *agmas nefesch* wegen vierhundert Dollar?« Mein Vater sagte, er wisse es nicht.

Einen siebzig Jahre alten Anspruch auf ein trostloses Haus in Sosnowiec zu verfolgen war sentimental und unpragmatisch. Mein Vater – äußerst unsentimental und pragmatisch, ein echter Kosten-Nutzen-Typ – hatte sich bemüht, seiner Mutter zuliebe einen Blick darauf zu werfen, aber als sie dann gestorben war, hatte sich das erledigt: Sosnowiec und alles dort wurde ferne und vergessene Geschichte. Man nahm an – sofern man sich überhaupt damit befasste –, dass irgendeine Liegenschaft in einer polnischen Stadt sehr wenig Geld wert sei, sicher nicht genug, um den nötigen Zeitaufwand und die Ressourcen zu rechtfertigen, um wer weiß welche legalen Manöver in einem Land durchzuführen, das niemand verstand und dem niemand traute. Das war auch meine Einstellung gewesen.

Obwohl ich nicht weiß, wie mein Großvater den Krieg verbrachte oder wie es ihm vorher erging, ist das kein mulmiges Nichtwissen, womit ich meine, dass es sich für mich nie wie ein Geheimnis anfühlte, dass es nichts von Scham oder Trauma hatte. Ich habe in dieser Lücke nie das Pochen der Unterdrückung verspürt, obwohl es auf einer gewissen Ebene natürlich existiert – mein Großvater hat das durchgemacht, was er eben durchmachte, und seinen Kindern nie davon erzählt, aber es fühlte sich nie wie verbotenes Wissen an, nur wie verlorenes Wissen, als wäre er gestorben, ohne vorher jemandem etwas berichtet haben zu können oder bevor ihn jemand gefragt hatte. Ich weiß nicht, warum mein Großvater seinen Kindern nichts von dem erzählte, was er verloren hatte – er schützte sie, oder er schützte sich selbst, er schuf sich ein neues Leben, ich weiß es nicht. Aber was immer es auch war, seine Kinder, mein Vater und seine Geschwister, scheinen nicht gequält zu sein – mein Vater hat mir erklärt, wie normal sein Aufwachsen war, dass alle Eltern seiner Freunde Überlebende waren, dass niemand, den er kannte,

Großeltern hatte –, und diese Normalität wurde weitergegeben: Für meine Geschwister, Cousins und Cousinen und für mich ist es eine undetaillierte Familiengeschichte geworden; unser Großvater war ein Überlebender, er machte das durch, was er durchmachte, es ist unser Vermächtnis, aber wir, oder zumindest ich, fühlten uns nie besonders verstört von diesem Vermächtnis. Es war einfach immer da.

Aber dann las ich die Akte, sah, wie mein Großvater mehr als zwanzig Jahre lang vergeblich versucht hatte, wiederzuerhalten, was seine Familie verloren hatte, und das war, so dachte ich, eine Gelegenheit, mir Verstörung zuzugestehen. Vielleicht war das Gebäude das Mittel, Zugang zu einer Geschichte zu erhalten, zu einer Person, die ich immer für unzugänglich, unabänderlich verschlossen gehalten hatte.

2

JECHIEL, EIN IN Brooklyn geborener Chasside, der in Krakau lebte und seit Jahren versucht hatte, im lokalen Immobiliengeschäft Fuß zu fassen, besonders wenn es um jüdischen Besitz aus der Vorkriegszeit ging, vermittelte mir den Kontakt zu einer Anwältin, genannt »die Killerin«. »Ist sie gut?«, fragte ich. »Natürlich«, sagte Jechiel. »Sie ist doch die Killerin.«

Ich erreichte die Killerin, vereinbarte einen Termin, und ein paar Tage danach packte ich den Aktenordner ein und nahm ein Taxi zu einem großen Wohnblock im Norden von Krakau. Das Büro der Killerin im Erdgeschoss war ein einziger rechteckiger Raum mit zwei großen, aneinandergerückten Schreibtischen mit Blick zur Tür, die das Zimmer in eine H-Form pressten. An der Wand hingen die Diplome der Killerin neben ungerahmten Kätzchenpostern und einem überdimensionalen Katzenkalender.

Es war ein Mutter-Tochter-Tochter-Team. Die Killerin war in den Achtzigern und hatte ein runzliges, intelligentes, strenges Gesicht, das graue Haar war kurzgeschnitten. Sie hatte etwas Sphinxartiges – sie saß ganz still da, ausdruckslos, und sprach nur Polnisch, forsch und monoton. In zweierlei Hinsicht war sie mir unverständlich: Wir hatten keine gemeinsame Sprache, plus sie war absolut nicht zu deuten. Ihre Tochter Grazyna, höflich, geduldig, in mittleren Jahren, war ihre rechte Hand, ihre Kanzleigehilfin und unsere Übersetzerin. Die andere Tochter, Jadwiga, offensichtlich weniger wichtig für den Betrieb, saß in einer

Ecke an einem alten Computer – dem einzigen Computer im Büro – und betrachtete ein Video von sich balgenden Pandas.

Sie begrüßten mich herzlich, boten mir aus einer Packung Kekse an und Orangenlimonade. Ich setzte mich, und wir machten uns an die Arbeit. Ich zeigte ihnen den Ordner, erzählte ihnen von dem Haus. Die Killerin und Grazyna blätterten die Papiere durch und kommentierten sie auf Polnisch. Sie stellten mir Fragen zur Abklärung – wer ist der, was ist das, wer lebt, wer ist tot. Ich bat sie, einige der polnisch-deutschen Dokumente zu erläutern. Die Kommunikation war, wenn schon nicht mühsam, so doch abgehackt. Grazyna sprach nie für sich selbst – jede Frage, die ich stellte, egal wie unbedeutend oder nur die Prozedur betreffend, legte sie der Killerin vor, die Grazyna ausführlich antwortete, welche dann übersetzte. So fühlte sich unsere Unterhaltung ziemlich monarchisch an.

Grazyna schob ihre Schwester vom Computer weg, öffnete Google Street View und suchte nach der Małachowskiego 12. Ich erkannte das Haus sofort wieder. »Das ist es«, sagte ich. »Oh!«, meinte Grazyna. »Super, super.« Dann versuchten sie den Marktwert zu bestimmen. Sie fragten mich, wie viele Wohnungen es auf jedem Stockwerk gebe, aber ich erinnerte mich nicht; so schätzten sie nach dem Bild auf dem Schirm: fünf Stockwerke, fünf Wohnungen per Stockwerk. Grazyna holte einen Taschenrechner heraus. Angenommen, jede Wohnung hatte im Durchschnitt siebzig Quadratmeter, das hätte für das Gebäude eine Gesamtfläche von 1750 Quadratmetern ergeben; da in der Nähe gelegene Wohnungen mit Preisen zwischen 1100 und 1600 Złoty per Quadratmeter gelistet waren, war das Gebäude zwischen 1,9 und 2,8 Millionen Złoty wert, ungefähr 430 000 bis 630 000 Dollar.

»Super«, sagte Grazyna. »Super.«

Ich grunzte.

Grazyna rief nun die Website der Stadt auf und suchte nach einer Notariatsurkunde, doch da war nichts. Sie erklärte, das sei wahrscheinlich deshalb so, weil das Gebäude seit der Zeit vor dem Krieg nicht gekauft oder verkauft worden sei; die Aufzeichnungen waren nicht aktualisiert worden. Die nichtdigitalen Unterlagen, meinte sie, seien im Rathaus in einem Bestandsbuch, das sie das »Ewigkeitsbuch« nannte. Im Moment war der Status des Hauses ungeklärt, technisch gesprochen war es ohne Besitzer: *nieuregulowany stan prawny / nieustalony właściciel*. Das bedeutete: ungeklärter gesetzlicher Status / Besitzer unklar. Ein zufälliges Zeugnis der Abwesenheit.

Dann konzentrierten wir uns auf meine Familie. Hatte mein Großvater irgendwelche Entschädigungen von der polnischen Regierung erhalten? Nein. Ob ich mir sicher sei – der Erhalt *irgendeiner* Summe bedeute nämlich, dass der Anspruch hinfällig werde. Ich sagte, soweit ich wisse, habe er niemals Geld erhalten. Meine Großmutter hatte von der deutschen Regierung eine kleine Pension. Aber nichts von der polnischen Regierung. Gut, sagten sie. Dann schienen sie anzudeuten, falls es tatsächlich Belege für das Gegenteil gebe, wäre es am besten, dass diese unbekannt blieben.

Das Nächste auf der Liste war die Anfertigung eines Familien-Stammbaums.

Wer war Ihr Großvater? Maier war mein Großvater. Wann wurde er geboren? 1921. Und wer waren seine Eltern? Mosche und Sura-Hena, wie Sie hier sehen; das ist ein Foto der Geburtsurkunde meines Großvaters. Wann wurden sie geboren? Keine Ahnung. Hatte Ihr Großvater Geschwister? Ja. Da war ein Bruder, Michoel Aaron, das weiß ich, weil mein Vater nach ihm benannt ist, und eine Schwester, ich kenne ihren Namen nicht, kann aber versuchen, es herauszufinden. Wann starb Mosche? Im Krieg. Wann starb Sura-Hena? Im Krieg. Haben Sie Ihre Totenscheine? Nein. Wann starb Michoel Aaron? Im Krieg. Wann starb seine Schwester? Im Krieg. Haben Sie Ihre Totenscheine? Nein. Hatte Mosche Geschwister? Nun, da ist Schia, er steht auf dem Grundbuchauszug, er besitzt 32 Prozent. Gibt es noch weitere? Das weiß ich nicht. Wissen Sie, wer Mosches Eltern waren? Nein. Hatten Michoel Aaron oder die Schwester Kinder? Ich weiß es nicht. Hatte Schia Kinder? Ich weiß es nicht. Können Sie das herausfinden? Ich kann fragen, aber falls Schia, Michoel Aaron oder die Schwester Kinder hatten, dann bin ich mir so gut wie sicher, dass niemand überlebt hat. Ich hätte von ihnen erfahren. Haben Sie Ihre Totenscheine? Nein. Kennen Sie den Mädchennamen von Sura-Hena? Nein. Maier war mit wem verheiratet? Bertha Kajzer. Lebt sie noch? Nein. Haben Sie Ihren Totenschein? Nein. Und Maier ist tot? Ja. Haben Sie seinen Totenschein? Ja. Haben Sie seine Geburtsurkunde? Nein. Und Maier hatte wie viele Kinder? Drei – meinen Vater Michael, meinen Onkel Herschel und meine Tante Leah. Haben Sie deren Geburtsurkunden? Ja. Und sie werden für Sie die Vertretungsvollmacht unterschreiben? Mein Vater und meine Tante werden das tun. Aber mit dem Bruder meines Vaters könnte es schwierig werden. Es ist eine sehr komplizierte Situation. Hat Maier ein Testament hinterlassen? Ich denke, ja. Ich glaube, er hat einfach alles meiner Großmutter vermacht. Hat Ihre Großmutter ein Testament hinterlassen? Ich glaube, ja. Haben Sie Dokumente über die Namensänderung von »Kajzer« zu »Kaiser«? Ich glaube, ja.

Vielleicht als halb unbewusste Reaktion auf den vollständigen Verlust aller Verwandten, den ihre Eltern erlitten hatten, bewegten sich mein Vater und seine zwei Geschwister nie weit von

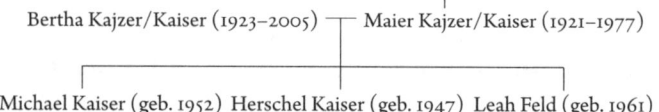

Bertha Kajzer/Kaiser (1923–2005) ── Maier Kajzer/Kaiser (1921–1977)

Michael Kaiser (geb. 1952) Herschel Kaiser (geb. 1947) Leah Feld (geb. 1961)

der Stelle. Ganz nahe beim Haus ihrer Kindheit, wo meine Großmutter bis zu ihrem Tod 2005 lebte – meinen Großvater hatte sie um viele Jahre, ihren zweiten Ehemann Chiel um kurze Zeit überlebt –, ließen sie sich nieder und zogen ihre Kinder groß. Die ganze Familie blieb unzerstreut innerhalb eines Radius von drei Blocks. Tanten, Onkel, Cousins und Cousinen und Bubby waren ein allgegenwärtiger Teil meiner Kindheit. Direkt gegenüber von unserem Haus wohnten die anderen Kaisers, Onkel Herschels Familie, die wir aus irgendeinem Grund, den ich nicht mehr weiß, die Kiddies nannten, und eine Straße weiter weg die Familie meiner Tante Leah, die Felds.

Auch abgesehen von der räumlichen Nähe waren die Familien außerordentlich eng verbunden. Unsere Leben waren ineinander verwoben, und Bubby, wenn auch nicht direkt eine Matriarchin (sie war zu ängstlich, zu wenig ichbezogen, zu abhängig), bildete nichtsdestotrotz das liebevolle Zentrum unseres Orbits. Wir waren eine große, lärmige Bande. In meiner Familie gab es sechs Kinder, bei den Felds fünf und bei den Kiddies sieben; ein Jahr, nachdem Herschels Frau Sheila an Brustkrebs gestorben war, heiratete er Naomi, die vier Kinder mitbrachte, und ein Jahr darauf bekamen sie dann noch eines. Cousins und Cousinen waren ein nahezu ebenso essenzieller Bestandteil meiner Kindheit wie Geschwister. Jeder hatte zumindest einen Cousin oder

```
                    ? (?–?) ──┬── ? (?–?)
         ┌──────────────┘
ura-Hena Kajzer (?–?) ──┬── Mosche Kajzer (?–?)   Schia Kajzer (?–?) ── Gitla Kajzer (?–?)
└────────────────────────┤
   Michoel Kajzer (?–?)          ? (?–?)
```

eine Cousine im selben Alter und damit einen natürlichen Kameraden; wir bildeten Paare, waren zu dritt, schufen kleine ver-
schränkte Cousin-Cliquen. Bis zur High School verbrachte ich
mehr Zeit mit Ari Kaiser, der eine Klasse höher, aber nur vier
Monate älter war, als mit jedem anderen menschlichen Wesen.
Am Sonntagmorgen machte Bubby das Frühstück, obszön but-
tertriefende Rühreier, für jeden, der einfach zwischen, sagen wir,
sieben und zwölf Uhr vorbeikam. (Es war ein großes Vergnügen
für Bubby, Kinder und Enkelkinder zu füttern – allerdings ein
von Trauma und Angst durchsetztes Vergnügen: Wenn man
nicht aufaß, was auf dem Teller war, weinte sie.) Man schwang
sich aus dem Bett, sprach dann ein Gebet, lief die Straße runter
zu Bubbys Haus. Vielleicht ging gerade ein älterer Cousin weg,
wenn man hinkam. Ari Kaiser mochte eben kommen, wenn man
in die Eier reinhaute, und frühstückte mit, und wenn sich Bubby
zum Herd drehte, setzte sich Ari ihre enormen Brillen mit dem
Plastikrahmen auf, zwinkerte mit seinen nun riesengroßen Augen und machte Bubbys akzentuierte Seufzer nach und die Art,
wie sie *Bubbele* sagte; ich musste so lachen, dass mir der Rotz aus
der Nase schoss.

Dass alle drei Familien orthodox waren, dass ihr Leben ähnlich verlief, dass sie die gleichen religiösen Vorschriften und
Abläufe einhielten, erleichterte – verschärfte – die Nähe. An die-

sen langen, faden, endlosen Schabbes-Nachmittagen, wenn man nicht Auto oder Fahrrad fahren, keine elektronischen Geräte benutzen, keine Hausaufgaben machen darf, drifteten wir zwischen den Häusern hin und her, spielten Pingpong, Keller-Hockey, Brettspiele, futterten Häppchen, neckten die jüngeren Kinder, störten den Mittagsschlaf der Erwachsenen. Das Zuhause meiner Cousins war eine Erweiterung des meinen. Ich kannte diese Zimmer ganz genau, diese Küchen, Keller, die Schränke mit Spielsachen und Brettspielen. Ich konnte hinübergehen, wann immer ich wollte, ich konnte dort schlafen, wann immer ich wollte. Es gab so viel Cousin-Hin-und-Her zwischen den Häusern, dass niemand ein Klopfen erwartete; für den seltenen Fall, dass einmal die Tür abgeschlossen war, kannte man die Kombination oder wusste, wo der Schlüssel versteckt war.

Am Freitagabend endete das Schabbes-Mahl bei allen, wann immer es eben vorbei war, und dann machten sich alle auf zu einem der Cousins zum Nachtisch. Die Erwachsenen bildeten eine Gruppe am einen Tischende und stritten, kiebitzten, scherzten, unterhielten sich über die Thora, über Reisen, verglichen Sonderangebote bei Einkäufen. Die Kids drängten sich am anderen Ende zusammen und taten dasselbe in ihrer eigenen Tonart. Unweigerlich wurde es sehr laut – eine Streiterei oder ein Heiterkeitsausbruch am Tisch ließ bei jedem das Stimmvolumen anschwellen –, und es gab eine Menge chaotisches Hin-und-her-Gerede. Man konnte sich in Gespräche ein- und ausklinken, als wären es Fernsehkanäle.

Meine Familie und die Felds waren im Großen und Ganzen laut und clever, aber neben den Kiddies wirkten wir regelrecht schüchtern und unbeholfen. Die Kiddies waren zum Verzweifeln schnell und intelligent und äußerst stur. Das galt besonders für Onkel Herschel. Herschel hatte einen riesigen harten Bauch, trug dicke Brillen mit Plastikgestell und einen dichten dunklen Bart. Er war sehr herzlich, obwohl seine Herzlichkeit wehtun konnte: Seine Begrüßungen sahen so aus, dass er einen an der Haut unter dem Kinn ergriff und *Siiißkeit!* sagte; im Haus der Kiddies konnte man der Kitzelfolter unterworfen werden, wobei Herschel einen packte, auf das geschwungene Endstück des Treppengeländers setzte und so lange kitzelte, bis man zu sterben glaubte. Herschels Debattenhiebe waren legendär: Die Einzigen, die die Zähigkeit besaßen, ihm standzuhalten, waren seine Söhne, als sie einmal alt genug waren. Zu streiten war für sie ein blutiger Sport. Wir anderen sahen dann zu, bestürzt und amüsiert, wie sie endlos argumentierten, unermüdlich, brillant, über Politik, Geschichte, die *Halacha*, über alles und jedes. Herschel war auch der großartigste Tetris-Spieler, den ich jemals kennengelernt habe, und das, glaube ich, sagt etwas aus über seine Konzentration, Besessenheit und Sturheit.

Noch einen Absatz lang möchte ich mich mit Herschel befassen; ich möchte ein Gefühl für einen sehr komplizierten Mann vermitteln, denn jetzt nimmt die Geschichte eine Wendung. Herschel beherrschte einen großartigen rhetorischen Trick, den er bei Familienfesten einsetzte. Alle hielten sie ihre Reden, die weniger Reden waren als *divrei torah*: vertrackte hermeneutische Lehren, die sich aus der Bibel bedienten, dem Talmud, aus irgendeinem der Tausenden Kommentare. Dann pflegte Herschel, der Letzte in der Reihe, seine eigene vertrackte hermeneutische Lehre zu improvisieren, die sämtliche vorhergehenden *kombinierte*: Er verwendete alle ihre Quellen, Einsichten und Schlussfolgerungen und spulte direkt vor uns seine großartige Synthese ab.

Mitte der 1990er zerfiel die Familie. Lange Zeit wusste ich nicht, worum es bei dem Streit ging. Das Zerwürfnis, dieser Kampf, der die Familie spaltete, der meinen Vater und meine Tante auf die eine Seite und Herschel auf die andere versetzte, kam für uns Kinder sehr plötzlich und mysteriös – wir hatten keine Ahnung, was geschehen war, nur dass es etwas außerordentlich Ernstes war. Es hatte mit Geld zu tun, so viel bekamen wir mit, Anwälte waren involviert, es ging um Geschäfte, um Aktivposten, möglicherweise um eine Erbschaft, irgendeines der markanteren, üblicherweise unsichtbaren Bindeglieder einer Familie.

Meine Eltern ließen uns im Dunkeln. Sie klärten uns nicht auf, erklärten nichts absichtlich und ließen nichts unabsichtlich fallen. Aber der Zorn und das Herzweh waren unmöglich zu übersehen; er ist atmosphärisch, der emotionale Zustand der Eltern. Was immer auch vor sich ging, daraus wurde eine jener Erwachsenen-Unterhaltungen, die ständig stattfinden, aber gerade außerhalb Hörweite. Ein großes, unsichtbares Monster, dessen Gegenwart wir spüren konnten. Ich erinnere mich an das Gesicht meines Vaters, wenn ihm sein Bruder auf der Straße begegnete – das war oft der Fall, es war unvermeidlich, unsere Familien wohnten ja so nahe nebeneinander, und am Schabbes, wenn man nicht fahren darf, wenn man gehen muss, werden sich die Wege von dir und deinen Nachbarn oft genug kreuzen –, wie seine Züge sich verhärteten, seine Brauen sich zusammenzogen und seine Lippen ein harter Strich wurden, wie er starrte oder auffällig nicht starrte.

Herschels Kinder waren ebenso ahnungslos wie wir. Über Wochen und dann Monate versuchten Ari Kaiser und ich herauszufinden, was zum Kuckuck zwischen unseren Vätern vor sich ging, aber wir bekamen nichts heraus, konnten nicht kombinieren, warum alles auseinanderfiel.

Eine Zeitlang blieb das Zerwürfnis auf diese Generation beschränkt. Ich und meine Geschwister gingen nach wie vor zu
den Kiddies, Ari und seine Geschwister kamen nach wie vor zu
uns. Herschel packte immer noch die Haut unter unserem Kinn,
unterwarf uns immer noch der Kitzelfolter. Ich nehme an, es war
eine Art Intimitätsträgheit. Wie mein Vater erklärte, mache es
ihm nichts aus, wenn wir ins Haus seines Bruders gingen, auch
wenn er selbst keinen Fuß hineinsetzen würde. Aber Animosität
sickert allmählich nach unten, von Eltern zu Kindern, wandelt
sich in ein nicht böswilliges, doch substanzielles Unbehagen.
Bald gingen auch wir nicht mehr zu den Kiddies. Allmählich verliefen unsere Leben in verschiedene Richtungen. Binnen weniger Jahre gab es so gut wie keine Interaktion mehr zwischen den
Kiddies auf der einen Seite, uns und den Felds auf der anderen.
Wir passten uns an diese Herschel-lose Realität an. Ja, ich habe
einen Onkel, aber wir haben mit ihm nichts zu tun. Herschel
wurde mehr und mehr abstrakt, eine Figur aus einer vergangenen Geschichte. Das Zerwürfnis, der Streit, der Prozess summ-
ten irgendwo im Hintergrund unseres Familienlebens.

Als meine Großmutter starb, mussten mein Vater, mein Onkel und meine Tante miteinander Schiv'a sitzen. Seite an Seite
saßen sie auf Bubbys grünem Samtsofa, minus Sitzkissen – die
Trauernden müssen tief sitzen, nahe am Boden –, und wirkten
ruhig, verbreiteten eine Aura von Gefasstheit und Normalität,
aber es war zum Greifen abnormal und peinlich; jede Fraktion
der Geschwister tat so, als existiere die andere nicht. Mein Vater
saß in der Mitte, Herschel links direkt neben ihm, aber es hätte
ebenso gut eine dreißig Meter hohe Mauer zwischen ihnen sein
können, die sie trennte. Das Zimmer, die vielen Leute, die Reihen mit Klappstühlen, die Unterhaltung, die an dieser Bruch-
linie auseinanderfiel. Die Besucher drückten zweimal ihr Bei-

leid aus. Einmal Herschel gegenüber, dem sie eine Erinnerung oder ein Gefühl mitteilten, die sie mit Bubby verbanden, dann sprachen sie den Vers, der traditionell als Abschiedsformel gebraucht wird, die man einem Trauernden sagt, und dann glitten sie hinüber zu meiner Tante und meinem Vater, bei denen sie die Erinnerung oder das Gefühl wiederholten und noch einmal den Vers aufsagten.

Eines Nachmittags, ich war in der neunten oder zehnten Schulstufe, waren mein Vater und ich allein in der Küche, und er erklärte unaufgefordert – wenn mich meine Erinnerung nicht trügt, kam das alles wirklich aus dem Nichts – die ganze Angelegenheit. (Ich weiß nicht, was den Anstoß dazu gab; trotz all seines Pragmatismus kann mein Vater sehr impulsiv sein.) Er lehnte sich über die Arbeitsplatte, kameradschaftlich, entspannt; ich lehnte neben ihm, spiegelte seine Pose und seine Haltung. »Zuallererst musst du mal den Kontext verstehen«, sagte er. Er schrieb oben auf ein leeres Blatt Papier in seinen charakteristischen Blockbuchstaben APEX. Darunter zog er vier Linien, die wie bei einem Stammbaum nach außen zeigten. »Apex ist eine Immobiliengesellschaft«, sagte er. Ursprünglich hatte es vier Partner gegeben, einer war mein Großvater gewesen. Ans Ende der ersten Linie schrieb mein Vater KAISER. Jeder Partner besaß einen 25-Prozent-Anteil. »Als mein Vater starb, wurden diese 25 Prozent«, sagte mein Vater und zog unter KAISER drei neue Striche, »dreigeteilt. Also haben wir acht und ein Drittel. Leah hat acht und ein Drittel und Herschel hat acht und ein Drittel.«

Zu Lebzeiten Zaidys, sagte mein Vater, waren die Vermögenswerte von Apex, die hauptsächlich aus vier Wohnhäusern in Toronto bestanden, nie besonders viel wert gewesen. Dann war der Wert aber über die Jahre beträchtlich gestiegen. (Ich fragte, wie viel sie heute wert seien. Mein Vater schloss die Augen und nickte. »Eine Menge.«) Die Familie Kaiser war immer als Einheit aufgetreten.

Das Zerwürfnis, erklärte mein Vater, habe mit den Apex-Anteilen zu tun; ich sehe hier keine Notwendigkeit, die angeblichen Vergehen detailliert wiederzugeben oder die Streitigkeiten aufzuwärmen – ich sage nur, das allgemeine Narrativ, das mir an diesem Tag vorgesetzt wurde, lautete, dass Herschel, getreu seinem Charakter, eine Einigung verweigerte und talmudische Argumente vorbrachte, warum er im Recht sei. Dass es eher Herschels Sturheit und Hartnäckigkeit waren, das Nachtreten und Verzögern, und weniger die ursprüngliche Missetat, das war unverzeihlich. Mein Vater, an der Arbeitsfläche lehnend, war systematisch, detailliert, gelassen. Er legte das alles beinahe wie eine Fallstudie vor: Ich konnte in ihm keine Feindseligkeit gegenüber seinem Bruder ausmachen. Aber ich behielt es im Gedächtnis, auch wenn ich jung und uninformiert gewesen war – ich hatte den Zorn und das Herzweh aus der Nähe gesehen.

Fünfzehn Jahre nach jenem Tag in der Küche traf ich die Killerin und unternahm die ersten Schritte zur Rückforderung; ich verstand, dass diese Erbschaftsgeschichte schwerlich von jener Erbschaftsgeschichte getrennt werden konnte. Ich sah mir die öffentlich zugänglichen Gerichtsdokumente an, folgte dem Apex-Rechtsstreit, wie er sich mehr als ein Jahrzehnt lang durch das kanadische Justizsystem schlängelte, spürte die Urteile und Einsprüche und Entscheide und weiteren Einsprüche auf, Hunderte und Aberhunderte erstaunlich lebendiger Seiten. Ich hatte damals zwei Stöße mit dokumentarischen Nachweisen, die sich auf meine Familie und auf Familienbesitz bezogen. Da waren jene über das Haus meines Großvaters in Sosnowiec, ein dünner, beliebiger, wahlloser Haufen von Quellen, der nicht viel mehr als den Umriss eines Umrisses einer Geschichte lieferte, mit so vielen schmerzenden Lücken und Fragen. Und da waren jene zum Thema Apex, eine leicht downloadbare, einen halben Meter hohe Masse an Material, die in grellen Details erzählte Geschichte der Auflösung einer Familie.

Erst 2011, als der Oberste Gerichtshof Kanadas eine Anhörung des Falls ablehnte, fand das Verfahren langsam ein Ende. Das bedeutete natürlich nicht, dass die Parteien bereit waren, sich zu versöhnen. Aber es war ein notwendiger Ansatzpunkt – man konnte das Martyrium jetzt in die Vergangenheitsform verschieben. Und ein paar Jahre danach kam es zwischen meinem Vater und Herschel tatsächlich zu einer Art Versöhnung. Herschels Frau fungierte als Vermittlerin, und so schlossen die Brüder eine Übereinkunft: Sie konnten in Verbindung bleiben, es konnte eine Art Beziehung geben, sie konnten wieder am Leben des anderen teilhaben, keiner aber würde die Vergangenheit erwähnen. Kein Aufrechnen, keine Fragen, keine Konfrontationen, keine Klarstellungen, keine Entschuldigungen wurden verlangt und keine ausgesprochen. Die Vergangenheit sollte weggeräumt werden. Zur Feier gingen meine Mutter, mein Vater, Herschel und Naomi essen. Angeblich hatten sie es nett und ganz normal.

Und so ging ihre Beziehung in eine dritte Phase – herzlich, freundlich, stabil, undramatisch.

2015, genau zu der Zeit, als ich die Killerin traf, wurde Herschel krank und verlor binnen weniger Monate so gut wie sein halbes Körpergewicht. Verschwunden war der riesige, harte Bauch. Noch enervierender war die Veränderung in seiner Persönlichkeit. Er war immer so flink gewesen, so gesprächig, all diese geballte Energie; jetzt war er langsam, weggetreten, still, glasäugig, hilflos. Mein Vater sah regelmäßig bei Herschel vorbei. Er half bei Besorgungen, brachte Herschel zu Arztterminen, schob ihn in seinem Rollstuhl zur Schul.

Im September 2015 fuhr ich nach Toronto und setzte mich mit meinem Vater, Leah und ihrem Mann Mordy zusammen. Ich erklärte, was ich herausgefunden hatte: Zaidys Vater und Onkel hätten das Haus in Sosnowiec gemeinsam besessen; die Dokumentenlage sei tatsächlich ziemlich gut; die Anwältin, die ich engagiert habe, sei überzeugt, wir könnten es zurückerhalten.

»Es scheint, als würde das ein ziemlich einfacher Vorgang«, sagte ich.

Alles in allem waren sie verwirrt. Sosnowiec war eine Million Kilometer weit weg, in einer zurückgelassenen und bewusst vergessenen Welt. Keine sentimentalen Träume verbanden sie damit. Mordy fragte mich, wie viel das Gebäude wert sei.

»Vier-, fünfhunderttausend Dollar, vielleicht mehr.«

Die Zahl überraschte und beeindruckte sie, aber dass es sie angenehm erregt hätte, könnte ich nicht sagen. Jeder Geldregen war immer noch sehr abstrakt. Sie waren der Meinung – und in dieser Hinsicht waren sie viel weitsichtiger als ich –, dass die Sache nicht so glatt ablaufen würde. Sie hatten kein Vertrauen in das polnische Rechtssystem – in ihren Ohren klang die Wendung »polnisches Gericht« wie ein Witz – und glaubten, dass der Durchschnittspole, Richter nicht ausgenommen, wenn schon kein eingefleischter Antisemit, so doch nicht unbedingt darauf aus sei, ausländischen Juden zu helfen, den Besitz ihrer Väter zurückzuerhalten; und ein Antisemit sei er wahrscheinlich noch dazu. Aber da war ich, der so viel Zeit in Polen verbracht hatte und nun sagte, wir hätten eine Chance. Sie waren dabei.

»Was ich jetzt brauche«, sagte ich, »ist eure Vollmacht. Es

ist euer Erbe, nicht meines.« Ja, natürlich, meinten sie. Kein Problem.

»Und ihr müsst entscheiden, was ihr wegen Herschel tun wollt.«

»Was hat Herschel damit zu tun?«

»Er ist ebenfalls Zaidys Kind.«

Es war unwahrscheinlich, das wusste ich, dass sie die Vorstellung begrüßen würden, sich mit Herschel zusammenzutun, besonders nicht bei etwas so Heiklem wie einem Erbschaftsverfahren, bei dem es um Immobilienbesitz ging. Auch wenn sie alle jetzt wieder miteinander sprachen, gab es noch genügend unaufgelöstes Schmerzliches und Verrat, und es würde nie wieder dieses Gefühl von Behaglichkeit und Vertrauen herrschen. Aber angesichts dessen, dass keiner von ihnen, abgesehen von der Vollmacht, wirklich involviert sein würde, hatte ich gehofft, sie würden sagen, egal, okay, lass dir von Herschel eine Unterschrift geben, was macht es schon aus. Mein Vater und meine Tante schwiegen; das war nicht so einfach – unter keinen Umständen würde Herschel einfach so mitmachen, keinesfalls schlicht ein Papier unterzeichnen und die anderen die Kontrolle übernehmen lassen. So funktionierte Herschel, selbst ein geschwächter Herschel, eben nicht.

Ich schlug vor, Herschel einstweilen nicht einzubeziehen; sollte am Ende Geld fließen, könnten wir uns dann damit befassen, ihm seinen Anteil geben, so würde es für alle leichter sein. Alle stimmten zu. Und so bereitete die Killerin zwei Vollmachtsformulare vor, eines für meinen Vater und eines für meine Tante; was die polnischen Gerichte betraf, hatte Maier Kajzer zwei Kinder gehabt. Damals machte ich mir keine besonderen Gedanken darüber – es war eine von Zweckmäßigkeit bestimmte Entscheidung, um sicherzustellen, dass die Reklamation nicht fehlschlug, bevor sie begann. Im Rückblick aber war es eine schändliche, und schändlich ironische, Entscheidung: Um mit der Reklamation – die eine Art Nicht-Auslöschung meiner Familie verkörperte – vorankommen zu können, musste ich meine Familie auslöschen (oder mich dafür entscheiden), und das in offiziellen polnischen Schriftstücken, nichts weniger.

Ich schickte die Vollmachtsformulare nach Krakau, und das war es dann: Wir hatten die Maschinerie in Gang gesetzt, und nun blieb nichts zu tun, als zu warten, die Killerin machen zu lassen. Es fühlte sich ein wenig seltsam an, ein wenig ungut – ein wenig unromantisch? –, wie diese Sache so rasch eine bürokratische Form angenommen hatte. Aber so geht das, sagte man mir. Deine Motivation kann persönlich und sentimental und heftig sein, aber der Prozess ist bürokratisch und kühl und verfahrensrechtlich. Es gab keine Person, keine Personen, an die man appellieren konnte, niemanden, den ich anflehen, von dem ich verlangen konnte, das Haus wieder an meine Familie zu überschreiben. Da war niemand, der das Haus wieder an meine Familie überschreiben konnte. Diese Geschichte hat keinen Antagonisten (ist »die Geschichte« ein Antagonist?). Das Haus war besitzerlos, verloren, und der Apparat, den man einsetzen musste, um eine Rückgabe zu erzwingen, war ein legaler.

3

IN DEN MONATEN, nachdem ich die Formulare mit der Vollmacht abgeschickt hatte, verschwendete ich nicht viele Gedanken auf die Sache. Es war eine Geschichte, in die man leicht hineinschlüpfen konnte: Ich war der Enkel, der sich auf eine Mission der Erinnerung begeben hatte, ich forderte ein Haus meiner Ahnen zurück und tat es meinem Großvater zuliebe oder in seinem Namen oder um mit ihm in Verbindung zu sein oder mit etwas, das mit ihm zu tun hatte; was sonst war da zu beobachten, auf wen sonst sollte Rücksicht genommen werden?

Offensichtlich: auf die Leute, die tatsächlich in dem Haus wohnten, für die mein Anspruch ein Sturm aus dem Nichts heraus sein würde. Es brauchte einige Zeit, bis das in mich einsickerte, doch mehr und mehr fühlte es sich ... nicht *falsch*, aber unverantwortlich an, mit der Rückforderung fortzufahren, ohne zumindest die Bewohner zu kennen, etwas von ihnen in Erfahrung zu bringen. Die Killerin war dagegen. Machen Sie keinen Ärger, sagte sie. Sie könnten Panik hervorrufen. Sie könnten alles ruinieren.

Ich ignorierte ihren Rat und kehrte nach Sosnowiec zurück. Ich nahm meinen Freund Jason mit, einen Fotografen, der, wenn er fotografiert (und das tut er immer), hartnäckig und ein wenig unverschämt sein kann – seine Gesellschaft macht mich wagemutiger –, sowie Larysa, eine dezente, brillante Museumskuratorin, als Übersetzerin. Wir waren uns einig, dass wir es sachte angehen müssten, sollten wir nur die geringste Hoffnung auf eine halbwegs interessante Unterhaltung mit einem Bewohner haben. »Sachte« – ich lasse das klingen, als wäre es eine praktische Entscheidung gewesen. Das war es, aber es war auch eine feige Entscheidung. Ich würde die Wahrheit verschleiern: Wir wollten sagen, wir seien daran interessant, über die Geschichte des Gebäudes nachzuforschen und zu schreiben, was nicht ganz unzutreffend war – wir interessierten uns ja dafür –, aber trotzdem an einer wichtigen Auslassung krankte. Damals schien es aufrichtig genug: Ich spionierte den Ort ja nicht aus. Ich wollte wirklich bloß die Bewohner treffen. Aber im Rückblick ist das eine mickrige Rechtfertigung.

Wir kamen ohne Zwischenfall hinein. Jason und Larysa betrachteten die mattgrünen Wände, das sterile Treppenhaus. »Das sieht nicht so aus, als sei es aus der Vorkriegszeit«, sagte Larysa. »Es wirkt wie ein Gebäude aus der Kommunistenzeit.« Ich zuckte die Achseln. Wer weiß. Vielleicht war es renoviert worden. Egal, sagte ich, das ist der Plan. Lasst uns methodisch vorgehen. Wir können oben anfangen, an Türen klopfen, uns nach unten durcharbeiten.

Es war Vormittag an einem Wochentag und sehr ruhig. Das einzige Lebenszeichen kam von einem Mann in mittleren Jahren, er ging in seine Wohnung im ersten Stock, die, das konnten wir sogar vom Eingangsbereich aus sehen, gerade renoviert wurde.

Oberster Stock. Wir wählten irgendeine Tür, und Larysa klopfte. Jason und ich standen etwas weiter hinten, weit genug, um (so hofften wir) nicht bedrohlich zu wirken, doch nahe genug, um anzuzeigen, dass wir eine Gruppe bildeten. Keine Antwort. Larysa klopfte an die nächste Tür; wieder keine Antwort. Wir probierten eine dritte Tür. Dieses Mal ging die Tür auf, aber nur einige Zentimeter, nur so weit es die Kette zuließ. Durch den

Spalt spähte uns eine dünne, alte, ernst blickende Frau an. Larysa sagte das Sprüchlein auf, das wir uns im Auto ausgedacht hatten. Aber die Frau wollte davon nichts wissen. Ich musste die Unterhaltung nicht verstehen, um zu erkennen, dass sie nicht gut verlief. *Nie, nie, nie.* Sie war nicht zu überreden, nicht zu überzeugen, misstrauisch. Der Vorwand, den wir zusammengeschustert hatten – dass wir amerikanische Forscher seien, die sich für die Geschichte dieses Gebäudes interessierten, etc. –, war nutzlos. Unsere Anwesenheit war bedrohlich. Jasons Kamera war bedrohlich, unser Interesse (an ihrem Leben, ihrer Wohnung) war bedrohlich.

Wir versuchten es bei den anderen Türen im Stockwerk; niemand antwortete, das war enttäuschend, aber angesichts der gespannten Stimmung bei der alten Frau auch ein wenig erleichternd.

Wir berieten uns im Flüsterton und entschlossen uns, den Plan aufzugeben, es an jeder Tür zu versuchen; stattdessen wollten wir zwei Stockwerke hinunter zu der Wohnung gehen, die gerade renoviert wurde, da wir dann erstens wussten, dass jemand zuhause sein würde, und zweitens bei unserem Weg nach oben gesehen hatten, dass derjenige verhältnismäßig jung war, Ende dreißig, Anfang vierzig, und deswegen, so dachten wir, weniger leicht zu verschrecken.

Als wir herunterkamen, stand der Mann in seiner Tür. Wir (das heißt Larysa) stellten uns vor und trugen unser halbgares Geschwafel vor. Ohne Zögern stimmte er zu, Fragen gestellt zu bekommen. Er hieß Bartek. Er war freundlich, zugänglich, offen. Er hatte eine breite, noble Stirn, durch die zurückweichenden Haare wirkte sie noch breiter und nobler. Dunkle Haare mit ebensolchem Ziegenbärtchen und eckige Augenbrauen. Er sah aus wie ein dicklicherer, freundlicherer Lenin. Sein T-Shirt und seine Trainingshosen waren voller Heimwerkerspritzer, Dichtungsmasse, Farbe und weißem Staub.

Bartek entschuldigte sich für den Zustand seiner Wohnung und meinte, es sei vielleicht besser, wenn wir uns im Flur unterhielten. Er brachte einen Stuhl für mich und einen für Larysa heraus und eine Werkzeugkiste für sich selbst, die er hochkant hinstellte und als Sitz benutzte. Jason blieb stehen und fotografierte. Es war eng, wir vier nahmen den ganzen Platz im Treppenhaus ein.

Bartek fragte uns, wie er helfen könne, was wir wissen wollten. Er war so entgegenkommend und vertrauensvoll – das machte es viel schwerer, mir selbst vorzumachen, was wir da taten, sei keine Hinterlist. Auf irgendeiner Ebene wollte ich, dass Bartek argwöhnisch sei, oder zumindest ein bisschen argwöhnischer – argwöhnisch genug, dass sich meine Lügen nicht so bedrückend anfühlten, aber nicht so sehr, dass er nicht mit uns reden wollte. Vielleicht war es eine Generationensache, vielleicht hatte es mit Temperament zu tun, aber Bartek war kein bisschen argwöhnisch, er war aufgeschlossen, wollte bloß diesen Ausländern helfen, einem amerikanischen Schriftsteller, einem amerikanischen Fotografen und ihrer polnischen Betreuerin, die ohne Vorankündigung vor seiner Wohnung auftauchten und behaupteten, sie seien Forscher.

Bartek meinte, er verstehe zwar Englisch und spreche es ein wenig, aber er fühle sich besser, wenn er Polnisch sprechen könne. Natürlich, sagte ich, Larysa wird übersetzen. Jason war unentwegt am Fotografieren – das Visuelle hier war unwiderstehlich: kaltes, hartes Treppenhaus als Vordergrund, prachtvolles Chaos in der Wohnung als Hintergrund, und Bartek in seinen verdreckten Jogginghosen, auf seiner Werkzeugkiste hockend, als Hauptperson.

Ich begann das Interview – und ich sage »Interview«, weil es sich anfangs formell, steif anfühlte – mit der Wiederholung unserer Verschleierungsgeschichte: »Wir machen ein Projekt, um dieses Gebäude zu verstehen, die Geschichte dieses Gebäudes, und zu diesem Zweck würden wir gerne Ihre Geschichte kennen, Ihre Erinnerungen.«

Bartek skizzierte sachlich seine Bio. Er war in einer nahegelegenen Stadt geboren, in Czeladź, aber mit zwei Jahren nach Sosnowiec gekommen, in diese Wohnung, wo er bei seinen Großeltern lebte. In der 36-Quadratmeter-Wohnung, erzählte er, wohnten sieben Personen: seine Großeltern, seine Urgroßeltern, er; wer die sechste und siebte Person waren, bekam ich nicht mit – möglicherweise ein Onkel und eine Tante.

»Wie lange ist das her?«, fragte ich. Ich gestand es mir damals in jenem Moment ein und sollte es jetzt hier eingestehen: Obwohl ich mich für Barteks Geschichte interessierte, nachhakte, fischte ich auch nach Details, die für das Narrativ meiner Familie relevant waren.

»Ich bin jetzt zweiundvierzig«, sagte Bartek, »und ich bin hergezogen, als ich zwei Jahre war. Vor vierzig Jahren.«

»Also haben Sie so gut wie Ihr ganzes Leben in dieser Wohnung verbracht?«

»*Tak*«, sagte Bartek, und dann, auf Englisch: »This is my family's house.« Mein Herz tat einen Sprung; diese Worte wirkten aufrüttelnd. Bartek hatte gar nichts damit gemeint, es war nicht defensiv oder drohend gesagt worden, er wollte bloß sein Englisch vorführen; er hatte keinen Grund, sich bedroht zu fühlen oder defensiv zu handeln – gut, er hatte einen Grund, aber er wusste nichts davon. Ich hatte mir selbst gesagt, dass dies das Haus *meiner* Familie sei, und so war es erschreckend, ihn sagen zu hören, »Das ist das Haus meiner Familie« – da drängte sich nun seine Geschichte in die meine, meine in die seine –, und in diesem Moment bedauerte ich es, hierhergekommen zu sein, nach Interviews gefragt zu haben, Leute kennenzulernen und eine Beziehung zu ihnen aufzubauen, die, egal wie großzügig meine Anschauung, wie lauter meine Absichten sein mochten, Widersacher waren. Bartek hatte keine Ahnung, und ich fand es furchtbar, dass er keine Ahnung hatte.

Wenn Sie dieses Gebäude verstehen wollen, sagte Bartek, dann müssen Sie wissen, dass es eng mit dem Theater in Verbindung steht. Die meisten Wohnungen waren von der kommunistischen Regierung für die Schauspielerinnen und Schauspieler und die Belegschaft des Teatr Zagłębia vorgesehen, ein renommiertes Provinztheater. »The theater lived here«, sagte Bartek auf Englisch. Alle Bewohnerinnen und Bewohner waren Leute vom Theater. Schauspieler, Schauspielerinnen, Regisseure, Kostümbildnerinnen, Sekretärinnen, Verwaltungsleute. Barteks Großvater? Er war Hauptdarsteller. Sogar heute noch, erzählte Bartek, hätten viele Bewohner mit dem Theater zu tun. Die Frau oben, die so misstrauisch gewesen war? Sie hieß Teresa, ihr verstorbener Mann war Schauspieler gewesen. Ein Stockwerk unter ihr wohnte eine der Hauptdarstellerinnen, gegenüber von einer Frau, die im Theaterbüro arbeitete. »Viele Schauspieler haben hier in dem Haus gewohnt«, sagte Bartek. »An Freitagen und Samstagen, nach den Premieren, sind sie heimgekommen und haben große Feste gefeiert. Das ganze Haus war eine einzige Party. Wir kennen einander nicht näher, aber wegen des Theaters sind wir eine Art Familie, sogar heute noch.«

Während wir uns unterhielten, quetschten sich ein paar Bewohner an uns vorbei, um die Treppen hinauf- oder hinunterzusteigen. Sie waren höflich, aber distanziert. Falls sie neugierig waren, was da vor sich ging, warum diese drei Fremden, einer mit einem aufgeschlagenen Notizbuch, ein anderer mit einer Kamera, ihren Nachbarn interviewten, dann konnten sie es sehr gut verbergen.

Ich fragte Bartek (unaufrichtig? Es wurde immer schwieriger, mein Interesse an Bartek und seiner Geschichte vom Interesse an meiner eigenen zu trennen), ob er uns einige frühe Erinnerungen an das Haus, an diese Partys, an seine Nachbarn, seine Familie mitteilen würde. Leise gab er ein paar Reminiszenzen zum Besten, nichts Spezifisches, mehr Bilder als Narrativ, und kam dann aus eigenem Antrieb auf die Geschichte zurück, warum er bei seinen Großeltern lebte. Er korrigierte und schmückte aus, was er uns bereits erzählt hatte. Eigentlich war er gar nicht mit zwei Jahren hierhergekommen. Eigentlich begann er damals mehr Zeit mit seinen Großeltern zu verbringen als mit seinen Eltern; Bartek sagte nicht, warum, und ich fragte nicht nach. Mit sechs, sagte er, habe er sich entschlossen, ganz nach Sosnowiec zu ziehen.

Jason mischte sich ein mit Anweisungen für eine Pose: »Bartek, könnten Sie Ihre Hände auf die Knie legen?« Bartek legte seine Hände auf die Knie. »Perfekt«, sagte Jason, die Kamera vor dem Gesicht.

Während er die Pose hielt, erzählte uns Bartek, dass er seine Mutter in den darauffolgenden fünfunddreißig Jahren nie gesehen hatte, obwohl sie bloß vier Kilometer entfernt wohnte. Und dann kam eines Tages eine Nachricht auf Nasza Klasa (eine Art polnisches Facebook) von einem Bruder, von dessen Existenz er gar nichts gewusst hatte. Er lud Bartek zu seiner Hochzeit ein, wo er nicht nur den Bräutigam, sondern noch vier andere Brüder kennenlernte und seine Mutter zum ersten Mal seit fünfunddreißig Jahren wiedersah. »Wir hatten«, meinte er, »ein spontanes Familientreffen.«

Ich fragte (was sonst hätte ich fragen sollen), wie es gewesen sei.

Bartek sagte in seinem überdeutlich akzentuierten Englisch: »It was amazing.« Dann fiel er wieder ins Polnische zurück. Anfangs, meinte er, sei er sehr bewegt gewesen, sehr gerührt, vielleicht sogar mehr als sein Bruder, derjenige, der heiratete. Er hatte gehofft, dass seine Mutter nach der Hochzeit mit ihm in Verbindung bleiben, ihre Beziehung neu beginnen würde, aber sie streckte ihm nicht die Hand entgegen; sechs Monate danach starb sie. Bartek sah sie nur noch einmal, im Krankenhaus, für fünfzehn Minuten.

Die Unterhaltung – auf solch natürliche und unnatürliche Weise bewegen wir uns weg von schwierigen Themen – kam jetzt auf Jason, der Bartek fragte, ob er in der Wohnung eine Porträtaufnahme machen dürfe. Bartek stimmte gerne zu. Dann unterhielten sich Larysa und Bartek auf Polnisch, ich weiß nicht, worüber, und während sie sprachen, zog mich Jason beiseite. Er sagte, er glaube, ich solle Bartek reinen Wein einschenken, ihm den wahren Grund sagen, warum wir hier waren. Angesichts dessen, wie offen und ehrlich Bartek mit mir gewesen war, wäre es unverzeihlich, meinte Jason, diese Täuschung sich noch verfestigen zu lassen. Du hast recht, sagte ich.

Das Interview ging weiter. Ich sagte: »Ich möchte Ihnen danken.«

»Kein Problem«, meinte Bartek. »War sehr nett, Sie kennenzulernen.«

»Die Wahrheit ist«, sagte ich nervös, unbeholfen, »dass meine Familie aus Sosnowiec stammt. Tatsächlich kommen sie aus diesem Haus. Vor dem Krieg hat mein Großvater in einer dieser Wohnungen gelebt.«

Ich sprach es wie eine Beichte – eine bruchstückhafte Beich-

te, ich weiß: Immer noch hatte ich den schwierigsten Teil ausgelassen –, aber es hatte keine merkliche Auswirkung auf Bartek,
der mich einfach nach dem Namen fragte. Ich sagte »Kajzer«,
und er meinte, das sage ihm nichts; er rief seine Tante an, die den
Namen auch nicht erkannte.

Wir gingen in die Wohnung, um das Porträt von Bartek auf-
zunehmen. Barteks Frau, ebenfalls in Trainingshosen, sah uns
zu, erfreut über unser Interesse an ihrem Mann und ihrer Wohnung. Ein riesiger zotteliger Hund blieb Bartek auf den Fersen.
Ich versuchte nicht einmal den Gedanken zu fassen, dies sei
etwas anderes als Barteks Wohnung, die Wohnung, die er von
seinen Großeltern geerbt hatte. Dass an diesem Ort vielleicht
einmal meine Verwandten gelebt hatten, drang nicht durch, war
egal.

Von den etwa ein Dutzend Fotos, die Jason an diesem Tag in
der Wohnung machte, zeigt dasjenige, das mir am besten gefällt,
Bartek hinter einem kleinen Klapptisch in seinem Wohnzimmer
stehend, das rote T-Shirt in die graue Jogginghose gestopft, das
Gürtelband baumelt herab. Neben ihm hockt der Hund. Auf einem Klapptischchen steht das Mittagessen. Ein paar zugedeckte
Töpfe, eine Flasche Fruchtsaft, in einem unnatürlichen Rot ge-
färbt, und ein Laib geschnittenes Brot in einem durchsichtigen
Plastikbeutel.

Bartek bot an, uns anderen Bewohnern vorzustellen. Laut nach-
denkend ging er durch, mit wem im Haus gut zu reden sei, wer
verfügbar sei, wer zugänglich. Rührenderweise wusste Bartek
nicht nur alle anderen Bewohner im Haus zu nennen, er kannte
sie wirklich, war ihnen nahe. Diese Frau wäre gut, aber sie habe
die Grippe. Dieser Mann sei verreist. Dieser Nachbar sei auch
gerade beim Renovieren, es würde zu hektisch sein. Ah, Bartek

hielt einen Finger hoch – die beste Person, mit der man sprechen könne, sei zweifellos Hanna.

Bartek führte uns die Treppen hinunter ins Erdgeschoss und
klopfte an Wohnung Nummer 2. Er stellte uns Hanna vor, die
dem Aussehen nach Ende sechzig war, kurzes graues Haar,
freundlich, vertrauensvoll, sehr scheu, aber gern bereit, mit uns
zu sprechen.

Hannas Wohnung hatte alle Anzeichen von Räumen, die seit
langem bewohnt werden; sie war äußerst ordentlich, aber man
konnte das Angehäufte sehen, spüren. Die Wohnung war voller
Schachteln und Bücher – Regal um Regal, Philosophie, Kritik,
Architektur. Wir vier saßen an einem kleinen Klapptisch im
Wohnzimmer. An der Wand und auf Beistelltischchen hingen
und standen viele gerahmte Fotografien, beinahe alle von dem-
selben süßen blonden Jungen, Hannas Enkel.

Wir eröffneten das Gespräch – es fühlte sich viel weniger formell an als bei Bartek, vielleicht, weil wir uns schon leichter damit taten, vielleicht, weil Hanna so zugänglich war – mit dem
Aufsagen der Gründe (was zunehmend bescheuerter klang),
warum wir hier seien, wie sie helfen könne etc. Hannas Gesicht
leuchtete auf. Sie war nicht der Typ, der sich übermäßig begeis-
tern ließ, aber sogar so konnte man erkennen, dass unser Interesse an dem Haus sie entzückte. Wo soll ich anfangen, fragte sie.
(Sie sprach gar kein Englisch, die ganze Unterhaltung lief über
Larysa.)

Warum beginnen Sie nicht damit, wann Sie hierhergezogen
sind?

»Ich bin eingezogen, gleich nachdem es gebaut wurde«, sagte Hanna, »1955. Ich war zehn Jahre alt. Ich habe seitdem immer
hier gelebt, in der Zeit meiner Ehe und meiner Scheidung.«

Das kann nicht stimmen, dachte ich.

Jason fing meinen Blick auf und hakte nach: »1955?«

Hanna nickte. *Tak, tak.* Sie war sich sicher über das Datum, weil sie genau wusste, dass sie zehn gewesen war, als ihre Familie einzog. Sie hatten nicht weit entfernt gelebt, nur ein paar Blocks weit weg, und sie erinnerte sich an die Bauarbeiten, an die Vorfreude auf den Umzug.

Ich dachte: Wenn das Haus 1955 errichtet wurde, dann hat es nicht vor 1955 existiert; und wenn das Haus nicht vor 1955 existiert hat, was hatte dann mein Urgroßvater vor dem Krieg besessen? Wo hatte er gelebt, wenn nicht hier? Was hatte mein Großvater zwanzig Jahre lang zurückzuerhalten versucht? Was versuchte ich jetzt zurückzuerhalten?

Ich fragte Hanna, ob sie wisse, was auf dem Grundstück gewesen war, bevor dieses Haus erbaut worden sei. Vielleicht, dachte ich, hatte hier vor dem Krieg ein Haus gestanden, aber irgendwann zwischen 1940 und 1955 abgerissen worden, und 1955 war dann das Gebäude, von dem Hanna sagte, sie sei mit zehn Jahren eingezogen, errichtet worden.

Nichts, sagte Hanna. Vorher war da nichts.

Nichts? Ein leeres Grundstück?

»Bloß ein kleines Holzhaus, wo eine alte Frau lebte. Im Hof stand ein Apfelbaum. Die Kinder aus der Nachbarschaft haben ihr öfter Äpfel geklaut.«

Es war klar, dass eine der Geschichten hier – entweder diejenige Hannas oder, viel wahrscheinlicher, meine – nicht stimmte. Aber ich wusste nicht, wie ich das Thema bei Hanna anschneiden sollte; so tat ich mein Bestes, um das Gespräch beim Thema zu halten. Ich fragte sie, warum ihre Familie gerade in dieses Gebäude gezogen sei, ob sie etwas mit dem Theater zu tun habe.

Hanna sagte, ihr Vater sei Architekt gewesen, wie sie; er habe zwar hin und wieder etwas fürs Theater gemacht, aber der

Hauptgrund, warum sie hergezogen seien, liege darin, dass hier die Lebensbedingungen besser waren. Hanna zeigte auf ein paar gerahmte Fotografien ihres Vaters, der so aussah, wie man sich einen polnischen Architekten aus der Vorkriegszeit vorstellte: Hut, Brille, Schnurrbart, gediegen. (Später fanden wir heraus, dass er mehr war als bloß Architekt: Er war der Stadtplaner.)

Ich fragte Hanna, so wie ich Bartek gefragt hatte, ob sie uns Kindheitserinnerungen aus dem Gebäude erzählen könne. Mit einer Art verlegenem Entzücken berichtete sie uns von den Theaterpartys. Alle waren furchtbar betrunken, sagte sie lachend. Sehr ausgelassen. Oft musste die Polizei kommen. Einmal kam sie, um eine Party aufzulösen, aber die Beamten wurden dann zu einem dringenderen Einsatz gerufen; ihren Polizeihund ließen sie an der Tür einer der Wohnungen, er sollte sicherstellen, dass die Party nicht wieder losging, aber dann kamen die Beamten nicht mehr zurück, der Hund blieb die ganze Nacht dort, und am Morgen musste einer der Schauspieler, in seiner Wohnung gefangen, aus dem Fenster um Hilfe rufen; er war spät dran, musste ins Theater. Und einmal kam am Heiligen Abend Barteks Großmutter herunter und fragte Hannas Eltern, ob sie schon ihr Weihnachtsessen gehabt hätten; sie sagten Ja; dann meinte sie, gut, denn hier sind ein paar Schauspieler, die noch keines hatten, und wir machen das hier, eure Wohnung ist größer, und sie riss die Tür auf und zeigte auf ein Dutzend hungrige Schauspieler, die im Flur warteten. Und damals in den Fünfzigern und Sechzigern, sagte Hanna, hätten ihre Eltern den einzigen Fernseher im Haus gehabt, und hin und wieder drängten sich alle Bewohner zusammen und sahen sich eine Übertragung aus dem Nationaltheater an. Das waren tolle Partys, sagte sie. Sie blickte auf den Tisch, sah hoch, lächelte schwach und wehmütig.

Dann meinte sie, sie wolle uns etwas zeigen, stand auf und

holte von einem Regal ein Bündel zusammengerollte Papiere, die sie auf dem Tisch ausbreitete. Es waren Pläne. Aber keine alltäglichen Touristen-Stadtpläne. Sie waren groß, historisch, präzise, wie offizielle Stadtaufnahmen, was einige davon auch wirklich zu sein schienen. Mindestens ein halbes Dutzend Pläne, sie bedeckten den ganzen Tisch, hingen von den Rändern hinunter wie faltendurchzogene Tischtücher.

Hanna blätterte den Stoß durch, zog einen Plan aus der Mitte und legte ihn oben hin. Es war ein Stadtplan, sagte sie, gezeichnet 1936. Sie wies auf die Orientierungspunkte hin – Bahnhof, Rathaus – und erklärte die Legende: Ist ein Grundstück schraffiert, bedeutet das, dass dort ein Gebäude steht; keine Streifen bedeutet, das Grundstück ist leer oder dort steht etwas »Inoffizielles« (etwa ein kleines Holzhaus und ein Apfelbaum). Wo auf dem Plan waren wir? Mit dem Finger folgte Hanna der Małachowskiego bis zur Kreuzung mit der Targowa und hielt bei einem Fleck ohne Streifen. 1936 befand sich dort kein Gebäude.

Hanna bedeutete uns, Geduld zu haben, und stand auf, um etwas aus dem Nebenzimmer zu holen. Sobald sie außer Hörweite war, begannen wir drei, mit einem Timing wie bei einer Sitcom, im Flüsterton zu debattieren. Larysa sagte: »Ich habe euch ja gesagt, dass das Haus neu aussieht.«

»Das ergibt keinen Sinn!«, zischte ich.

»Was ergibt keinen Sinn?«, fragte Larysa. »Das Haus wurde 1955 erbaut.«

»Aber wie?«

»Glaubst du, sie lügt?«, fragte Jason. »Sie scheint wirklich zu wissen, wovon sie spricht.«

»Ich glaube nicht, dass sie lügt«, sagte ich. »Ich sage bloß, dass das keinen Sinn ergibt. Ich habe Unterlagen über eine Hypothek auf dieses Gebäude, und die sind von 1932!«

Hana kam mit einer weiteren, offiziell wirkenden, größeren Landkarte wieder ins Zimmer, diese stammte von 1966. Aber bevor wir begannen, sie zu begutachten, gestand ich, nervös, verstört, alles, berichtete, dass meine Verwandten vor dem Krieg im Haus Małachowskiego 12 gewohnt hätten.

Okay, sagte Hanna. Sie war unbeeindruckt. Sie zweifelte meine Geschichte nicht an, glaubte auch nicht, dass ich ihre anzweifelte, auch wenn unsere jeweiligen Erzählungen, so wie es aussah, nicht beide stimmen konnten.

»Dieses Gebäude hat definitiv nicht vor dem Krieg existiert?«, fragte ich.

»Dieses Gebäude hat vor dem Krieg nicht existiert«, sagte sie.

»Haben sich die Hausnummern geändert? Ist das möglich?«

Hanna sagte, das wisse sie nicht. Als sie 1955 eingezogen sei, sei dies definitiv Nummer 12 gewesen, und sie sei es auch definitiv geblieben. Ich bin sehr verwirrt, sagte ich. Ich erklärte Hanna, ich hätte ein Dokument aus dem Jahr 1967, das sich auf eine Hypothek von 1932 für diese Adresse beziehe, deshalb müsse das, was 1932 Małachowskiego 12 war, 1967 immer noch Małachowskiego 12 gewesen sein.

Hanna zuckte entschuldigend die Achseln, dann stand sie auf und holte noch mehr Karten. Inzwischen lagen auf dem rechteckigen Tisch mindestens ein Dutzend außerordentlich detaillierte, professionelle Pläne. In dieser kleinen, vollgeräumten, ordentlichen Wohnung befand sich mehr und bessere kartographische Information über Sosnowiec als, darauf würde ich wetten, irgendwo sonst – vielleicht sogar das Rathaus eingeschlossen. (Später fragten wir Hanna, wie sie an diese Pläne gekommen sei; sie erzählte, sie habe vor Jahren ihrem Bruder bei seiner Magisterarbeit geholfen, die sich mit der Geschichte der Stadtlandschaft von Sosnowiec befasste; sie hatten sich Kopien dieser Karten aus dem Rathaus ausgeborgt, und niemand hatte sie jemals zurückverlangt.) Wie bizarr, unerwartet, bewegend, einer solch erstaunlichen Expertise über die Immobilien in Sosnowiec zu begegnen – von der Tochter des Stadtplaners! –, und das genau in jenem Gebäude, das ich zurückzuerhalten versuchte (oder vielleicht war es gar nicht jenes Gebäude; ich hatte damals keine Ahnung).

Wir lehnten uns alle darüber, die Ellbogen auf dem Tisch, legten uns einen Plan der Stadt zurecht. Wir sahen auf die Karte von 1966, verglichen, analysierten; wir sahen uns einen deutschen Plan aus der Kriegszeit an; eine k. k. Karte aus der Zeit vor dem Ersten Weltkrieg. In einem Buch zum 110-jährigen Jubiläum der Stadt fand sich ein Foto des Rathauses aus der Vorkriegszeit, links und rechts davon freie Flächen, kein Wohnblock in Sicht. Es war kein fotografischer Beweis, dass das Gebäude damals nicht existiert hatte – das Grundstück lag außerhalb des Fotobereichs –, aber das Bild machte es noch leichter, sich vorzustellen, dass das Gebäude nicht da gewesen war.

Wir versuchten es, konnten aber nicht herausfinden, wie dieses Haus zugleich existieren und nicht existieren konnte. Ich zeigte Hanna alle meine Dokumente, darunter den Hypothekenschein, erzählte ihr, dass mein Urgroßvater in der Małachowskiego 12 nicht nur gewohnt, sondern das Haus auch besessen habe – das dieses Gebäude sein mochte oder auch nicht –, und dass ich versuchte, es zurückzuerhalten. Was bedeutete, dass ich – falls dies wirklich das richtige Haus war – ihr Zuhause zurückhaben wollte. Aber Hanna schien ungerührt, schien das alles nur als interessante Forschungsfrage zu sehen. Ich fragte sie, ob ihr der Name Kajzer etwas sage. Nein.

Wir blieben noch ein, zwei Stunden. Wir sprachen über die

Stadt, ihre Geschichte, ihre Architektur. Hannas Liebe zu Sosnowiec war überschwänglich und herzerwärmend, so wie eine fachkundige, erworbene Liebe zu einem Ort es immer ist. Hanna fragte, ob meine Familie jüdisch sei. Ich sagte Ja (erleichtert, dass dies nicht angenommen worden war), und Hanna zeigte auf dem Plan die Synagogen und die Fabriken in jüdischem Besitz aus der Zeit vor dem Krieg. Ein paar Mal versuchte ich Hanna Fragen zu ihrem Leben zu stellen, ihrer eigenen Geschichte, aber sie zögerte, brachte das Gespräch wieder auf Sosnowiec, auf das Theater, das Haus, ihr Zuhause.

Teil zwei

RIESE

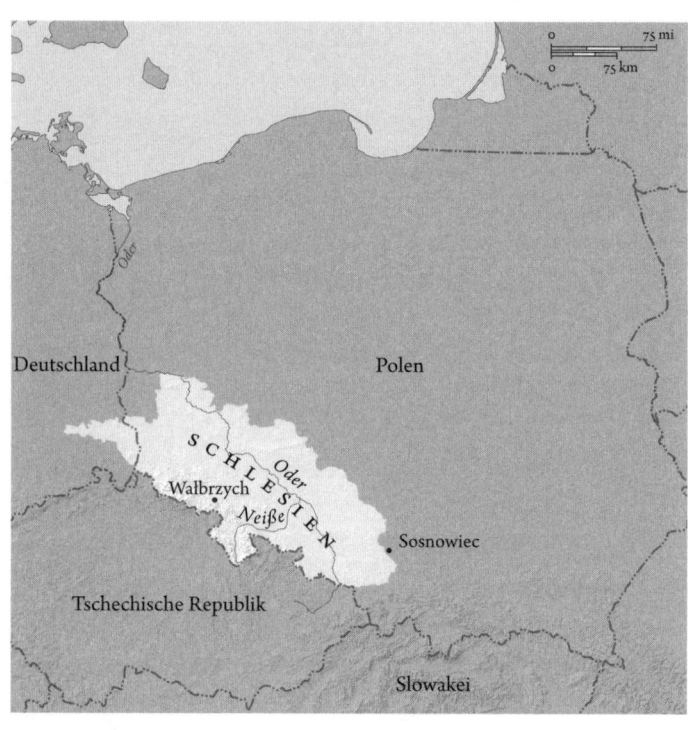

4

DIE HISTORISCHE REGION Schlesien liegt im Becken der Oder, die in der Tschechischen Republik entspringt, in nord-nordwestlicher Richtung durch Polen fließt und zusammen mit der Neiße die deutsch-polnische Grenze bildet. Der größte Teil Schlesiens liegt in Polen, kleine Teile in Deutschland und der Tschechischen Republik: Es ist ein Grenzgebiet, wie es nur je eines gegeben hat. Schlesien ist zugleich Polen und Nicht-Polen, und die Nähte sind erkennbar – es fühlt sich anders an, sieht anders aus, zeigt eine andere Gestimmtheit als der Rest des Landes. Hier gibt es kein durchgehendes nationales Narrativ. Ein flüchtiger Überblick über eine turbulente Geschichte: Schlesien gehörte zu Mähren, Böhmen, zur hyperfragmentierten Dynastie der Piasten, den böhmischen Kronländern, dem österreichischen Kaiserreich, dem preußischen Kaiserreich, dem Deutschen Reich, der Weimarer Republik, Deutschland und schließlich zum heutigen Polen. Unter den Völkern vor 500 nach Christus waren jene der Schnurkeramischen Kultur, die Jordanovianer, die Lausitzer, die Bylanier, die Kelten, Wenden, Angehörige der Przeworsk-Kultur, Skythen, Sarmaten, Markomannen, Wandalen, Goten, Hunnen, Gepiden und Heruler. Wessen Land ist das also, historisch gesehen? Kommt darauf an, wen man fragt. Es gibt ein polnisches Narrativ, das das gegenwärtige Polen mit der Piasten-Dynastie und den Lausitzern in Verbindung bringt (1300 vor Christus bis 500 nach Christus), die als eine Art protoslawische Bevölkerung positioniert werden. Es gibt ein tschechisches Narrativ, das das Scheinwerferlicht auf die mährisch-böhmischen Reiche richtet. Das deutsche Narrativ führt von den Goten und Wandalen (100 vor Christus bis 500 nach Christus) über Preußen, das deutsche Kaiserreich und die Weimarer Republik, wonach es abrupt mit der Potsdamer Konferenz von 1945 endet, in deren Gefolge die Grenze westwärts an die Oder-Neiße-Linie verschoben wurde.

Die schlesische Identität kann einem also durch die Finger gleiten. Es ist eine Schichttorte aus Nationalitäten, Loyalitäten, Zugehörigkeitsgefühlen, Sprachen. Heute ist Schlesien ziemlich unbestritten polnisch, zumindest in der Alltagsbedeutung (doch mit einer Menge sichtbarer, wenn auch verhaltener germanischer Elemente: Architektur, Stadtbilder, Friedhöfe; es gibt sogar ein polnisches Wort dafür – *poniemiecki* oder »ehemals deutsch«), aber das ist eine jüngere und zum großen Teil künstlich herbeigeführte Entwicklung. In den Nachkriegsjahren wurden Millionen ethnischer Deutscher aus Schlesien – das sehr plötzlich polnisch geworden war – vertrieben. Und mehr als eine Million Polen aus der *Kresy* – dem östlichen Teil des Polen der Zwischenkriegszeit, der von der Sowjetunion annektiert worden war – emigrierten – oder wurden dazu gezwungen – nach Schlesien, Teil des von der kommunistischen Regierung Polens so genannten »wiedergewonnenen Landes«. Und die beträchtliche jüdische Bevölkerung in Schlesien war ausgelöscht worden.

Es ist ein Land der Verdrängung. Eine Bevölkerung wird entfernt, eine wird ausradiert, eine neu installiert. Es herrscht ein Gefühl der Wurzellosigkeit, der Fremdheit, Unvertrautheit, das sich, hat man einmal gelernt, wonach zu suchen ist – sobald man die Ruinen zu lesen versteht –, überall findet. Es gibt ein ganzes Genre schlesischer Geschichten über Leute, die buchstäblich in ihren Hinterhöfen wertvolle und unerwartete Dinge finden:

Kronen-Münzen aus der Kaiserzeit, österreichisches Silberbesteck, jüdische Leichen, Wehrmachtshelme. Es gibt eine Identität des Landes, die unabhängig ist von der Identität seiner Menschen.

Die Verdrängung, die Umwälzung, die aufgewühlte Demographie – das ist fruchtbarer Boden für Mythen. So viele verlorene, zu Ende gegangene, ausgelöschte, verpflanzte Kulturen und Völker. Ich glaube nicht an Gespenster, aber ich wage mit Sicherheit zu behaupten, dass Schlesien von Gespenstern heimgesucht wird. (Von allen Dingen, die heimsuchen können, sind Gespenster möglicherweise die uninteressantesten.) Der Bodensatz, die Scherben der Geschichte, findet seine Form im Narrativ, in oft unwahrscheinlichen und nicht verifizierbaren Geschichten, aber Wahrscheinlichkeit und Verifizierbarkeit sind nicht wirklich das Thema. Es ist Mythos, Mysterium. Es ist eine erzählende Form der Frage *Was ist hier geschehen?*

Im Zentrum dieser schlesischen Kultur des Mysteriums steht etwas namens Projekt Riese, eine Reihe von mehreren unterirdischen Komplexen im Eulengebirge, etwa siebzig Kilometer südwestlich von Breslau, gegraben von den Nazis oder besser von jüdischen Zwangsarbeitern. Die Anlagen befinden sich in verschiedenen Stadien der Fertigstellung und sind verschieden groß – die größten enthalten kilometerlange Tunnel mit zahlreichen Etagen und höhlenartigen, zehn Meter hohen Räumen. Warum genau die Deutschen Riese bauten, zu enormen Kosten und bis in die letzten Kriegstage, ist nie endgültig geklärt worden; es gibt im Wesentlichen keine Primärquellen. Riese ist ein genuines Rätsel, es ist ein schlesisches Mysterium in großem, nicht zu hinterfragendem Maßstab.

Zum ersten Mal hörte ich 2015 von Riese, als Piotr Koper und Andreas Richter – in den Medien nannte man sie »Entdecker« und »Schatzjäger« – der Welt verkündeten, sie hätten mithilfe von Radartechnologie den Standort des sogenannten Goldzugs entdeckt, eines legendären Zugs voller Raubgold, den die Nazis in einem Berg nahe der Stadt Wałbrzych (Waldenburg) versteckt hatten. Die Behauptung Kopers und Richters wurde äußerst ernst genommen. Schatzjäger aus Polen und darüber hinaus strömten an den Ort. Regierungsvertreter aus Israel, Deutschland und Polen hielten Sitzungen ab, um zu entscheiden, wem das Gold von Rechts wegen gehörte. Das Militär wurde involviert. Zeitungsleute aus aller Welt, darunter Reporter der *New York Times*, der BBC und von *National Geographic*, stießen auf Wałbrzych nieder. Aber da der Goldzug nicht viel Visuelles zu bieten hatte – Was war schon zu sehen? Der Boden, unter dem sich eventuell der Goldzug befand? –, neigten die Geschichten dazu, sich auf die Schatzjäger und das Rätsel zu konzentrieren, das wirklich existierte: Riese. Die Fotos – brütende, in der Erde vergrabene Anlagen in der üppig grünen schlesischen Landschaft, mit Geheimeingängen, unterirdischen Flüssen und bulligen, rotgesichtigen polnischen Schatzjägern – waren spektakulär.

Obwohl ich ein Dutzend Mal oder öfter in Polen gewesen war, und obwohl ich seit Jahren über Themen zum Zweiten Weltkrieg forschte, war mir Riese noch nie untergekommen – geheime Nazi-Tunnel, Schätze, der Goldzug ... Es war, als wäre ich über ein alternatives Polen gestolpert, wo die Geschichte in einem anderen Modus, einer anderen Stimmung ablief. Im Polen, das ich kannte, dem Polen, wo ich so viel Zeit verbracht hatte, war die Geschichte des Zweiten Weltkriegs düster, trübselig, graugetönt, handelte von Unterdrückung, Leid, Tod, Konzentrationslagern, Ghettos, Brutalität der Deutschen, polnischer Mittäterschaft, dem Genozid an den Juden. Doch in diesem alternativen Polen war die Geschichte des Zweiten Weltkriegs glänzend und abenteuerlich, alles drehte sich um Geheimnisse und Kostbarkeiten. Offenkundig ist dies eine falsche Dichotomie. Das alles ist natürlich nicht voneinander zu trennen, alles Teil desselben Landes – oder sogar des kontinentgroßen historischen Kuddelmuddels. Nazi-Schätze und Nazi-Brutalität haben wohl kaum nichts miteinander zu tun. Worauf es hinausläuft, hängt davon ab, worauf man die Betonung legt. Und hier, in diesem alternativen Polen, anscheinend in Schlesien angesiedelt, lag der Nachdruck auf mythischen Zügen und geheimnisvollen Tunneln, sexy, aufregend. Die Juden – diejenigen, welche die Tunnel gegraben hatten, die beim Tunnelgraben gestorben waren, diejenigen, denen man vieles von diesem Gold (wo immer es auch sein oder nicht sein mochte) gestohlen hatte – waren abstrakt und nebensächlich.

Ich war gebannt. Ich wollte Riese sehen, fühlte mich dazu gezwungen, wollte dieses alternative Polen besuchen. Ein Teil der Anziehungskraft bestand einfach darin, wie abartig das alles war. Aber es ging darüber hinaus, es war mehr als Neugier. Das war ziemlich genau zu der Zeit, als ich die Killerin traf, meine eigene Suche begonnen hatte, meine eigene Jagd, und auf einer gewissen Ebene empfand ich eine bizarre Verwandtschaft mit diesen Schatzjägern. Ich kann es nicht wirklich erklären. Unsere Ambitionen waren offenkundig sehr unterschiedlich, aber in gewisser Hinsicht hatte ich das Gefühl, sie reimten sich.

Ich kontaktierte eine Frau namens Joanna Lamparska, die oft erwähnte Autorität bei anscheinend jedem Artikel über den Goldzug und das Projekt Riese, um sie zu fragen, ob sie mir in Schlesien als Führerin dienen wolle. Sie sagte zu, und ein paar Wochen danach traf ich, gemeinsam mit Jason und Maia, einer anderen Freundin, Joanna auf einem Supermarkt-Parkplatz in

Breslau. Joanna war Ende vierzig, Anfang fünfzig, mit kurzge-
schnittenem dunklem Haar – man spürte sofort, dass es weniger
um Stil als um Praktisches ging – und großen Augen, die rasch
zwinkerten und einen (täuschenden) Eindruck von Arglosigkeit
erweckten. Sie stellte sich uns vor, wir stellten uns ihr vor, wir
kletterten in ihren safaribereiten Land Rover, und los ging's; es
gab kein reiseführerartiges Einleitungsgeplauder. Wir nahmen
den Weg aus der Stadt. Eine zweispurige Überlandstraße, flache
Felder auf beiden Seiten und dräuende Berge am Horizont, hin
und wieder Kreisverkehre und Dörfer mit ein, zwei Kreuzun-
gen. Teile von Schlesien sind märchenhaft schön – Wälder, Berge, Schlösser – und andere entsetzlich heruntergekommen: Viele Städte sind ehemalige Bergbauorte, grau, depressiv, halb verlassen, und etliche der Schlösser Ruinen.

Es war eine eineinhalbstündige Fahrt bis zum ersten Halt des
Tages. Joanna war lebhaft, lustig, sympathisch, plauderte pausen-
los über die Geschichte und das Mysterium Schlesiens: Geogra-
phie, Geologie, Sprache, Bergwerke, Krypten, Kirchen, Schlösser, Oberschlesien versus Niederschlesien, Deutschordensritter,
prähistorische Kulte, etwas, das sich Bernsteinzimmer nannte,
den Goldzug, das Projekt Riese – wir hatten einige Mühe zu folgen, obwohl ich in Kenntnis dessen, was ich jetzt weiß, zu unserer Verteidigung anführen kann, dass dies jene Form von Information ist, die nicht wirklich aufgenommen wird, sondern ganz
allmählich absorbiert; sie ist schlicht zu abartig, um sie mittels
Lektionen zu verstehen. Man lässt sich einfach mittreiben, bis
das alles vielleicht ein wenig Sinn ergibt, oder eher, bis man akzeptieren lernt, wie wenig Sinn es ergibt. Zudem war Joanna keine Reiseführerin im herkömmlichen Sinn. Sie wusste alles über
das Geheimnis Schlesiens, kannte alle Player, dies war ihre Welt,
ihr Leben, aber es wurde rasch klar, dass dieser Ausflug sich nicht

nur um die Stätten drehte, die wir besuchen, oder die Menschen, die wir treffen würden. Dies war eine Kultur, mit ihren eigenen Sitten, Rechtgläubigkeiten und Ketzereien, Geschichten, Empfindlichkeiten; es war nicht so, als hätte es irgendeinen Weg, irgendein Geschwafel gegeben, das dies mühelos erklären konnte. Joanna redete und redete, und wir fragten und fragten, hörten nur auf, wenn Joannas Telefon läutete. Wer rief an? Schatzjäger. Sie riefen an mit Tipps, Neuigkeiten, Klatsch, Beschwerden, Plänen; dies war eine große und aktive Community mit einer Menge Fraktionen. Joanna war eine Art Dreh- und Angelpunkt: Man vertraute ihr, sie wusste viel und stand mit allen auf gutem Fuß. Nach jedem Telefonat erzählte uns Joanna, wer angerufen hatte und warum. »Das ist der Forscher aus Tschernobyl. Sehr interessante und gefährliche Untersuchungen.« »Sie untersuchen den Wald bei Łódź auf Massengräber.« »Seine Frau ist Hellseherin, sie nutzen ihre Kräfte, um nach Schätzen zu suchen.« Die Art, wie sie über diese Schatzsucher / Forscher sprach (soweit ich sagen konnte, benutzte sie diese Bezeichnungen wahllos), war auffallend mütterlich: liebevoll, kritisch, stolz, ein wenig verlegen, ein wenig entnervt.

Der erste Riese-Standort auf unserer Route war Soboń (Ramenberg), die kleinste und am schwersten zugängliche der Anlagen. Joanna hatte zwei Forscher, Andrzej und Janek, als Führer für uns organisiert; wir trafen uns in einem Restaurant am Ort. Als wir einparkten, bemerkte ich, dass die beiden bereits da waren, denn auf dem Parkplatz stand ein Land Rover, ganz gleich wie jener Joannas – dasselbe Modell, dieselbe Farbe, ebenfalls mit Dachträger, also mit einer erhöhten Luftansaugung.

Andrzej hatte ein breites, attraktives, rötliches Gesicht, weiches graues Haar, das ihm in die Stirn fiel, und einen dicken fahlen Schnurrbart. Er trug militärgrüne Cargohosen, ein schlichtes schwarzes T-Shirt, praktische schwarze Stiefel und die Art Brille mit stark gebogenem Glas, wie sie Männer tragen, die ihre Outdoor-Aktivitäten sehr ernst nehmen. Er sah aus wie ein polnischer Feldwebel, wenn auch mit schickerem Haarschnitt, der unbezahlte Überstunden macht. Janek hatte einen großen, runden Bauch, schütteres, kurzgeschnittenes lockiges Haar und zeigte ein knappes, einfältiges Grinsen. Er trug ähnliche Hosen wie Andrzej und eine Tarnjacke mit einer deutschen Flagge auf dem Arm, die er polonisiert hatte, indem er das Schwarz und Gold weiß überstrichen hatte. Janek war still und rücksichtsvoll, offenkundig der Handlanger des raubeinigen, gesprächigen Andrzej, der alle Unterhaltung übernahm, alle Entscheidungen, alle Erklärungen. Andrzej war höflich, aber außerordentlich ernst, wenn auch nicht ganz düster – als wolle er uns vermitteln, welch unfrivoles Unternehmen dies war.

Im Auto hatte Joanna Andrzej und Janek als »sehr seriöse Forscher« bezeichnet. Sie wurden respektiert, hatten eine Geschichte großer (Eingänge, Schächte etc.) und kleiner (Waffen aus dem Zweiten Weltkrieg, Schreibmaschinen, Banknoten etc.) Entdeckungen vorzuweisen und besaßen die nötige Ausrüstung, das Know-how, die Entschlossenheit, physischen Fähigkeiten, Chuzpe, Zeit und Besessenheit für etwas, das erfuhr ich rasch, das wesentlich bedeutender war als ein Wochenendhobby.

Andrzej verkündete, es sei Zeit, sich Soboń anzusehen.

Maia und Jason fuhren mit Joanna in ihrem Land Rover, ich fuhr auf Joannas Drängen hin mit Andrzej und Janek in deren Land Rover. Sie sprachen kein Englisch und ich nicht Polnisch, aber Andrzej konnte auf Deutsch radebrechen, und ich hatte im College vier Semester Jiddisch belegt, was bedeutete, dass wir so tun konnten, als kommunizierten wir. Andrzej sagte vieles über die Gegend, das sicherlich sehr interessant war. Das Wageninnere sah ebenso sehr nach Expedition aus wie das Äußere, voller vielgebrauchter Top-Ausrüstung – Helme, Seile, Gurte, Sicherungsvorrichtungen, Zelte, Lampen, Kleidung, einem Generator, ein paar Beilen und Metalldetektoren. Ich erkannte die Schatzsucherästhetik – militärisch, schlicht, nützlich, robust. Forscher ja, aber nicht in der dämlichen Gentleman-Version. Indiana Jones, aber mehr Kommando. Verwirrender waren die diversen herumliegenden, sehr authentisch wirkenden Nazi-Nippes, etwa ein Abzeichen mit Reichsadler – der Adler der Weimarer Republik, der in seinen Fängen ein Hakenkreuz hält –, direkt unter den Schaltern der Klimaanlage. Ich war weniger abgestoßen als neugierig; ich stellte mir vor (hoffte ich), dass es für Andrzej etwas ganz anderes bedeutete als für mich. Ich fragte nicht danach, weil erstens Andrzej und ich keine gemeinsame Sprache hatten und ich zweitens keine Ahnung hatte, wie ich einer solchen Person eine solche Frage stellen sollte.

Wir bogen von der Hauptstraße in eine schmale, unasphaltierte Straße ein, der wir etwa einen Kilometer weit folgten, bis wir in eine weitere einbogen – dabei mehrere Zufahrt-verboten-Schilder ignorierend –, die weniger eine Straße als ein schmaler, schlammiger Weg war. Die Land Rover machten sich mehr und mehr bezahlt. Es war alles hügeliges Waldgebiet; der Weg war übersät mit Steinbrocken und Ästen und durchzogen von tiefen Furchen. Wir kamen zu einer kleinen Lichtung und parkten. Ich stieg aus und suchte nach irgendeinem Hinweis – etwa einem Loch oder unnatürlich flachem Boden – auf die unterirdische Anlage. Aber soweit ich sehen konnte, waren wir an einem Fleck, wo es nur Wald gab. Es herrschte wunderschöne, abgeklärte Waldesstille und Waldeskühle; vollkommen unverdächtig (und deshalb, nehme ich an, vollkommen verdächtig); keine Nazi-Tunnel weit und breit.

Joanna parkte neben uns. Maia und Jason stiegen aus und versuchten, ebenso wie ich, den Tunnel zu erspähen.

Drei tollpatschige amerikanische Juden, die vergebens den Wald nach einem geheimen Nazi-Tunnel absuchten: Andrzej und Joanna, die unsere Ratlosigkeit genossen, ließen uns noch ein paar Minuten konfus herumstehen. Dann führten sie uns etwa fünfzehn Meter weiter und zeigten mit unmissverständlichem Stolz – sie waren Schlesier, das war *ihr* Geheimnis – den Tunneleingang. Natürlich hatten wir ihn übersehen; wir hatten eine Art U-Bahn-Eingang gesucht; dies war kaum mehr als ein Luftschacht, und er war schräg, der oberste Teil reichte mir kaum bis zur Wade, wodurch er noch kleiner wirkte. Vom Stand aus gesehen wirkte es wie ein Schatten, vielleicht eine Höhlung. Ich hätte tausend Mal daran vorbeigehen können, ohne etwas zu vermuten.

Wir kehrten zu den Land Rovern zurück und rüsteten uns aus. Joanna holte aus dem Fond ihres Autos zwei Gummioveralls, einen für mich, einen für Jason, und ein paar Militär-Taschenlampen. (Maia, die Angst vor engen Räumen hatte, würde mit Joanna an der Oberfläche bleiben.) Andrzej und Janek holten aus dem Kofferraum ihres Land Rovers Gummistiefel, Stirnlampen und Pullover. Dann klipste Andrzej eine Lampe mit rosa getöntem Glas an seinen Gürtel, das wirkte bizarr unpassend, aber an diesem Tag war alles bizarr und schräg; ich schenkte dem weiter keine Beachtung.

Wir stellten uns eng zusammen, und Andrzej hielt eine kurze Rede über Sicherheitsmaßnahmen: zusammenbleiben, Andrzej bleibt vorne, Janek hinten, nicht abseits gehen. Kapischo? Kapischo. Dann zeigte uns Andrzej eine Karte der Anlage.

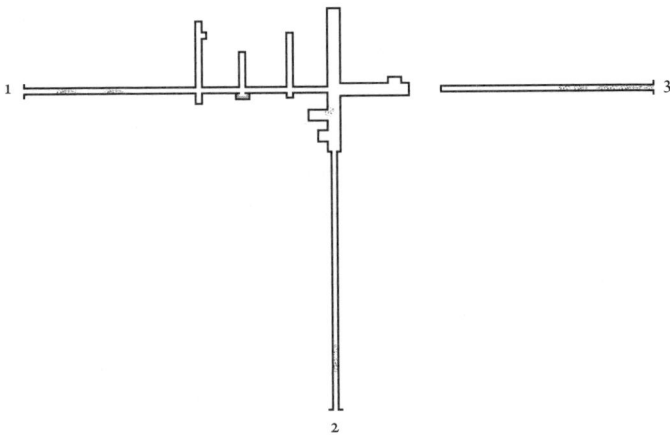

Unsere Route war überschaubar: Wir würden bei Eingang 2 in den Tunnel eintreten, geradeaus den Gang entlanggehen, bis es nicht mehr weiterging – etwa 170 Meter –, dann umkehren und wieder hinaus.

Der Eingang war so niedrig und schmal, dass man sich, um hineinzukommen, mit den Füßen nach innen flach auf den Rücken legen und nach vorne und hinunter robben musste – es folgte sofort eine Schräge –, bis die Füße auf ebenen Boden trafen. Andrzej ging als Erster; flott und mit staubaufwirbelndem Gusto zwängte er sich hinein. Jason, beileibe nicht klein, legte sich die Leica auf die Brust und manövrierte sich nach innen. Dann ich, dann Janek.

Und wir waren in der Anlage Soboń. Wie soll ich sie beschreiben? Im unmittelbarsten, materiellen Sinn war sie so, wie man sie sich vorstellen mochte. Ich will sagen, dass sie äußerst tunnelartig war: nasskalt, dunkel, gerade breit genug, dass man zu zweit nebeneinander gehen, und so niedrig, dass ich hinauflangen und die Decke berühren konnte, die ebenso wie die Wände aus rauem Fels bestand; der Tunnel war nicht befestigt, nicht ausgebaut. Ein tiefer Hohlraum im Berg. Wir gingen eine leichte Steigung hinauf und wieder hinunter und dann durch eine Pfütze, die mir bis zum Nabel reichte. Hier erlebte ich meinen ersten Schauer der Erkenntnis dessen, was Andrzej, Janek, Joanna und all die anderen Forscher und Schatzsucher fesselte: Man kann nicht keinen nachschwingenden Nervenkitzel empfinden, wenn man in einem verborgenen Tunnel durch nabelhohes Wasser watet, wo das Gewicht des Wassers die Taille im Overall umschließt und das Loch Tageslicht hinter dir wegschrumpft. Wir kletterten aus der Pfütze, gingen weiter nach innen. Sogar für mein ungeübtes Auge war es leicht zu erkennen, dass der Bau abgebrochen worden war; überall sah man Reste von Bohr- und Sprengarbeiten – Löcher, in die man Dynamitstangen gesteckt hatte, Armierungsstäbe, die aus den Wänden ragten, und Decken, die auf Beton warteten, der niemals kam; da und dort im Boden verschraubte Geleise, anscheinend zum Abtransport des Schutts. Während wir so gingen, lieferte Andrzej einen Kommentar, den Jason in seinem rudimentären Polnisch stockend übersetzte. Wir passierten einen in einen gemauerten Abschnitt eingelassenen Türsturz. Innen, sagte Andrzej, sei ein *magazyn*, ein Lagerraum, möglicherweise für Dynamit, vielleicht für Waffen. Wir gingen unter einigen A-förmigen, vom Alter eingedunkelten, aber immer noch stabil wirkenden Stützbalken hindurch; sie hatten etwas vage Religiöses an sich, diese auffällig menschengemachten Gebilde vor dem kalten Fels. Wir folgten Andrzej noch weiter hinein; es wurde kälter, finsterer, feuchter; ich will nicht darauf herumreiten, aber der Tunnel war wirklich sehr tunnelartig. Bis hierher habe ich mich in diesem Absatz so ziemlich an eine materielle Beschreibung gehalten: Man soll es sich vorstellen können. Aber wissen, dass eine sachliche Beschreibung vollkommen unzureichend ist. Da ist das Sichtbare, und dort sind die Eindrücke. Denn dieser Ort, Soboń, dieser aufgegebene Untergrundkomplex, ergab keinen Sinn. Nichts passte zusammen. Man kriecht in einen präzise geplanten und angelegten, wenn auch nicht fertiggestellten, in einem Bergabhang verborgenen Nazi-Tunnel, und das Gehirn taumelt, man versucht das zu verarbeiten, kann es aber nicht ganz, tastet nach Rationalität, Motivation, einem Narrativ. Man fühlt sich bedrängt vom Geheimnis des Ganzen. Okay, ein Tunnel, alles sehr tunnelartig und so, aber *warum*? Warum ein Tunnel mitten im Wald? Wozu? Das Geheimnis dieser Tunnel, das mir im Internet als etwas unaggressiv Sonderbares und Verschrobenes erschienen war, war nun – da ich einen Gummioverall trug und mich zentimeterweise nach innen bewegte, die Felswände berührte, unter den hölzernen A-Rahmen durchging, durch nabelhohe Pfützen watete und mich unter Armierungseisen duckte, die Bohrlöcher für das Dynamit untersuchte – so *gewaltig*. Was ging hier vor? Was wollten sie erreichen? Und darüber hinaus ist das Geheimnis selbst ein Geheimnis. Warum wissen wir nichts? Wie ist es möglich, dass ein solches Projekt außerhalb des historischen Rasters liegt?

Ich begann zu verstehen, woher die Obsession rührte.

Auch wenn Jason alle paar Meter stehen blieb, um Fotos zu machen, brauchten wir nicht lange, um das Ende des Tunnels zu erreichen. Eine jähe Wand aus nicht durch Dynamit weggesprengtem Fels – man konnte förmlich sehen, wie abrupt die Einstellung der Arbeiten vor sich gegangen war. Andrzej hakte die Lampe mit dem getönten Glas von seinem Gürtel, stellte sie auf einen Felsvorsprung und holte ein Feuerzeug und ein Teelicht aus seiner Tasche. Er zündete es an und stellte es in die Laterne. Der Effekt – wir waren ja 170 Meter innerhalb der Erde –

war dramatisch. Rosagelbes Licht tanzte über uns und auf dem Stein. Andrzej sagte etwas darüber, das Gedächtnis jener zu ehren, die hier gestorben waren. Jason und ich waren still und verwirrt. Andrzej war ruhig und stellte seine Pietät zur Schau. Das ist vielleicht nicht fair. Wie ich schon sagte, ich war verwirrt. Hielt er diese Mini-Zeremonie immer ab, wenn er hier herunterkam? Wir hatten Andrzej erst vor ein paar Stunden kennengelernt, aber das schien nicht zu ihm zu passen. Die Geste wirkte auf uns theatralisch, mehr als ein wenig absurd. Aber was wussten wir schon?

Dann erzählte Andrzej eine Geschichte, wie er an genau der Stelle, wo wir standen, einen jüdischen Ring gefunden hatte. (Ich habe keine Ahnung, was ein »jüdischer Ring« ist, ich weiß nicht, ob der Ring irgendeine erkennbar jüdische Markierung hatte oder ob es ein ansonsten unauffälliger Ring war, von dem Andrzej annahm, er habe einem jüdischen Zwangsarbeiter gehört.) Er sagte, er habe den Ring gefunden, aber nicht genommen – aus Respekt hatte er ihn hier unten liegen lassen. (Ich fragte mich: Respekt wovor genau? Vor dem Ring? Vor dem namenlosen Juden, dem er angeblich gehört hatte? Und ich fragte mich auch: Ist es eine Geste des Respekts, den Ring im kalten, finsteren, feuchten Nazi-Tunnel liegen zu lassen? Eine ernst gemeinte Frage.) Als Andrzej das nächste Mal herunterkam, war der Ring verschwunden, anscheinend mitgenommen von einem anderen (weniger respektvollen?) Forscher. Andrzej schüttelte den Kopf und meinte zu uns, er bedaure es, den Ring nicht genommen zu haben, als sich die Gelegenheit bot. Jason und ich hörten zu und machten hmmm. Die Anekdote war schwer zu fassen. Kam Andrzejs Bedauern aus dem Gefühl, er hätte gegenüber dem Ring den gebührenden Respekt gezeigt (was immer das auch meinte), während der Forscher, der ihn aller Wahrscheinlichkeit nach mitnahm, ihn respektlos behandelt hatte, soll heißen, als unsentimentale Beute, eine bloße Nazi-Kuriosität? Oder wurzelte Andrzejs Bedauern in Gier? Oder, weniger streng ausgedrückt, wünschte Andrzej einfach zu besitzen, was er gefunden hatte – dass der Ring von Rechts wegen *seine* Nazi-Kuriosität war? Vielleicht aber sind solche Unterscheidungen hier gar nicht zielführend. Vielleicht ist es, wenn es um Andrzej und die anderen Schatzjäger geht, nicht so leicht, Motivationen auseinanderzuhalten, etwas wie Respekt von etwas wie Gier abzugrenzen.

. Nach Soboń fuhren wir alle, auch Andrzej und Janek, zurück ins Restaurant, wo wir uns ursprünglich getroffen hatten, um zu plaudern, zu trinken, runterzukommen. Ich erinnere mich nicht wirklich an die Details der Unterhaltung, es war informell, eigenartig, fröhlich; Jason, Maia und ich waren aufgedreht, kicherten, überwältigt und angenehm belämmert von allem, was wir an diesem Tag gesehen hatten. Wir hatten tausend Fragen an Andrzej und Janek – über ihre Arbeit (sie waren Elektriker von Beruf), über das Schatzsuchen, die Anlage Riese und so weiter. Eigentlich redete nur Andrzej; Janek blieb still; wenn man ihn direkt fragte, antwortete er rasch und schüchtern.

Aber irgendwann stellte Maia eine viel ernstere Frage. Ungefähr so: Wie geht ihr mit all den Leuten um, die beim Graben dieser Tunnel gestorben sind? Ist das der Teil der Geschichte, den ihr euch selbst erzählt? Also, was macht ihr mit dieser Information? Geht euch das nahe? Ist es euch wichtig? Ändert es etwas an der Art, wie ihr die Tunnel seht? Natürlich, Riese mag ein großartiges, aufregendes Geheimnis sein, aber es ist auch, wenn schon nicht ein Massengrab, so doch ein krasses Zeugnis des Massenmords.

Die Frage wurde nicht aggressiv gestellt, aber unmissver-

ständlich und auf den Punkt gebracht. Und sie berührte offenkundig einen Nerv. Ich würde nicht sagen, dass Andrzej defensiv
wurde, aber ganz sicher aufgeregt. Er lehnte sich vor, die Hände
auf dem Tisch, und begann mit einer leidenschaftlichen und
emphatischen Antwort, die rasch schneller wurde, als Joanna
übersetzen konnte, und sich zu einem Dialog auf Polnisch zwischen ihnen beiden entwickelte, wobei Joanna weniger übersetzte als gelegentliche Stichworte lieferte. Erinnerung. Juden.
Slawen. Ehre.

Jason, Maia und ich lehnten uns zurück und warteten, bis wir
Joanna fragen konnten, was es war, worüber sie und Andrzej sich
so aufregten; wir waren geduldig, gewöhnt an Verzögerungen im
Verständnis. Andrzejs und Joannas Unterhaltung auf Polnisch
wäre über mich hinweggerauscht, aber mir fiel im ansonsten unverständlichen Sprechen Andrzejs etwas auf – ich hörte immer
wieder meinen Familiennamen (den Andrzej, soweit ich wusste, nicht kannte). Polnisch Polnisch Polnisch Kaiser Polnisch
Polnisch. Beim ersten Mal nahm ich an, ich hätte mich verhört.
Beim zweiten Mal fragte ich Maia und Jason, ob sie gehört hätten, was ich gehört hatte – sie sagten, ja, wahrscheinlich, sie sei-
en sich aber nicht sicher. Beim dritten Mal bestätigten sie es.

Ich unterbrach und fragte Joanna: Sagt Andrzej »Kaiser«?
Ich höre dauernd »Kaiser«.

Ja, sagte Joanna, Andrzej sagt Kaiser – er meint Abraham
Kajzer, einen KZ-Gefangenen, sehr berühmt unter den Schatzjägern. Kajzer, erklärte sie, habe es irgendwie geschafft, ein Tagebuch zu führen, während er auf vielen Baustellen in der Anlage
Riese arbeitete, und dieses Tagebuch wurde Anfang der Sech-
zigerjahre in Polen veröffentlicht; aufgrund der darin verzeich-
neten wichtigen Details über Riese – Lage- und Arbeitsstätten,
Baumaterialien, Grabungsmethoden, Anlage etc. – war es Pflicht-

lektüre für die Schatzsucher. Sie hatten es alle gelesen. Anscheinend hatten alle es *studiert*. Kajzers Tagebuch war, so gab man mir zu verstehen, so ziemlich die einzige Primärquelle zu Riese. Willst du was über Riese wissen, dann fang mit Kajzer an. Schlesisches Treasure Hunting 101. Okay, interessant, sagte ich. Aber warum kommt er jetzt aufs Tapet? Was hat Andrzej über ihn gesagt? Joanna erklärte, Kajzer sei zur Sprache gekommen, weil Andrzej die Sklavenarbeiter erwähnt hatte – die Opfer Rieses – die Juden –, und Kajzer war das Beispiel, das dafür stand, sogar eine Art Stellvertreter. Ein Gespräch über jüdische Zwangsarbeiter im Projekt Riese ist ein Gespräch über Abraham Kajzer.

Maias Frage unbeantwortet lassend, kamen wir auf das Thema Abraham Kajzer. Das war ein weit sichereres Terrain für Andrzej. Jetzt konnte er wortreich sein statt defensiv. Er und Janek häuften Lob auf Kajzers Buch, Kajzers Person, auf seine Tapferkeit, seine Achtsamkeit für Details, sein literarisches Talent, seinen Beitrag zur Geschichte. Sie wurden ganz lyrisch darüber, wie bedeutend Kajzer für die Forscher war, die Ehre, die ihm zuteilwerde, das Ansehen, in dem er stehe. »Ein großer, großer Mann«, sagten sie. »Einer der wichtigsten Männer, die den Krieg durchmachten, Juden oder Polen.«

Das war sehr eigenartig, dieser Art Mythos über einen jüdischen Überlebenden des Holocaust bei Andrzej und Janek und anscheinend allen Schatzjägern zu begegnen. Abgesehen von einer Handvoll Helden und Schriftstellern wie Mordechai Anielewicz oder Jerzy Kosiński haben nur sehr wenige Holocaust-Überlebende oder -Opfer einen Eindruck im polnischen kollektiven Gedächtnis hinterlassen. Die Schoah wird beinahe immer als eine Tragödie in großem Ausmaß erzählt und gelehrt und erinnert – keine Namen, sondern Zahlen, keine Personen, sondern Bevölkerungen. Doch diese zwei nicht mehr ganz jungen polnischen Elektriker, die beide ihr ganzes Leben lang in kleinen polnischen Landstädtchen verbracht hatten, keine besondere Affinität für die Erinnerung an die Juden hatten, die sich sehr für Geschichte interessierten, aber nur insofern sie etwas mit Schatzsuche zu tun hatte, waren besessen von diesem Abraham Kajzer und seinem Buch.

Wisst ihr, sagte ich, mein Familienname ist Kaiser.

Ha, ha, meinte Andrzej und schlürfte sein Bier, das wär doch was, wenn sich herausstellt, dass ihr zwei verwandt seid.

Das wär was, ja. Aus welcher Stadt kam er?

Janek sagte, Kajzer war aus Łódź, einer Stadt, die enttäuschend weit weg ist von Sosnowiec; das bedeutete, dass Abraham wahrscheinlich kein Verwandter war oder bestenfalls entfernt verwandt, und dass die Kaiser-Kajzer-Sache dazu verurteilt schien, wenig mehr als eine amüsante Zufälligkeit zu sein.

Die zweite Riese-Anlage, die wir besichtigten, war Osówka. Osówka hat ein ganz anderes Flair als Soboń, und der Unterschied ist von Anfang an klar. Dies ist eine familientaugliche Touristenattraktion. Hinweisschilder an der Hauptstraße, asphaltierte Straßen bis zum Ziel, genügend Parkplätze. Auch hier gibt es Geheimnisse – immerhin ist es eine unterirdische Anlage der Nazis –, aber mit institutioneller, wenn auch geschmackvoller, Verpackung. Die Führer haben die Haare adrett geschnitten und tragen Marken-Polohemden. Ein paar Dutzend Touristen, meist Familien mit aufgeregten Kindern (und ebenso aufgeregten Papas) schlenderten herum, schleckten an Eistüten und machten sich bereit für ihre Exkursion in den Tunnel oder, falls sie gerade herausgekommen waren, blinzelten in der grellen Sonne.

Innerhalb des großen und äußerst unversteckten Eingangs war es wie in Soboń, kalt, finster, feucht. Aber anders als Soboń war es riesig – die Anlage umfasst mehr als 6700 Quadratmeter. Ungefähr sieben Prozent sind mit Beton verstärkt, und in diesen Betongängen mit ihren harten Kanten und leichengrauen Räumen fühlt es sich regelrecht schändlich, unheimlich, absolut niederträchtig an –, doch der größte Teil des Komplexes besteht aus unbearbeitetem Fels; es wirkt äußerst industriell, wie ein staatlich finanziertes Infrastrukturprojekt (was es tatsächlich auch war). Es gibt Räume und Durchgänge, die mehr als acht Meter hoch sind. Offene Bereiche, mehr als fünfzig Meter lang.

Der Ort war verblüffend, doch in anderer Art als Soboń. Was in Soboń die Imagination heimsucht, ist das Mysterium, das Sonderbare; in Osówka ist es die *Ambition*. In Soboń machte man sich Gedanken, in Osówka staunte man. Der intendierte Zweck mochte nicht klar sein, doch der Umfang, das Ausmaß sind es. Es ist ein ganzes Höhlenviertel. Es ist so absurd überdimensioniert, so lächerlich, so karikaturenhaft. Es ist eine ausgewachsene unterirdische Nazi-Höhle / ein Hauptquartier / eine Fabrik, was auch immer.

Um eine Vorstellung von der Ambition des Projekts Riese in seiner Gesamtheit zu bekommen, muss man Osówka mit sieben multiplizieren. Soviel man weiß, sollte Riese mehr als 35 Quadratkilometer umfassen; die Nazis wollten einen ganzen Berg aushöhlen. Hitlers Chefarchitekt Albert Speer merkt in einer Fußnote seiner Memoiren an, dass mehr als 150 Millionen Reichsmark (nach heutigem Wert mehr als eine Milliarde Dollar) für Riese aufgewendet wurden (die unbezahlte Zwangsarbeit nicht eingerechnet) und dass 1944 das Projekt mehr Beton benötigte, als die gesamte deutsche Bevölkerung für Luftschutzanlagen zur Verfügung hatte. Dazurechnen muss man noch die nötige Infrastruktur – Straßen, Rohrleitungen, Brücken, Güterzüge, umfangreiche Erdarbeiten und so weiter.

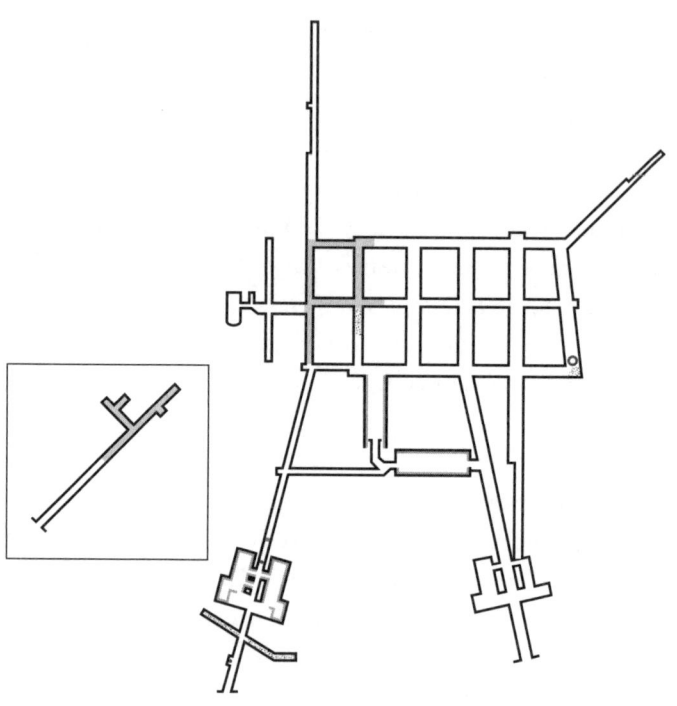

Das alles heizt das Verschwörungsfeuer so richtig an. Rieses Bizarrheit und Grandiosität doktert an der Phantasie herum. Erodiert die Realitätschecks. Plötzlich scheint der Mythos vom Goldzug ein bisschen weniger mythisch. Hier unten war Platz genug für eine Lokomotive. Wenn Hitler & Co. Riese schafften – ich meine, technisch, im Sinn von schierer Chuzpe –, wer wollte dann sagen, sie hätten nicht einen Zug voller geraubtem Gold in einem Berg verstecken können?

Osówka kann man, ebenso wie die anderen für die Öffentlichkeit zugänglichen Teile der Anlage Riese, am besten verstehen, wenn man es nicht als Museum oder Gedenkstätte betrachtet (das Narrativ ist zu verwaschen; wir wissen nicht genau, was wir da betrachten / erhalten / wessen wir gedenken), sondern als Ruine. Es ist eine Art menschengemachtes Wunder. Und es bietet einen ungewöhnlich ungeschönten und unvermittelten Blick auf die Ambitionen der Nazis, zudem auf die teilweisen Erfolge und das letztliche Versagen dieser Ambitionen. Es ist Riese, aber es ist größer als Riese. Es ist Weltherrschaft. Es ist exakt technisierter Massenmord. Es ist Genozid. Seht euch an, was die Nazis vorhatten, mein Gott. Schaut, wie weit sie gekommen sind. Schaut, wie rasch sie dorthin gekommen sind. Riese ruft eine Art bedrücktes Staunen hervor. In diesem Sinn ist es dämonisch.

Ich habe das Gefühl, dass die Touristen nach Riese kommen, um erstaunt zu werden. Die Schatzjäger kommen aus ihren eigenen komplizierten Gründen, aber die Touristen sind nicht hier, um zu forschen oder zu trauern oder etwas zu zelebrieren; die Opfer sind unsichtbar, und der Feind ist seit langem verschwunden. Nein, die Touristen sind hier, um verblüfft zu werden. Was gezeigt wird, ist das Technische.

In Osówka gibt es einen Geschenkeshop, klar, alles zum Thema Riese, Schlüsselanhänger und Schnapsgläschen und Bücher, darunter ein paar von Joanna und, prominent ausgestellt, jenes von Abraham Kajzer. Also darüber hatten Andrzej und Janek und Joanna gesprochen. Der Titel lautete *Za Drutami Śmierci*, was Joanna mit *Hinter dem Todesdraht* übersetzte; es war ein dünnes Taschenbuch, etwa 140 Seiten, mit einem ziemlich holocaustigen Umschlag, ein verwischtes monochromes Foto eines Stacheldrahtzauns. Ich kaufte es. Natürlich kaufte ich es. Nicht, um es zu lesen, sondern als Souvenir. Um meiner Familie diesen anderen Kajzer zu zeigen, Abraham, so berühmt unter den schlesischen Schatzjägern.

Wieder in der Wohnung, die wir in Breslau gemietet hatten, hielten Jason und Maia in dieser Nacht ein Nickerchen, und ich, gelangweilt, aber noch nicht schläfrig, blätterte *Za Drutami Śmierci* durch. Ich verstand kein Wort, versuchte aber trotzdem, ein wenig damit zu kommunizieren. Auf der ersten Seite fand sich eine körnige Schwarzweißfotografie von Abraham, datiert 1962. Abraham sitzt im Freien auf einem Gartenstuhl, vielleicht ein Schaukelstuhl, die Hände auf den Armlehnen, eine entspannte und ungestellte Pose. Er sitzt jemandem oder etwas gegenüber, der oder das sich ein paar Grad links vom Fotografen befindet. Halb sitzt er in der Sonne, halb im Schatten. Abraham ist mager, sein Gesicht ein wenig abgezehrt, verwittert, mit tiefen, ausgeprägten Lachfalten. Er hat eine große, markante Nase, dichte dunkle, beinahe zusammengewachsene Augenbrauen und ein Büschel senkrecht emporstehender weißgrauer Haare. Er sieht gut aus, sogar spitzbübisch. Er trägt ein kurzärmeliges helles Hemd mit breitem Kragen, dunkle Hosen, keine Accessoires außer einer Armbanduhr, und wenn man lange genug hinsieht, bemerkt man, dass er an der linken Hand nur vier Finger hat.

Diese Ausgabe wurde 2013 vom Museum in Groß-Rosen herausgebracht (Groß-Rosen bezieht sich auf ein ausgedehntes Netz von KZ-Nebenlagern – darunter diejenigen, in denen die Arbeiter an der Anlage Riese untergebracht waren – sowie auf das Hauptlager, wo sich das Museum befindet). Sie enthielt ein Vorwort, bei dem ich durch das Polnisch hindurch erkennen konnte, dass es voller biographischer Angaben war, Namen, Daten, Orte. Die erste Zeile lautete: *Abraham Kajzer urodil sie 15.02.1914 roku w Będzinie*, was sogar ich verstehen konnte: Abraham Kajzer wurde am 15. Februar 1914 in Będzin geboren. Janek hatte also nicht das Richtige gesagt. Kajzer war nicht in Łódź, sondern in

Będzin geboren, einer in der Nähe von Sosnowiec gelegenen Stadt. Das veränderte die Art der Koinzidenz beträchtlich.

Ich fotografierte mit meinem Handy die ersten zwei Seiten des Vorworts ab und ließ den Text durch ein Online-Übersetzungsprogramm laufen. Das Resultat war holprig, aber verständlich.

Das Vorwort, sonderbar ausführlich, nannte nicht nur die Namen von Abrahams Eltern (Feiwusch und Udla) sowie die Namen ihrer sieben Kinder (Schprintza Gitel, Necha, Chaskiel, Abraham, Michael Rubin, Maier und Feiwusch Wolf), sondern auch deren Geburtstage. Maier, Abrahams jüngerer Bruder, war am 6. März 1921 geboren, mein ebenfalls Maier genannter Großvater am 18. Februar 1921. Das bedeutet angesichts des aschkenasischen Brauchs, gewisse Namen weiterzuvererben, dass wahrscheinlich beide Maier nach derselben Person benannt waren, einem Maier, der nicht lange vorher gestorben war. Weniger aufschlussreiche, doch immer noch interessante Hinweise fanden sich ein paar Absätze weiter unten: Im Jahr 1932 bekamen Abraham Kajzer (damals achtzehn Jahre alt) und seine Frau Chana einen Sohn, den sie Mosche nannten, nicht nach meinem Urgroßvater – der damals noch am Leben war; wir benennen nur nach Toten –, aber vielleicht nach dem, nach dem mein Urgroßvater benannt worden war.

An diesem Punkt schien es sehr wahrscheinlich, dass Abraham Kajzer und ich tatsächlich verwandt waren. Aber wie genau? Hier hatte ich Glück. Ich hatte Daten. Ich hatte Tabellen.

Das Erste, was die Killerin in Sachen Restitution getan hatte, war, herauszufinden, wer in der Familie meines Urgroßvaters Mosche Kajzer wer gewesen war, und wer in der seines Bruders Schia Kajzer. Wir mussten ermitteln, wer sonst, tot oder lebendig, einen Anspruch auf das Eigentum haben konnte. Das um-

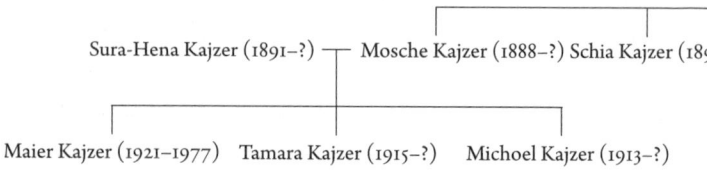

Sura-Hena Kajzer (1891–?) ── Mosche Kajzer (1888–?) Schia Kajzer (1894–?)

Maier Kajzer (1921–1977) Tamara Kajzer (1915–?) Michoel Kajzer (1913–?)

fasste eine umfassende Suche in Dokumenten aus der Kriegszeit, der Zwischenkriegszeit und der Epoche vor dem Ersten
Weltkrieg, bis zurück in die 1880er Jahre, als Mosche und Schia
geboren wurden. Eine abschreckende Aufgabe. Polnische Stadt-
archive sind kein Honiglecken. Man muss Dokumente aus verschiedenen Zeiten, Reichen, Rechtsprechungen, Sprachen aus-
heben. Es gibt russische Heiratsurkunden, polnische Geburtsurkunden, deutsche Ghetto-Volkszählungen und so weiter. Zu
diesem Zweck hatte die Killerin einen Mann aus Montreal kon-
sultiert, der eine der umfassendsten und bestorganisierten historischen Aufzeichnungen der jüdischen Bevölkerung Polens
zusammengetragen hatte. Nach ein paar Wochen stellte er der
Killerin sieben farbkodierte Tabellen zur Verfügung, zusammen
mehr als dreißig Seiten, wobei alle Aufzeichnungen aus Sosnowiec oder Będzin aufgeführt waren, in denen ein »Kajzer«
oder »Rechnic« (der Mädchenname von Mosches Frau Sura-
Hena) vorkam. Unter den Einträgen befanden sich Geburtsurkunden, Trauscheine, Sterbeurkunden und Volkszählungsdaten.

Bis dahin hatte ich mir die Tabellen noch nicht allzu genau
angesehen; es hatte eigentlich keinen Grund dafür gegeben. Die
wichtigen Informationen hatten wir erhalten (Geburtsdaten,
den Namen der Schwester meines Großvaters, Tamara), und wir
hatten notiert, was fehlte (alle Todesdaten, alle Aufzeichnungen,

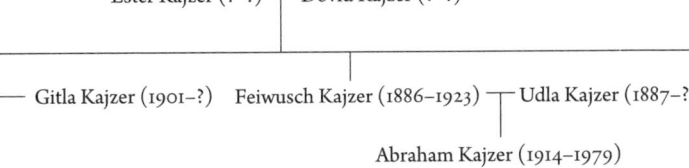

Ester Kajzer (?–?) ⊤ Dovid Kajzer (?–?)

Gitla Kajzer (1901–?) Feiwusch Kajzer (1886–1923) ⊤ Udla Kajzer (1887–?)

Abraham Kajzer (1914–1979)

dass mein Großvater mehr als zwei Geschwister gehabt hatte).
Sonst schienen die Tabellen nicht besonders interessant.

Aber in dieser Nacht in Breslau, während Jasons Schnarchen
in das Wohnzimmer drang, studierte ich die Tabellen noch einmal und versuchte die Abstammungslinien nachzuvollziehen.

Ich fand eine Heiratsanzeige von 1912 zur Hochzeit meiner
Urgroßeltern Mosche und Sura-Hena, worin auch Mosches Eltern erwähnt waren: Dovid und Ester Kajzer. Meine Ururgroß-
eltern. Hallo, sagte ich zu ihren Geistern.

Dann suchte ich nach anderen Hochzeitsanzeigen, auf denen
Dovid und Ester Kajzer als Eltern angeführt waren. Ich fand vier.
Necha, sie heiratete Marek; Schia, er heiratete Gitla (Minder-
heitsanteilbesitzer des Gebäudes); Maier, er heiratete Blima,
und Feiwusch, er heiratete Udla, sie waren die Eltern Abrahams.
Meine Urgroßonkel und -tanten. Hallo, sagte ich zu ihren Geistern.

Wie waren also Abraham und ich verwandt? Abrahams Vater Feiwusch, geboren 1886, war der ältere Bruder von Mosche,
geboren 1888, meinem Urgroßvater. Das bedeutete, dass Abraham und mein Großvater Cousins ersten Grades gewesen waren.
Oder anders gesagt: Abraham war der engste Verwandte meines
Großvaters, der den Krieg überlebt hatte; tatsächlich schien es
so, als wäre Abraham von allen Kindern und Enkelkindern Do-

vids und Esters der Einzige gewesen, der lebend aus den Lagern gekommen war. Das Vorwort erwähnte auch, dass zwei von Abrahams Geschwistern vor dem Krieg Polen verlassen hatten – sein Bruder Chaskiel war 1927 nach Argentinien ausgewandert (als blinder Passagier, wie ich später erfuhr), seine Schwester Necha hatte geheiratet und war 1939 nach Palästina gezogen. Ich las das alles und dachte: Da war ein ganz neuer Familienzweig. Es war gerade so, als wäre die Familie von ausgelöscht zu nicht ausgelöscht gewechselt.

Abraham und seine zwei Geschwister waren ebenfalls Erben des Gebäudes: Sie hatten genauso viel Anspruch auf die 33 Prozent ihres Onkels Schia wie mein Großvater. Aber hier ging es nicht einfach um neue Verwandte, noch mehr Erben. Dies war auch ein neues Vermächtnis, eine Geschichte aus der Kriegszeit, in die ich eintreten konnte. Mein Großvater war eine Leerstelle ohne Vergangenheit, aber Abraham war eine Berühmtheit.

5

BEI UNTERHALTUNGEN KAM hin und wieder aufs Tapet, dass ich das Eigentum meines Urgroßvaters in Polen zurückforderte. Die meisten Leute waren sehr dafür. Sie dachten, das sei eine interessante und sinnvolle Sache, die ich da unternahm. Besonders enthusiastisch waren diejenigen mit Eltern, Großeltern oder Urgroßeltern, die aus Osteuropa oder anderswo geflohen waren, oder jene, die selbst Flüchtlinge waren – mit anderen Worten, jene, die in der Familie ein Fluchtnarrativ hatten. Diese Menschen neigten dazu, die Rückforderung als eine Art Kreuzzug zu betrachten, sie glaubten, ich mache ein Unrecht wieder zu Recht, nehme mich der Sache meines überlebenden Großvaters an, fordere einen winzigen, nichtsdestotrotz bedeutsamen Akt der Holocaust-Gerechtigkeit ein.

Aber nicht alle waren einverstanden. Mir begegnete eine Menge Ambivalenz, Skepsis, Kritik. Das war besonders in Polen der Fall, wo die Kosten und Konsequenzen des Kriegs so viel unmittelbarer sind, die Narrative so viel unsauberer. Freunde und Freunde von Freunden, Juden und Nichtjuden, Einheimische und im Ausland lebende Polen zogen die Augenbrauen hoch und fragten mehr oder minder anklagend, mehr oder minder angriffslustig, ob das, was ich in Sosnowiec tat, tatsächlich unter der sentimentalen Oberfläche, unter dieser hübschen kleinen Geschichte davon, wie ich mich der Sache meines toten Großvaters, eines Überlebenden, annahm, ein Akt der Aneignung war, oder etwas wie Aneignung, oder falls es nicht wirklich Aneignung war, dann roch es doch danach, es hatte dasselbe hässliche Ziel, dasselbe Ergebnis. In dem Haus wohnen Menschen?, fragten sie. Ja, sagte ich, es ist ein Wohnhaus, da wohnen Menschen. Okay, sagten sie, also korrigier mich, wenn ich falschliege, aber letztlich nimmst du ihnen ihr Zuhause weg?

Diese Vorwürfe, diese sanften oder weniger sanften Hinweise auf den ethischen Unterbau der Rückforderung wurmten mich. Auch wenn ich dem Kreuzzug-Narrativ nichts abgewinnen konnte – ich behauptete ja nicht, das, was ich unternahm, sei in irgendeiner Weise heroisch, oder es gehe um Gerechtigkeit oder versteige sich zu einer Art moralischer Aussage –, weigerte ich mich zu akzeptieren, dass das *falsch* war, was ich tat. Etwas anderes vorauszusetzen demonstrierte, so fühlte ich, eine unverschämte Kurzsichtigkeit. Als ginge es hier um einen bösen Grundbesitzer, der das Justizsystem missbrauchte, um hilflose Mieter auf die Straße zu setzen. Als würde dies alles in einem Vakuum geschehen, als wäre die Geschichte weggeschmolzen. Als hätte der Zweite Weltkrieg nie stattgefunden. Als wäre die Welt 1945 neu aufgesetzt worden, und nichts vorher hätte gezählt.

Wie man sich wohl denken kann, wurde ich sehr defensiv.

Ich sagte dann etwa: Warum soll das in irgendeiner Hinsicht Aneignung sein? Wir *nehmen* uns ja nichts. Das Gebäude gehörte meinem Urgroßvater. Er wurde ermordet, also ging es an seinen Sohn, und dann starb sein Sohn, und so ging es an dessen Kinder. Wo genau ist hier der moralische Haken?

Du hast mit diesem Haus nichts zu tun. Bis vor ein paar Jahren hast du von diesem Haus gar nichts gewusst. Und jetzt kommst du aus dem Nichts daher und erhebst Anspruch darauf.

Vielleicht liegt die Wurzel unseres Missverständnisses in der Semantik. Verwenden wir einmal eine andere Terminologie –

lassen wir das Wort »Rückforderung«. »Rückfordern« impliziert eine Übertragung der Besitzerschaft, eine Beschlagnahme, und ich kann verstehen, dass das manchen Menschen ein unbehagliches Gefühl macht. Lassen wir also den Ausdruck »rückfordern« fallen und verwenden wir stattdessen »bestätigen«. Also nicht »das Gebäude zurückfordern«, sondern das »Eigentum am Gebäude bestätigen«.

Nenn es, wie du willst, aber Tatsache ist doch, dass du nicht hier lebst, dass deine Familie nicht hier lebt, seit Jahrzehnten hat niemand aus deiner Familie in Sosnowiec gelebt, und du hast nicht vor, hier zu leben, niemals. Du kommst für ein paar Monate im Jahr nach Polen, bist eigentlich nicht viel mehr als ein glorifizierter Tourist, und hast eine Gelegenheit gesehen, dir dieses Gebäude zu nehmen – entschuldige – das »Eigentum am Gebäude zu bestätigen«.

Es stimmt, ich lebe nicht hier, meine Familie lebt nicht hier und hat seit langer Zeit nicht hier gelebt; eine Abwesenheit von siebzig Jahren. Allerdings gab es sehr gute Gründe für diese Abwesenheit. Die Verzögerung im Vorgang hat mit der Ethik des Ganzen nichts zu tun.

Aber sicher hat das etwas damit zu tun. Dieses Land hat in den letzten siebzig Jahren nicht stillgestanden und auf dich gewartet.

Lass uns eine Sekunde lang so tun, als hätte mein Urgroßvater sein Leben in Sosnowiec verbracht, ebenso sein Sohn und dessen Sohn, als wäre ich nicht in Toronto geboren und aufgewachsen, sondern hier, in Polen, und in diesem Paralleluniversum, wo der Zweite Weltkrieg nie oder in einem weit geringeren Ausmaß stattgefunden hätte, wo die Geschichte ungebrochen weiterverlaufen wäre, hätten wir ebendieses Gespräch über den Familienbesitz geführt. Du hättest es dir nicht träumen lassen, mir zu sagen, dieses Haus, das deiner Familie in Sosnowiec gehört, das ist einfach nicht richtig, das ist unmoralisch, wie kannst du so etwas tun. Der Grund, warum meine Familie nicht mehr in Sosnowiec ist, besteht darin, dass sie alle ermordet wurden. Für mich ist es verblüffend und frustrierend, warum ihr zu glauben scheint, dass dieses Faktum unseren Anspruch untergraben sollte.

Hast du irgendeine Ahnung, wie viele Menschen im Krieg, in der Kommunistenzeit ihren Besitz verloren haben?

Viele, ich weiß. Aber der Anspruch, den wir auf dieses Haus haben, steht nicht in Konkurrenz zu irgendeinem anderen Anspruch; das Gebäude ist gegenwärtig technisch gesehen besitzerlos. Das ist kein Nullsummenspiel. Der Umstand, dass viele Menschen Ungerechtigkeit erlitten haben, sollte nicht bedeuten, dass allen Gerechtigkeit verwehrt wird. Warum sollte unserem Anspruch nicht Genüge getan werden?

Du musst die massiven Umwälzungen in Betracht ziehen, die dieses Land durchgemacht hat. Trauma, Vertreibungen, Tod.

Du sprichst mit mir, als wäre ich darauf aus, etwas zu zerstören. Ich vertrete keine Bewegung, ich vertrete keine Philosophie. Ich vertrete nur meine Familie. Alles, was wir wollen, ist die Rückgabe von etwas, das von Rechts wegen uns gehört.

Ich kann mir nicht helfen, aber ich frage mich, ob das alles so unschuldig ist, wie du es jetzt hinstellst. Dass du eine Anwältin engagieren musstest, spricht Bände über die Art deiner kleinen Nachforschung.

Das geht nicht durch irgendwelche illegalen oder halblegalen Mittel vor sich, wir profitieren auch nicht von Schlupflöchern oder obskuren polnischen Gesetzen. Hier wird keine Macht missbraucht. Wir sind gezwungen, dies über das Gericht zu erledigen, weil aufgrund historischer Umstände und der radikalen Auslöschung meiner Verwandtschaft die äußerst prosaischen Erbgesetze hier nicht zur Anwendung kommen. Wir nutzen die Gerichte nicht, um uns einen Vorteil zu verschaffen oder um das

System zu manipulieren; wir nutzen die Gerichte, um die Dinge auf ihren normalen Stand zurückzubringen, das heißt, Besitz, der dir gehört, geht nach deinem Tod auf deine Verwandtschaft über. Das ist ein so banales, alltägliches Vorkommnis. Jemand stirbt, die Kinder erben. Nichts Besonderes dran. Falls du also nicht gegen das Konzept des Privatbesitzes argumentieren willst, sehe ich nicht, warum meiner Familie ihre Rechte verwehrt werden sollten.

Tatsache ist, dass das Konzept des Privatbesitzes in diesem Land vor fünfzig Jahren suspendiert oder zumindest gründlich erodiert wurde.

Lautet das Argument also, dass der Besitz niemandem gehören sollte? Dass das postkommunistische Polen mit dem präkommunistischen Polen absolut nichts zu tun hat? Aber das ist schlicht und einfach nicht der Fall. Der Kommunismus war vorüber, das Land kehrte zur Demokratie zurück, die Eigentumsgesetze werden eingehalten. Ansprüche aus der Vorkriegszeit gelten. Auch wenn zerbrochen und wieder zusammengeklebt, es gibt eine Kontinuität in diesem Land, historisch wie legistisch. Und ich fordere die Rechte ein, die mir nach den Gesetzen des Landes zustehen.

Das ist keine Sache des Gesetzes. Es ist eine Sache der Ethik. In diesen Wohnungen leben Menschen. Was ist mit ihnen?

Was mit ihnen ist? Niemand nimmt ihnen ihr Eigentum weg – die Wohnungen, in denen sie leben, gehören ihnen nicht. Nicht dem Gesetz nach, nicht technisch gesehen, nicht immateriell. Diese Wohnungen gehören ihnen nicht, weil sie sie nie gekauft haben. Sie haben diese Wohnungen nie gekauft, weil sie nie eine Chance dazu hatten, denn die einzigen Menschen, die sie ihnen hätten verkaufen können, wurden ermordet.

Also geht es ums Geld.

Du kannst meine Motive anzweifeln, die stärker pekuniär sein mögen, als ich zuzugeben bereit bin, besonders angesichts dessen, was das Gebäude anscheinend wert ist; es ist nicht leicht, Motivationen voneinander abzugrenzen, etwas wie Respekt und etwas wie Gier auseinanderzudröseln. Aber jedenfalls sind meine Motive die eine Sache, meine legalen und moralischen Rechte eine andere.

Du bist bemerkenswert kaltschnäuzig. Ich frage dich immer wieder nach Menschen, und du antwortest mir dauernd mit Besitz. Die Leute, die in diesen Wohnungen leben, haben Rechte.

Niemand will den Mietern in der Małachowskiego 12 ihre Rechte absprechen.

Diese Wohnungen sind das Zuhause von Leuten.

Ich habe nicht vor, einen Wohnblock in Sosnowiec niederzureißen, um ein Einkaufszentrum zu errichten. Ich habe nicht vor, irgendjemanden auf die Straße zu setzen.

Du weißt genau so gut wie ich, dass die Mieten, wenn du das Gebäude zurückbekommst und verkaufst oder verwalten lässt oder was auch immer, beinahe sicher steigen werden.

Das ist ein eigenes Thema. Du möchtest argumentieren, dass ich eine ethische Verpflichtung hätte, das Haus *nicht* zu verkaufen, weil das auf die Mieter negative Auswirkungen hätte? Vielleicht. Das scheint mir eine wichtige Debatte zu sein. Aber im Moment sprechen wir nicht über Verkaufen, und wir sprechen nicht über Kündigen, über Mieten. Wir sprechen über das simple Faktum des Besitzes.

Du kapierst es noch immer nicht. Du denkst überhaupt nicht an die Bewohner. Lassen wir die Frage ihrer Rechte, deiner Rechte einmal beiseite. Für eine Minute die Legalität, die Moral. Denk nur an sie als an die Leute, die in diesen Wohnungen leben, die aller Wahrscheinlichkeit nach ihr ganzes Leben lang dort gewohnt haben.

Hundert Mal führte ich dieses Gespräch, eine Version dieses Gesprächs, mit anderen, mit mir selbst, bis sie sich endlich festsetzte, die unangenehm banale Wahrheit: dass die Mieter in der Małachowskiego 12 mehr waren als die abstrakten, zufälligen Bewohner des Gebäudes, das meinem Urgroßvater gehört und wo er vor dem Krieg gelebt hatte. Hatte ich irgendwelche Gewissensbisse über die Legalität oder Moral der Rückforderung? Nein. Siehe oben. Aber zumindest konnte ich zugeben, dass ich am Geborgenheitsgefühl der Leute herumpfuschte. Sie würden Angst haben, natürlich würden sie Angst haben.

Ich war ein Jude, der zurückkam, um sich seinen Familienbesitz zu holen – eine regelrechte Trope in Polen. Man überlege sich eine Sekunde lang, wie viel Vermögen vor dem Krieg Juden gehört hatte: Hunderte, ja vielleicht Tausend Städte und Dörfer waren zum großen Teil oder ganz jüdisch, viele der größten Städte zu vierzig, fünfzig, sechzig Prozent. Drei Millionen Juden tot. Ein paar Hunderttausende weitere, die geflohen waren. Im Gefolge des Krieges gab es eine ganze Menge verlassener Häuser und Grundstücke.

Seit den 1990er Jahren, seit Polen ein demokratischer Staat wurde und, zumindest prinzipiell, Ansprüche auf Privatbesitz zuließ, sind Rückforderungen ein heikles politisches und kulturelles Thema. (Es existieren keine Restitutionsgesetze; wenn ein Besitz verstaatlicht wurde, gibt es keinen Mechanismus, ihn zurückzubekommen oder Kompensation zu erhalten; mein Anspruch war im Gegensatz dazu ein Erbanspruch.) Ich spreche und lese kein Polnisch. Ich bin eigentlich nicht qualifiziert, die öffentliche Meinung genau zu analysieren – diese Einschlüsse von Unterstützung, Verachtung, Mitgefühl, Angst –, aber ich war oft und lange genug dort, um zu verstehen, wie bedrohlich Rückforderungen, real oder eingebildet, scheinen können. In

Sosnowiec war so ziemlich die gesamte Innenstadt jüdisch. Krakau, Warschau, Łódź, Breslau – riesige Sektoren dieser Städte, und zwar sehr zentrale Sektoren, waren jüdisch. Rückforderungen sind ein Thema mit monumentalen demographischen, politischen und sozialen Auswirkungen; sie sind in mehr als einer nationsweiten Wahl ein zentrales Thema gewesen. Manchmal kann die Debatte einen bedauerlichen Ton annehmen; gelegentlich taucht in Karikaturen oder Polit-Slogans der habgierige ausländische Jude auf, darauf erpicht, sich seinen historischen »Glücksfall« zunutze zu machen. Aber es gibt legitime Fragen von Kosten, Verantwortlichkeit (Ist das Polens Problem? Warum sollte nicht Deutschland die Verantwortung übernehmen? Und was ist mit jüdischem Eigentum, das von den Sowjets verstaatlicht wurde?) und Logistik (Wie kann man am besten gesetzlich geregelte Restitutionen durchführen? Missbrauch und Betrug verhindern? Was ist mit Verjährungsfristen?).

Noch einmal: Ich kann das nicht einordnen. Bei dem Versuch, die Psyche einer Nation zu ergründen, die nicht die meine ist und deren Sprache ich nicht spreche – wie nützlich oder bedeutend könnte da mein Beitrag wohl sein? Hier ist mein Spielraum geringer. Stellen wir uns bloß ein einziges Haus vor, ein Heim, und stellen wir uns vor, Sie und Ihre Familie haben dort fünfzig, sechzig Jahre lang gelebt, mit einer Vorkriegsgeschichte, die, sagen wir einmal, etwas trübe ist und, soweit es Sie angeht, besser unerforscht bleibt, Sie denken nicht darüber nach, so ist es am besten, das ist Ihr Heim, Sie haben Ihr ganzes Leben lang hier gewohnt, und doch fühlen Sie sich nie ganz sicher, nicht ganz zuhause, denn Sie machen sich Sorgen, dass es eines Tages an der Tür klopfen und der frühere Besitzer, oder der Enkel des früheren Besitzers, Ihnen Papiere entgegenhalten und sagen wird: Dieses Haus? Dieses Haus gehört mir.

Der Jude ist zum Großteil Mythos – die Angst vor dem Phänomen verhält sich sehr disproportional zum Phänomen selbst –, doch, ja, manchmal geschieht so etwas wirklich.

Angesichts so vieler Tragödien, Instabilität, Vertreibung, kann es schwierig sein, alles im Rahmen zu halten. Aus der Entfernung kann eine Rückforderung geradlinig wirken: Was uns gehört hat, bleibt unser, verdammt seien die Jahre dazwischen. Aus der Nähe ist es weit komplexer. Wie soll man human und mitfühlend an die Sache herangehen? Eine Ethik dafür entwickeln? Wie soll man widersprechenden Narrativen zuhören, sie integrieren (oder ablehnen?)?

Es gibt Fälle, die eindeutig sind. Die Fälle jener Polen, die Komplizen bei der Deportation oder dem Mord an ihren jüdischen Nachbarn waren und / oder wissentlich Vorteile aus der extremen Verletzlichkeit der Juden schlugen, sind leicht abzuhaken. Aber was ist mit ihren Kindern? Enkelkindern? Urenkeln? Bedeutet es etwas, dass sie keine Ahnung von den Taten ihrer Vorfahren haben? Und bei all den Fällen, wo im Krieg und danach jüdischer Besitz zu polnischem Besitz wurde, stelle ich mir vor, dass bösartige, mordlustige, intrigante Polen nur einen kleinen Anteil daran hatten (das soll nicht heißen, dass es kein bedeutender war; es ist ein kleiner Prozentsatz einer riesigen Zahl). Was ist mit den Fällen, bei denen der Besitz unwissentlich übernommen wurde? Oder halb unwissentlich? Wenn es plötzlich eine leerstehende Wohnung gab und eine Familie keine Fragen stellte und einzog? Oder genötigt wurde, einzuziehen? Bedeutet ihr Glaube etwas, diese Immobilie gehöre ihr? Ich meine nicht legal. Ich bin nicht an einer Debatte über Hausbesetzerrechte interessiert. Ich interessiere mich für das moralische Kalkül, will heißen, wie wir das Narrativ der Nachkommen aufnehmen. Ändert sich das Kalkül in zehn Generationen? In fünfzig?

Die Geschichte jedes beliebigen Eigentums besteht aus multiplen Erzählungen, die sich spalten, innehalten, wieder neu beginnen, die geschichtet, fragmentiert, verschlungen sind.

All das moralische Gerede, da will ich ehrlich sein, steht dem entgegen, wie ich erzogen wurde, den Grundsätzen, die ich, wenn nicht explizit (oft aber ausdrücklich), so doch durch Osmose vermittelt bekommen hatte: Die Polen waren (sind) unsere Feinde. Die Polen, welche Juden retteten, waren die Ausnahme, doch der Durchschnittspole war bestenfalls durchaus zufrieden, die jüdischen Nachbarn zu den Öfen gekarrt zu sehen. Wollte man haarspalterisch sein, könnte man sagen, die Polen waren nicht die Mörder (wenn auch manchmal doch), aber die Helfershelfer der Mörder. Mein Vater erzählt mir, meine Großeltern hätten die Polen mehr gehasst als die Deutschen. Hätten routinemäßig Polen als Land voller Dreck und Mord bezeichnet, dessen Bürger als Unmenschen und Abschaum. Klingt das extrem? Unfair? Unnuanciert? Mit zu breitem Pinsel gemalt? Ich weiß nicht, was ich sagen soll. Das war bei meinen Verwandten eine Binsenweisheit. Meine eigenen Sympathien, meine Offenheit sind ihnen suspekt. Dass ich regelmäßig nach Polen reise, in polnischen Bars polnisches Bier trinke, mich mit Polen treffe, in polnischen Steinbruchseen schwimme, zu polnischen Konzerten gehe, in polnischen Buchhandlungen Lesungen halte – ich denke, meine Großeltern, falls noch am Leben, wären wütend; ich glaube, das Herz würde ihnen brechen. Aber ich kann mich mit ihrem Schmerz nicht befassen. Er ist zu groß, zu weit weg und wurde mir gegenüber nie artikuliert; ich werde nicht so tun, als wäre ich fähig, damit in Verbindung zu treten.

Ungeachtet der Rechte, meiner Rechte, der Rechte der Mieter, waren unsere Geschichten nun ineinander verwickelt, und es wäre einer Art emotionaler Betrügerei gleichgekommen, so zu tun, als wäre es anders. Ich *wollte*, dass diese Geschichten fragmentiert werden, dass diese Risse sich zeigen sollten. Und, oh, wie sehr sich die Geschichte fragmentierte – sie brach sauber mitten entzwei: Es war nicht einmal mehr klar, wann oder wo das Gebäude *existierte*. Obwohl es mich verrückt machte, nicht zu wissen, ob das Haus wirklich das Haus war, war es das, was ich suchte: Ich hatte den schlichten, bequemen linearen Mythos zugunsten der erzählerischen Inkompatibilität aufgegeben.

Ich las die Dokumente meines Großvaters noch einmal (die sich jetzt, wo ich Abrahams Erinnerungen besaß – ich hatte sie übersetzen lassen – wie ein relativ kläglicher Quellentext für ein Vermächtnis ausnahmen). Vielleicht war mir etwas entgangen, vielleicht fand sich da drin etwas, das zu erklären half, wie mein Urgroßvater ein Gebäude besitzen konnte, das nicht existierte. Aber ich konnte nichts finden, das Klarheit gebracht hätte. Nummer 12 war immer noch Nummer 12 und konnte deshalb nicht Nummer 12 sein.

Trotzdem fand ich etwas: Das Haus Małachowskiego 12, wenn es auch ganz sicher meinem Urgroßvater gehört hatte, war nicht das Zuhause seiner Kindheit gewesen. Es war eine Immobilieninvestition. Das Zuhause, wie deutlich in einem Brief meines Großvaters zu lesen stand, befand sich in der Ulica Targowa, gleich um die Ecke.

Der Fehler kann auf meinen ersten Besuch in Sosnowiec zurückgeführt werden, bevor ich diese Dokumente überhaupt gesehen, bevor ich die Idee gehabt hatte, das Gebäude zurückzufordern. Ich wusste von einer einzigen Adresse, die in Verbindung mit meinem Großvater stand, Małachowskiego 12, dem Ort, wo, wie mein Vater sagte, der seine aufgewachsen war. Ich habe im ersten Kapitel geschrieben, dass mein Vater das gesagt hatte, und ich glaube, das stimmt. Ich glaube, er hat das gesagt, aber ich bin mir nicht sicher, ich habe mir keine Notizen gemacht. Vielleicht hat also mein Vater gesagt, dass dies das Zuhause meines Großvaters gewesen sei, oder vielleicht sagte er, dass es möglicherweise sein Zuhause war, oder vielleicht ergab das im Narrativ so viel Sinn, dass ich aus eigenem zu dieser Schlussfolgerung sprang. Ich fuhr in die Heimatstadt meines Großvaters, um eine mit ihm in Verbindung stehende Adresse zu sehen, also war das natürlich sein Zuhause.

Vier Jahre später, als ich endlich die Dokumente las, entging mir das Detail, dass dies eine Investitionsimmobilie gewesen war. Ich weiß nicht, aus welchem Grund ich dieses Detail übersah. Ich nehme an, dass ich es auf irgendeiner Ebene nicht sehen wollte. Die Geschichte, die ich erzählte, lautete, dass ich das Gebäude zurückforderte, in dem mein Großvater aufgewachsen war: Das Narrativ war in einer Art sentimentalem Verzug steckengeblieben. Das Haus der Vorfahren aufzusuchen ist stärker mit Bedeutung aufgeladen, als eine Immobilieninvestition der Vorfahren aufzusuchen, oder? Das Haus der Vorfahren zurückzufordern ist eine bessere Geschichte und zumindest fühlt es sich als bessere Geschichte an, als eine Immobilieninvestition der Vorfahren zurückzufordern. Ich hatte mich in einem Mythos verfangen, den ich selbst erfunden hatte.

Machte es etwas aus, dass ich mich geirrt hatte?

Einerseits war das, obwohl es wehtat, diesen Fehler zuzugeben, auch nicht ganz der Punkt. Es war ja auch nie wirklich um das *Heim* (die Immobilieninvestition) meines Großvaters gegangen. Es ging um den jahrzehntelangen vergeblichen Versuch, sein Heim (seine Immobilieninvestition) *zurückzubekommen*. Verb, nicht Substantiv. Das Gebäude selbst – auch wenn ich unter dem Eindruck gestanden hatte, es sei das Elternhaus meines Großvaters in seiner Kindheit gewesen – versprach keinen Zugang zu meinem Großvater oder dem Gedächtnis an meinen Großvater oder zur Bedeutung der Erinnerung an meinen Großvater: Als physisches Gebäude war es spirituell steril. Aber was die Rückforderung anging – hier hatte ich das Gefühl, dass ich dadurch in irgendeine Art von Gespräch mit meinem Großvater eintreten (vielleicht eintreten) konnte oder mit der Erinnerung an meinen Großvater oder der Bedeutung der Erinnerung an meinen Großvater. Die Rückgewinnung war etwas, das ich neu beginnen, auf dem ich aufbauen, das ich verbessern konnte, vollenden oder sogar daran scheitern, wie er es getan hatte.

Andererseits: Ja, natürlich war es wichtig. Wenn man sich bei etwas so Grundlegendem so sehr irrt, fühlt sich das ganze Unternehmen wackelig an. Wo das Gebäude stand, wann es existierte, falls es da war, was die Beziehung meines Großvaters zu dem Gebäude war: Die sich anhäufenden Unsicherheiten – ganz zu schweigen von den Lügen, die ich aufgetischt hatte – haben eine Auswirkung. Du beginnst zu hinterfragen, was du machst und warum du es machst; das sentimentale Unterfutter beginnt sich aufzulösen.

6

JOANNA ERZÄHLTE UNTER den Schatzsuchern herum, dass ich mit Abraham Kajzer verwandt sei, und rasch wurde daraus die Geschichte, ich sei sein Enkel, denn diese Erzählung ergab mehr Sinn, war die bessere. Es war, als wäre er eine Art alternativer Großvater geworden, einer, dessen Vermächtnis geehrt und mythologisiert wurde, ganz anders als mein eigener Großvater, der mythenlos war, dessen Vermächtnis im Dunkeln lag, verschwommen und im Zentrum eines bürokratischen und juristischen Irrgartens.

Die Forscher wollten mich kennenlernen, wollten mir die Minen zeigen, Krypten, Tunnel, verlassene Schlösser, alte heidnische Kultstätten, Schlachtfelder aus dem Mittelalter, Bunker; wollten ihre Landkarten präsentieren, ihre geheimen Dokumente, Luftbilder, Georadar-Scans, Forscherausrüstung; mir ihre Theorien darlegen, ihre Vermutungen, Erfolge, Kümmernisse. Sie wollten wissen, ob ich vielleicht eine noch unbekannte Information über Kajzer hätte. Sie wollten interviewt werden. Sie wollten, dass man über sie schrieb. Ich sagte Ja zu allem.

Rasch lernte ich, dass man die Schatzjäger nicht alle in einen Topf werfen, nicht leicht kategorisieren konnte. Da gibt es organisierte, manchmal sogar gesponserte Forschergruppen, die Lidar, Georadar, Magnetometer, avancierte Kartierungs-Software, Satellitenbilder verwenden, und dann gibt es wiederum Typen, die mit aus dritter Hand erworbenen Metalldetektoren und Wünschelruten herumspazieren. Der »Schatz«, der gesucht wird, das können Artefakte aus der Kriegszeit sein, Bergwerke, geheime Nazi-Technologie, Massengräber, aber für gewöhnlich ist es nichts so Großes, für gewöhnlich, nun ja, forschen die Forscher bloß – der Sammelbegriff für das, hinter dem sie her sind, ist »Geheimnis«. Da sind jene, deren Mission einfach lächerlich ist, wie der Graf von eigenen Gnaden, der behauptet, er kenne den Standort einer unterirdischen Stadt der Nazis / der Aliens, und da sind jene, die sich an bedeutenden historischen Forschungen beteiligen. Jerzy Cera, ein Doyen der Forscher und einer der Ersten, die das Projekt Riese Anfang der 1970er Jahre untersucht haben, veröffentlicht Karten von hoher Qualität und Broschüren über die Anlage, die Museen und Wissenschaftler in ganz Polen und darüber hinaus verwenden. Ein Forscher namens Krzysztof führte mich auf ein völlig normal wirkendes Feld außerhalb von Świdnica (Schweidnitz), wo sich, wie er sagte, ein Konzentrationslager befunden habe, jetzt verschwunden und vergessen, von der Landkarte getilgt. Krzysztof hatte Jahre damit verbracht, über das Lager nachzuforschen, hatte Dokumente aufgespürt, Einheimische befragt, das Land vermessen, ausgetüftelt, wo genau das Lager sich befunden hatte. Er führte mich durch ein Meer aus hohem Gras, es war Abenddämmerung, lachhaft malerisch, und in der Mitte des Feldes zeigte Krzysztof mir eine Reihe einzementierter Ziegelsteine, die meisten eingesunken und beinahe nicht zu sehen, die Überreste der Fundamente dessen, was laut Krzysztof wahrscheinlich eine Häftlingsbaracke gewesen war. Manchmal finden die Forscher etwas wirklich Bemerkenswertes oder Bizarres (wenn etwas zu finden ist, dann werden sie es letztlich auch finden). Ein Kranführer namens Janek brachte mich zur Stelle, wo sich das KZ Sieniawka (Kleinschönau) befunden hatte – nach dem Krieg wurde es in ein später stillgelegtes Psychiatrisches

Krankenhaus umgewandelt –, und zeigte mir im Keller in einem kleinen, quadratischen Raum aus weißen Ziegeln eine Art Nazi-Labor mit zwei parallel angebrachten Betonbecken, zu groß und tief, um Operations- oder Autopsietische zu sein, aber doch ziemlich deutlich für etwas Medizinisches bestimmt; sie hatten etwas halb Rituelles, Zeremonielles, Altarhaftes an sich. Das waren Tische, auf die Körper oder Teile von Körpern gelegt worden waren, zur Schau gestellt, hingelagert, von Flüssigkeit befreit, irgendetwas. Niemand von uns, nicht Janek, nicht Joanna, hatte eine Ahnung, was die Antwort auf dieses Geheimnis war, nur dass es sich um nichts Schönes handelte. (Monate später sah ich auf einem im Konzentrationslager Natzweiler-Struthof in Frankreich aufgenommenen Foto ein ähnliches Becken – es war voller abgetrennter Arme. Das Mysterium wurde nicht vollständig aufgelöst – wir konnten keine Dokumente finden, wofür die Arme benutzt oder warum sie abgeschnitten worden waren –, aber die Funktion des Beckens war nun klar.)

Es gibt eine Art monatlich erscheinender Fachzeitschrift, *Odkrywca* (Entdecker). Sie hat eine Auflage von mehr als 14 000 Stück, auf der Website findet sich ein reges Online-Forum (obwohl in den letzten Jahren die Entdecker massenweise zu Facebook gewechselt sind, die perfekte Plattform zum Prahlen, Organisieren, Jammern, Verleumden, zum Verbreiten von Verschwörungstheorien und Gründen von unappetitlichen Fraktionen). Ich besuchte das Büro von *Odkrywca*, das aussah wie das Büro jeder anderen kleinen Zeitschrift auch – vier Treppen hoch, staubiger Holzfußboden, gehetzte Redakteure, überall Papierstapel –, wenn auch mehr militärischer Kram herumlag, darunter ein paar uralte Gewehre, ausrangiert, wie mir die Redakteure versicherten. An der Wand hing eine riesige Collage mit *Odkrywca*-Covern aus jüngster Zeit, eine Palette aus Traumlandschaften von Entdecker-Bildern: Schlösser, Bergwerke, Panzer, Bomben, aller mögliche Kram mit Hakenkreuzen darauf, Soldaten, Tunnel etc. Die neueste Ausgabe enthielt einen Artikel über einen deutschen Ingenieur, der Hitlers geheimes Atomwaffenprogramm sabotiert hatte; eine Abhandlung über ein Festungsmuseum, einen Bericht über die jüngst erfolgte Entdeckung eines Bergwerks und Besprechungen diverser Forscherausrüstung, im Besonderen Metalldetektoren. Der Chefredakteur und ich führten eine interessante Unterhaltung über Nachrichtenwert. Entdeckungen sind immer Nachrichten, meinte er. Wie zum Beispiel ein neuer Tunneleingang oder ein neuer Stollen; seiner Meinung nach habe es aber seit Jahrzehnten keine wirklich bedeutende Entdeckung gegeben. Diese Arbeit geht sehr graduell vor sich. Entdecker sind wie Historiker, sagte er, allerdings aktiver und neugieriger und tapferer und auch viel verrückter.

Das Forschen ist in Polen eine regulierte Tätigkeit. Ohne eine von der Regierung eingeholte Erlaubnis darf man nicht nachforschen, nicht einmal das Erdreich mit einem Metalldetektor scannen. Dieses Gesetz wird allerdings häufig missachtet. Marek Kowalski, der zuständige Beamte, der die Genehmigungen in der Region Wałbrzych ausgibt, der Gegend mit der wahrscheinlich höchsten Konzentration an Entdeckern im Land (es gibt mehr als 1600 Anträge im Jahr), schätzte, dass nur ungefähr fünf Prozent der Forscher das legal tun; wenn es allerdings um intensivere Forschungen geht, die Ausgrabungen oder hochwertige Ausrüstung einschließen, dann, so Marek, seien neunzig Prozent legal. Zuwiderhandelnde riskieren bis zu fünf Jahre Gefängnis (obwohl das sehr selten vorkommt) und / oder Tausende Złoty Strafe.

Auch was die Schätze selbst betrifft, gibt es Vorschriften –

man kann nicht einfach behalten, was man findet. Alles, was als Kulturerbe betrachtet wird, gehört von Rechts wegen dem Staat und muss abgeliefert werden; ein Objekt gilt als »Kulturerbe«, wenn es erstens unter der Erde gefunden wurde und wenn es zweitens historisch Sinn ergibt, dass es dort ist. Alles, was zum Beispiel auf Dachböden gefunden wird, würde kein Kulturerbe sein. Auch eine vergrabene chinesische Münze nicht; eine im Erdreich gefundene Goldplombe allerdings wäre Kulturerbe. Bei der Übergabe erhält der Entdecker eine Belohnung von zehn Prozent des Werts der Entdeckung. Ich fragte Marek, wie oft das vorkomme, dass jemand einen Schatz übergebe und seine zehn Prozent bekomme. Immer wieder, meinte er. Meistens sind es alte Münzen, so Marek, die gelegentlich sehr wertvoll sein können. Also wenn die Typen, die behaupten, sie hätten den Goldzug gefunden, sagte ich, wenn es sich also herausstellte, dass sie recht haben, dass es tatsächlich einen Zug voller Gold gibt, würden sie zehn Prozent bekommen? Es ist kompliziert, sagte Marek, denn sie hätten gar nicht die korrekten Genehmigungen gehabt, um dort zu forschen. Aber ich kann Ihnen sagen, dass es in den oberen Rängen des Ministeriums Diskussionen gab, ob sie eine Belohnung erhalten sollten.

Es gibt eine Handvoll Profiteure (und weitaus mehr glücklose Möchtegern-Profiteure), vor allem auf dem Geschäftsfeld Ausgraben und Schmuggeln und Verkauf von Antiquitäten und Artefakten aus dem Ersten und Zweiten Weltkrieg, dazu noch Glücksritter. Eine der größten Stätten in Riese, Włodarz, wird von einem Forscher namens Krzysztof betrieben, der das Terrain, nachdem er sich irgendwie eine langfristige Pacht mit erstaunlich wenigen Einschränkungen erschlichen hatte, als eine Art höchst bizarren militärischen Themenpark gestaltet hat: Artillerie und Panzer stehen herum wie Gartendeko, die Angestellten, in Militärhosen, Stiefeln und Fleecepullovern, wirken wie eine etwas verlotterte paramilitärische Einheit. Als ich hinkam, war Krzysztof im letzten Stadium der Installation einer der Attraktionen im Tunnel: ein nachgebauter Goldzug. Er war ungefähr in der Größe der Lokomotiven, die in Themenparks und Zoos herumfahren, und bestand aus schwerem, robustem, tiefschwarz gestrichenem und mit Goldverzierungen versehenem Metall, dazu eine Menge goldener Nazi-Insignien: goldene Hakenkreuze, goldene Reichsadler. Auf der Seite war in goldenen Großbuchstaben złoty poçiag (Goldzug) eingelassen. Krzysztof erklärte, der Zug werde 160 Meter weit fahren, es werde zehn interessante Details geben; unterwegs würden die Mitfahrenden Puppen in gestreiften Kleidern beim Graben sehen sowie Puppen in deutschen Uniformen, welche die Puppen in den Streifenkostümen »bewachten«.

Doch die Mehrheit dieser Typen sind Hobbyforscher mit weniger abstoßenden, komplizierteren Motiven – eine instabile Mixtur aus Stolz, Illusionen, Gier, Neugier, Kameradschaftlichkeit, Berufung, Verantwortungsgefühl, Abenteuerlust und natürlich dem schlichten Umstand, dass das alles sehr viel Spaß macht. Es ist etwas wie eine dreiste Mischung aus Amateur-Historikern, sehr amateurhaften Archäologen, Höhlenforschern und Verschwörungstheoretikern.

Es ergibt einen Sinn, warum sich die Entdecker so zum Zweiten Weltkrieg hingezogen fühlen – die Geschichte ist bodenlos, es gibt so viel, das unbeantwortet ist, unerklärlich, fremdartig. Polen ist regelrecht pockennarbig vor Geheimnissen aus dem Zweiten Weltkrieg. Dies gilt besonders für Schlesien, deutsches Land, Grenzgebiet in der Nazizeit. (Wichtig ist auch die lange Bergbaugeschichte Schlesiens – vor allem Kohle, aber auch Gold, Silber, Kobalt, Uran und andere Mineralien: Das ist ein

Vermächtnis echter Schätze, und wo es ein Vermächtnis echter Schätze gibt, gibt es immer auch ein Vermächtnis mythischer Schätze; in vielerlei Hinsicht ist das heutige Schatzsuchen nur die jüngste Wiederholung eines sehr alten Narrativs.) All die Zerstörungen und Enteignungen und Vertreibungen schufen zahllose Leerstellen, von denen der Untergrund das buchstäbliche und am besten erforschbare Beispiel ist. Und das Projekt Riese ist das zentrale Mysterium, gewissermaßen der Mittelpunkt des ganzen Geheimnisses. Seine Größe, das Unterirdische, dass es Nazi-Infrastruktur ist, dass es so wenig Dokumentation dazu gibt, dass so viel von der Anlage noch immer unzugänglich und unerforscht ist. Man sieht, warum es die Phantasie der Entdecker so sehr in Bann schlägt, warum seine Mythen-Kapazität so enorm ist, warum ihm eine Art Heiligkeit zugeschrieben wird. Und warum wiederum Abraham Kajzer und sein Buch so verehrt werden.

Allmählich kam mir das Entdecken wie eine Antwort vor. Worauf? Das kann ich nicht genau sagen. Auf eine Art Störung. Auf die Traumata, die, buchstäblich oder nicht, im Boden lagern. Es ist etwas wie ein Unbehagen, eine ängstliche Ahnung, eine Unzufriedenheit mit diesem besonderen Land und dieser besonderen Historie, mit diesen Stätten und ihren Geschichten, ihren Geheimnissen und Tragödien. Man befinde sich nur lange genug in der Gesellschaft dieser Männer, und man beginnt zu verstehen, welch metaphorische Kraft das Konzept des »Untergrunds« besitzt. Die Metalldetektoren, die den Erdboden nach dem absuchen, was nicht dort sein sollte. Das Zusammentreffen von vergrabenen Schätzen, vergrabenen Leichen und vergrabenen Antworten.

Via Joanna lud mich Andrzej ein, in sein Allerheiligstes zu kommen. »Das ist eine sehr große Ehre«, meinte sie. »Was meinen Sie mit Allerheiligstes?«, fragte ich. »Sein Haus?« »Ja, es ist sein Haus«, sagte Joanna, »aber nicht sein Haupthaus. Es ist sein Schatzhaus.« Ich verstand nicht, aber das tat ich ja selten.

Das Allerheiligste war ein nettes zweistöckiges Haus am Ende eines langen, steilen Zufahrtsweges, umgeben von einer hübsch angelegten mehrstufigen Terrasse. Niemand war zuhause, als Joanna und ich kamen; wir warteten draußen auf zwei Liegestühlen. Es hätte das Landhaus eines reichen Mannes sein können. »Ich verstehe noch immer nicht, was das für ein Ort ist«, sagte ich zu Joanna. »Wohnt Andrzej hier?« »Nein.« »Er wohnt in der Nähe?« »O ja«, sagte sie. »Ein paar Minuten entfernt.« »Ich verstehe gar nichts«, sagte ich. »Oh, Sie werden sehen«, meinte sie.

Schließlich kam Andrzej und begrüßte mich sehr herzlich, breites Lächeln, Umarmung; mit ihm kamen seine Frau, seine Tochter und der Schwiegersohn. Sie waren lässig gekleidet, keine Hosen mit Tarnmuster, kein Hinweis darauf, dass ihnen die im Untergrund verborgenen Geheimnisse des Zweiten Weltkriegs besonders am Herzen lagen. Ich hatte Andrzej immer nur in seinem schwadronierenden Entdecker-Modus gesehen, so leidenschaftlich und überwältigend, dass es schwer war, sich ihn anders vorzustellen. Aber hier war seine Familie, freundlich und einnehmend und äußerst zivil. Andrzej stellte mich als den Enkel von Abraham Kajzer vor. Ich korrigierte ihn, sagte, Abraham sei nicht mein Großvater, sondern der Cousin meines Großvaters, aber das drang nicht durch: Während Andrzej seiner Familie die Geschichte von Abraham und seinem Tagebuch berichtete, nannte er Abraham wiederholt meinen Großvater. Noch einmal versuchte ich das zu berichtigen, aber wieder hatte das keine

Wirkung, Andrzej steckte tief in seiner Geschichte, besang Abrahams Legende, erklärte die Bedeutung seines Tagebuchs und konnte oder wollte seinen Kurs nicht ändern: Was ihn anging, war Abraham mein Großvater. Ich ließ es so stehen. Andrzejs Angehörige hörten ihm zu, lächelten verlegen und schüttelten mir die Hand. Ich war ein Ehrengast, Andrzej gab mit mir an. Machten sie sich über ihn lustig? Es schien nicht so, aber wie hätte ich es auch sagen können. Mein Interesse an Schatzjagden und an Andrzej im Besonderen verlieh eine Art Legitimität, die Andrzej auf einer gewissen Ebene offensichtlich genoss und von der seine Familie aufrichtig beeindruckt schien.

Wir gingen hinein und setzten uns an einen langen Eichentisch in einem holzgetäfelten Raum. Das Allerheiligste hatte etwas Clubähnliches an sich. An der Wand hingen gerahmte Landkarten, ein großer verzierter Reichsadler aus Metall, das Speichen-Steuerrad eines Schiffes. In einer Ecke war eine uralte Schreibmaschine ausgestellt. Viele wunderschöne Schnitzarbeiten. Das Herzstück auf dem Tisch war ein meterhohes Modell des Eiffelturms. Daneben lag ein Stoß Dokumente, die mit den Forschungsarbeiten zu tun hatten. Landkarten, Genehmigungen, Ansuchen, Skizzen von Nazi-Ufos.

Nachdem wir Tee getrunken, Kuchen gegessen und Small Talk betrieben hatten, scheuchte Andrzej seine Angehörigen ins Auto und schickte sie fort. Was immer wir auch besprechen wollten, besagte seine Geste, es war nicht familientauglich. Während sie abfuhren, bog Janek ein, der Adlatus. Er grinste und winkte, stieg aber nicht aus dem Auto. Stattdessen stieg Andrzej ein, sie fuhren weg und ließen Joanna und mich im Allerheiligsten zurück. Sie sind bald zurück, meinte Joanna. Sie möchten Ihnen etwas bringen. Eine Überraschung.

Fünfzehn Minuten später kamen sie mit einem 86-jährigen

Mann namens Edward Spiranski zurück. Spiranski war in schlechter Verfassung: Er hatte vor kurzem einen Schlaganfall erlitten, er war schwach und konnte kaum gehen. Andrzej und Janek halfen ihm aus dem Wagen und standen neben ihm, wobei sie seine Arme hielten. Aber nach wie vor kam Spiranski kaum vorwärts, und so zählten sie bis drei, hoben ihn unter den Achselhöhlen und unter den Kniekehlen hoch und trugen ihn die Treppen hinunter und ins Haus, wo sie ihn am Kopfende des Tisches hinsetzten. Der immer noch grinsende Janek verabschiedete sich und ging.

Spiranski trug einen Blazer mit einer kleinen Medaille an der Brust, anscheinend eine Auszeichnung aus dem Krieg. Er war ein wenig verwirrt, ein wenig schwerhörig, aber im Großen und Ganzen ziemlich präsent, wenn auch gefügig; er zeigte die Art grenzenloser Geduld, wie man sie an den Alten sieht, die nirgendwo sonst sein müssen. Spiranski habe sehr interessante Dinge zu erzählen, meinte Joanna, und prompt stellte er sich vor (Joanna übersetzte die ganze Zeit) und schwor emphatisch, alles, was er sage, sei hundertprozentig wahr. Mit seinem guten Arm zog er ein paar Dokumente aus seiner Tasche: einen Brief, den er vor kurzem an das Amt für Veteranenangelegenheiten geschrieben hatte, worin er um finanzielle Hilfe für seine Behandlung bat; ein Foto, datiert 1951, von ihm selbst und zwei Freunden in Unterhemden und Militärmützen, an einem Fluss sitzend und Gitarre spielend.

Warum hatte Andrzej Edward Spiranski hierhergebracht? Um mit mir über seine Zeit im Krieg zu sprechen, natürlich – Spiranski war neun Jahre alt, als der Krieg ausbrach, er hatte die Kriegszeit auf einem deutschen Bauernhof verbracht, wo seine Eltern und Geschwister Zwangsarbeiter waren. (Das Set-up unseres Treffens – das heißt, die Art, wie Spiranski erzählte und ich zuhörte – fühlte sich tatsächlich sehr vertraut an, erinnerte mich an etliche Interviews, die ich mit alten Holocaust-Überlebenden geführt hatte. Sie reden; oft ist es wahllos, nichtlinear; es ist das Heraufbeschwören eines Albtraums, wenn auch nicht ohne Nostalgie; manchmal ist es banal, man hat Geschichten wie diese schon gehört, erinnert sich, was es bedeutet, dass Geschichten wie diese banal sind; man lauscht und lauscht, empfängt.) Aber es stimmte auch, dass auf einer gewissen Ebene Andrzej Edward Spiranski zur Schau stellte. Er war ein Requisit, ein sprechendes Relikt, das Andrzej (dessen Leben großteils dem Sammeln von Relikten gewidmet war) buchstäblich aufgehoben und hereingetragen hatte, um seine Authentizität als Entdecker zu beglaubigen. (Wenn das zynisch klingt, dann nur, weil man noch nicht weiß, was im nächsten Zimmer ist.) Aber es stimmte auch, dass Andrzej Spiranski zugetan war, der einsam, arm, bei schlechter Gesundheit war, und zwar auf eine Art wie sonst niemand. Andrzej kümmerte sich. Vielleicht kümmerte er sich aus nicht rein altruistischen Motiven – weil Spiranski potenziell nützliche Informationen hatte; weil Andrzej via Spiranksi ein wenig näher an eine Zeit und an Ereignisse heranrückte, die er offenkundig fetischisierte –, aber immerhin, er kümmerte sich. Hundert Mal erteilten mir die Entdecker diese Lektion: Eine eigennützige Liebe kann immer noch Liebe sein.

Spiranski sagte, er möge Juden sehr gern. Sein Vater hatte ihr Haus von einem Juden namens Mortke gemietet und in einer Getränkefabrik für einen Juden namens Rensky gearbeitet. Mortke war ein feiner Kerl, sagte Spiranski, dann begann er zu weinen. Alle Juden und alle Polen erinnern sich an Mortke. Ich weiß nicht, was mit ihm geschehen ist. Soweit ich weiß, wurden alle Juden von den Deutschen zusammengetrieben und wahrscheinlich umgebracht.

Joanna tröstete Spiranski, und als er seine Fassung wiederge-
wonnen hatte, wandte er sich noch einmal an mich und sagte, er
habe zwei Geschichten über eine Begegnung mit Juden im Krieg
zu erzählen, beide aus Fürstenstein, einem Außenlager von
Groß-Rosen (wo Abraham Kajzer einige Monate lang inhaftiert
gewesen war). Während des Krieges ging der kleine Edward immer wieder an Fürstenstein vorbei – das Lager befand sich zwischen dem Bauernhof, wo seine Familie lebte, und dem Dorf,
wohin ihn seine Mutter mit Lebensmittelkarten schickte, um
Brot zu kaufen. Das Brot war schwarz, erzählte Spiranski. Weiß-
brot gab es nur für verwundete Soldaten, und es gab viele verwundete Soldaten. (Während Spiranski erzählte und Joanna
übersetzte, brachte Andrzej wie ein ungeduldiges Kind, das
seine Spielsachen vorzeigt, dauernd Nazi-Krimskrams an den
Tisch, angeblich um das alles von Spiranski inspizieren und für
echt erklären zu lassen, in Wahrheit aber, um es mir zu zeigen. Er
nahm den verzierten Reichsadler herunter, so lang wie mein
Arm und ebenso schwer, und legte ihn auf den Tisch. Während
der restlichen Unterhaltung lag er da wie zum Hohn.) Eines Tages, erzählte Spiranski, sah er jüdische Gefangene eine Straße
bauen, eine andere Gruppe jüdischer Häftlinge – »Leute in
Streifen und so viele Leute wie Elfen« – errichtete einen kleinen
Bahnhof. Edward war elf Jahre alt, und einige der Häftlinge, sagte er, seien nicht älter gewesen. (Andrzej breitete seine bunte
Sammlung von Abzeichen der Hitlerjugend aus.) Er ging dahin
in seinen Holzschuhen, nagte an einem Stück Schwarzbrot, als
er sich einem sehr jungen Juden gegenübersah; er blieb abrupt
stehen, er und der junge Jude starrten einander an. Die Wache
blickte in die andere Richtung. Edward streckte dem jungen Juden das Schwarzbrot entgegen, aber gerade da wandte der Pos-
ten den Kopf und erblickte sie; er legte das Gewehr an und ziel-

te. (Andrzej klappte einen Ordner mit Plastikhüllen auf, in denen Nazi-Geldscheine lagen; er blätterte sie durch, zog ein paar ausgewählte Exemplare heraus und reichte sie herum.) Der jüdische Junge begann zu weinen, und Edward drehte sich um und rannte heim in seinen Holzschuhen. Ein anderes Mal, erzählte Edward, sah er zwei Lastwagen voller Juden, umgeben von einigen kleineren Fahrzeugen mit SS-Offizieren. Die Juden sangen; Edward konnte sie singen hören. Einer seiner Freunde korrigierte ihn – die Juden sangen nicht, sie beteten. Einer der Juden sprang vom Lastwagen, als wolle er flüchten, doch er brach sich ein Bein. (Andrzej legte ein silbernes Fünf-Mark-Stück aus der Nazizeit auf den Tisch und fragte Spiranski: Was konnte man im Krieg damit kaufen? Spiranski erwiderte, die Holzschuhe hätten neun Mark gekostet.) Einer der deutschen Offiziere sagte: Legt ihn um; ein anderer schoss und tötete ihn.

Spiranski hatte einige Fragen an mich – es sei das erste Mal seit dem Krieg, dass er einen Juden getroffen habe, meinte er. Die letzten Juden, die er gekannt hatte, waren Mortke und Rensky gewesen. Es gab vieles, worauf er neugierig war.

Welche Art Fabriken habt ihr in Israel?

In Israel? Alle möglichen Fabriken. Elektronik, Möbel ...

Arbeiten Frauen in den Fabriken?

Sicher.

Sind diese Fabriken in Privatbesitz?

Sicher.

Braucht ihr Kohlen zum Heizen?

Ich verstehe nicht ...

Wenn ihr das Haus heizen wollt, müsst ihr da eure eigene Kohle haben?

Oh, ich verstehe. Nein, die meisten Häuser in Israel sind moderne Bauten, genau wie hier.

Gibt es Kamine in Israel?

Ja.

Habt ihr Kartoffeln?

In Israel gibt es Kartoffeln.

Pflanzen die dort ihre eigenen Kartoffeln?

Gute Frage. Ich weiß es nicht.

Was wird in Israel angepflanzt?

Orangen? Zitrusfrüchte? Granatäpfel?

Stehen die Orangenbäume in Privatgärten oder auf großen Landwirtschaftsbetrieben?

Auf beiden, glaube ich.

Habt ihr Fenster in Israel? In Polen haben wir Fenster, aber habt ihr in Israel Fenster?

Sicher.

Habt ihr Dörfer in Israel oder große Städte?

Beides.

Also arbeiten jüdische Leute?

In Israel?

Ja.

Sicher arbeiten sie.

Also arbeiten sie und treiben nicht nur Handel?

Ah. Ja, natürlich.

Was ist im Libanon geschehen? Was wollen diese Araber von euch?

Ich bin eigentlich kein Israeli. Ich weiß gar nicht so viel über Israel.

Okay. Hitler war ein Clown, aus dem Zirkus. Ich weiß nicht, was er von den Juden wollte. Was wollte er von den Juden?

Gute Frage.

Können Sie mir sagen, was er von den Juden wollte?

Nein. Ich weiß es nicht.

So ging das eine Weile – Spiranski stellte mir eine Menge Fragen über New York, die U-Bahn, über Schwarze, Araber, Juden –, bis Janek kam und es Zeit für Spiranski war, heimzufahren. Wir verabschiedeten uns, Janek und Andrzej hoben Spiranski hoch und verfrachteten ihn in den Wagen.

Fünfzehn Minuten später kehrte Andrzej zurück. Zeit für Rundgang, sagte Joanna. Andrzej, sichtlich aufgeregt, stellte sich auf die Zehenspitzen, öffnete eine Tür und wies stolz auf das – ich weiß nicht, wie ich es sonst beschreiben sollte – Kriegsmuseum, das er in seinem Schlafzimmer eingerichtet hatte. Hunderte Artefakte waren in geschlossenen Glasschränken aufbewahrt. An der gegenüberliegenden Wand, über dem frisch mit gelber Bettwäsche mit Rosenmuster bezogenen Bett, hingen zwei Gewehre aus der Zeit des Zweiten Weltkriegs, eine alte Pistole, eine Sammlung Säbel. (Und unter dem Bett standen blaue Hausschuhe, ein sinnverwirrendes Detail von Gemütlichkeit. Hier drinnen schlief er?) Alles, was da ist, fragte ich, haben Sie gefunden? Natürlich, sagte Andrzej. Das Zimmer war ein erstaunliches Zeugnis der Obsession des Mannes und, wie ich vermutete, seines Geschicks als Schatzjäger. (Als ich fragte, ob dies die größte Sammlung eines Forschers sei, spötteln Joanna und Andrzej: Nicht einmal annähernd, meinten sie.) Meine Reaktion auf das Zimmer war kompliziert. Ich war überrascht, beeindruckt, betroffen und sehr neugierig. Welcher Ausdruck auch immer sich auf meinem Gesicht zeigte, es kümmerte Andrzej nicht im Mindesten. Er strahlte. Er war überaus stolz.

Er veranstaltete für mich einen Rundgang durch seine Sammlung, Abschnitt für Abschnitt, Artefakt für Artefakt. Ständig zeigte er eine Miene von spitzbübischem Stolz; dauernd blickte er mich an, nach Anerkennung suchend, die ich bereitwillig spendete.

Wir begannen mit dem ausgefeilten Metalldetektor in der Ecke, gingen dann weiter zu einer Garnitur Essbesteck mit Hakenkreuz-Gravierung. Dann ein prachtvoller Kompass; eine Sammlung von NSDAP-Ausweisen; künstliche Augen aus Glas und Kunststoff, die Nazi-Offizieren gehört hatten, wie Andrzej behauptete. Viele, viele Patronen; ein paar massive Mörsergranaten; Dutzende Eiserne Kreuze, Knöpfe, Anstecknadeln. Haufenweise Nazi-Münzen, Geldscheine, Lebensmittelkarten. Diverse Schmuckstücke. (Wäre hier der »jüdische Ring« gelandet?) Kanister, Granaten, Ladestreifen; ein Kuddelmuddel von rostigen Metallstücken, die ich als Teile von Waffen erkannte, keine Ahnung aber, wie sie hießen. Etwas, das wie eine Dynamitstange aussah, aber laut Andrzej eine Halterung für eine Dynamitstange war. Zwei Uhren (oder Geräte, die wie Uhren aussahen); alte Militärtelefone; ein russisches Radio, mit dem Andrzej herumspielte, er meinte, es brauche bloß neue Batterien. Ein riesiges Gewehr mit einem sehr langen Munitionsgurt (den er selbst angebracht haben musste; sicherlich hatte er es nicht so gefunden); man könne damit, sagte er, 1100 Patronen pro Minute abfeuern. Viele weitere Abzeichen mit Reichsadler. Eine gigantische Continental-Schreibmaschine. Eine lange Reihe Militärhelme, viele mit Nazi-Insignien, aber auch sowjetische, amerikanische und britische. Andrzej setzte einen Helm auf und sagte, dies sei derselbe, den der berühmte polnische Spion Hans Klause getragen habe. Ein schwerer Atlas von 1906 mit wunderschönen Abbildungen. Ein Säbel aus der Zeit Napoleons, so rostig, dass er ganz schartig war, Andrzej, der immer noch den Helm aufhatte, schwang ihn wie ein angriffsbereiter Soldat oder eher wie ein Kind, das so tut, als wäre es ein angriffsbereiter Soldat. Dann nahm er eines der Gewehre von der Wand über dem Bett, spannte den Hahn. Ich fragte, ob es noch funktionsfähig sei. Nein, das ist nur zum Nachstellen, sagte er, man kann nicht damit schießen, aber das sagte er mit einem sehr boshaften Lächeln. Auf dem Boden stand eine große hölzerne Truhe mit einem Reichsadler-Stempel. Innen waren Nazi-Dolche, die Andrzej natürlich aus der Scheide zog und schwang.

Was sollten all diese in Ehren gehaltenen Hakenkreuze bedeuten?

Ich erinnerte mich, wie bestürzt und verwirrt ich über die Nazi-Paraphernalien in Andrzejs Land Rover gewesen war. Auch wenn ein Reichsadler, der vom Rückspiegel baumelt, nicht unbedingt heißt, dass man ein Nazi ist, muss es einem doch bewusst sein, dass manche Leute tatsächlich eine solche Verbindung herstellen könnten, oder? Der Umstand, dass es Andrzej anscheinend egal war, dass er kein Problem damit hatte, seine Hakenkreuze offen zur Schau zu stellen, war beunruhigend. Wo ich herkomme, tut man sein absolut Bestes, um selbst den leisesten Verdacht zu entkräften, man stehe auf das Dritte Reich.

Aber Andrzejs Museumszimmer zu sehen, seinen Stolz über seine Sammlung von Hunderten Artefakten mitzubekommen, gezeichnet von einer Bildsprache, die ich immer als obszön und verboten verstanden hatte, half, Andrzejs Naziphilie in einen Kontext zu rücken. All diese Hakenkreuze, Reichsadler, Eisernen Kreuze und so weiter waren keine Zeichen von Anhängerschaft, es waren Trophäen. Oder Skalpe. Beute von einem gefallenen Feind. (Als ich später erfuhr, wie sehr Andrzej Deutsche hasste, die heute lebenden eingeschlossen, fand ich das weit beklemmender als den Umstand, welche leblosen Objekte er in seinem Allerheiligsten aufbewahrte.) So ordnete, maß, präsentierte und zelebrierte er seine Schätze. Ja, er würdigte diese Objekte; er bewahrte sie auf, reinigte und fetischisierte sie auf eine Art, die mir schwer verständlich ist; aber letztlich ging es weniger um das, was sie verkörperten, sondern um das Faktum, dass er sie gefunden hatte. Andrzej war kein Skinhead, auch wenn Skinheads und Andrzej ähnliche Vorstellungen von Inneneinrichtung haben mochten. In den Vereinigten Staaten kann man ein Hakenkreuz schwerlich als etwas anderes sehen als eine bewusste Provokation und ein Zeichen der Zugehörigkeit zur Nazi-Ideologie. Aber hier? Dies waren buchstäblich vergrabene Artefakte. Sie standen für etwas Totes, Vergangenes.

7

ES DAUERTE MEHR als ein Jahr, aber Ende 2016 waren unsere
Papiere schließlich in Ordnung, und die Killerin brachte den
Antrag beim Gericht in Sosnowiec ein. Der erste Punkt der Ta-
gesordnung drehte sich darum, den Tod meiner toten Verwandten zu bestätigen. In anderen Worten, wir mussten ihn offiziell
machen. Im Augenblick waren sie in einem Zwischenreich.
Mein Urgroßvater, sein Bruder und ihre Frauen, die Besitzer des
Gebäudes, sowie mein Großonkel und meine Großtante, die anderen beiden Erben, waren im Krieg gestorben, man kannte
aber keine Details, sie waren in der großen, undokumentierten
Leere gestorben, und so waren diese Bürger legal gesprochen
noch nicht tot. »Tod« wird, was die Verwaltung betrifft, nicht
automatisch zugestanden, nur weil man zufällig nicht mehr am
Leben ist; es ist ein Status, den man beantragen, der genehmigt
und verliehen werden muss.

Es war ein bizarres, wenn auch metaphorisch ergiebiges Unternehmen. Die bürokratische Realität zweigte ab von der regu-
lären Realität. Denn diese Menschen *waren* tot: Es war eine un-
strittige Tatsache, dass diese Menschen tot waren. Ich wusste es,
weil mein Großvater es wusste, und mein Großvater wusste es,
weil der Krieg stattgefunden hatte und er sie nie wiedersah. Was
keinen unwiderlegbaren Beweis bedeutet, ich weiß, aber es ist
weit mehr als eine Annahme. Von den etwa achtzigtausend Juden, die vor dem Krieg in der Region lebten, überlebten vielleicht tausend. Dass eines oder mehrere Mitglieder aus der enge-

ren Familie meines Großvaters überlebten, ist unwahrscheinlich; dass er / sie überlebte oder überlebten, dies aber meinem
Großvater mehr als dreißig Jahre lang verborgen blieb, ist so gut
wie unmöglich. Aber auch wenn sie den Krieg überlebt hätten
und mein Großvater davon nichts gewusst hätte, wären sie immer noch tot – sonst wären meine Urgroßeltern inzwischen an
die 140. (Mein Großonkel und meine Großtante, das sei zugestanden, wären erst 108 und 106.) Also waren sie definitiv tot,
wenn auch nicht per Definition.

Die meisten Leute, denen gegenüber ich das erwähnte, waren
der Meinung, was das Gericht verlange, sei ungerecht, pervers,
unsensibel, grenze an Antisemitismus. Sie sahen es als einen,
wenngleich legal verbrämten, Affront gegen das Holocaust-Narrativ meiner Familie. Das ist eine verständliche Reaktion. Das ist
belastetes Terrain. Wir hüten unsere Geschichten sehr penibel.
Aber die Wahrheit war, dass ich den Vorgang nicht als besonders
unfair empfand. Absurd, das wohl, und sehr ärgerlich, aber Absurdität und Unannehmlichkeit gehören nun einmal überall zu
Bürokratien. In unserem Fall waren die Absurdität und Unannehmlichkeit ausgeprägter als üblich, aber dennoch – der Tod
verlangt Papierkram. Die Prozedur war schwerfällig und frustrierend, aber nichts daran – zumindest zu Beginn – schien mir
bösartig.

Das Argument, das die Killerin für das Gericht vorbereitet
hatte, war eines des gesunden Menschenverstandes: Was offenkundig real war, sollte als bürokratisch real anerkannt werden.
Das einzig relevante Dokument, das wir besaßen, war eine aus
dem Jahr 1967 stammende Eidesstattliche Erklärung von Rabbi
J. E. Englard, einem Freund meines Großvaters, in der er angab,
die Kajzers in Sosnowiec gekannt zu haben, und dass nur mein
Großvater überlebt habe. Das war etwas, aber als Beweis nicht

viel, denn Englard erwähnte nicht, dass er wisse, wie sie gestorben waren; er konnte etwas vom Hörensagen wiedergeben (oder wie man undetailliertes Wissen um den Tod von Holocaust-Opfern nennen soll) und hatte dies wahrscheinlich auch getan. Wir hatten keine Listen von Konzentrationslagern, kein Zeugnis, dass sie in diesem oder jenem Lager gewesen oder dort gestorben waren. Umfassende Recherchen in Datenbanken von Holocaust-Opfern und Überlebenden brachten nichts zutage.

Will man jemanden für offiziell tot erklären lassen, ist der erste Schritt eine öffentliche Verlautbarung. Die Killerin setzte eine Annonce in die *Gazeta Prawna*, in der sie um Informationen zum Tod von Mosche, Sura-Hena, Schia, Gitla, Michoel Aaron und / oder Tamara Kajzer ersuchte – oder eigentlich auch nach allen fragte, die sie kürzlich gesehen hatten – und bat, sich binnen sechzig Tagen zu melden. Niemand meldete sich.

Dann wurden wir vom Gericht informiert, dass auf Basis der letzten bekannten Adressen jener Personen, deren Tod wir bestätigen wollten, unser Fall aufgeteilt und in zwei Zuständigkeitsbereichen abgehandelt werden würde. Der Todesstatus meines Urgroßvaters, meiner Urgroßmutter und ihrer zwei Kinder (die engste Familie meines Großvaters) würde in Sosnowiec entschieden werden; der Todesstatus des Bruders meines Urgroßvaters und seiner Frau in Będzin, da sie bei einer Volkszählung von 1939 in Będzin aufschienen.

Die Richterin in Będzin verstand, dass dies eine Frage der Bestätigung des Offensichtlichen sei, handelte rasch, war professionell und höflich; ich musste nicht einmal persönlich erscheinen. Sie machte es offiziell: Schia und Gitla Kajzer waren tot. Masel tov, sagte ich zu meinem Vater.

Die Richterin in Sosnowiec allerdings verlangte, dass ich aussagen müsse, oder eher, sie verlangte das von Michael Kaiser und Leah Feld; ich würde als ihr Stellvertreter hinfahren. Das Verfahren war für den 26. Juli 2017 angesetzt. Die Killerin machte sich keine Sorgen. Ich machte mir keine Sorgen. Dass meine toten Verwandten gestorben waren, war nur zu klar. Die Bestätigung dessen würde, das versicherten die Killerin und ich einander, eine Formalität sein.

Eine Woche vor der Verhandlung – als wollten die Götter mich warnen, *nichts* als gegeben hinzunehmen, nicht einmal die grundlegende Unabhängigkeit, Integrität und Funktionsfähigkeit der polnischen Rechtsprechung – erließ die Regierung eine Reihe von Gesetzen, welche die grundlegende Unabhängigkeit, Integrität und Funktionsfähigkeit der polnischen Rechtsprechung zu untergraben drohten.

Das war nicht aus dem Nichts gekommen; es war nur die letzte Eskalationsstufe einer politischen Krise, die seit zwei Jahren am Köcheln war, seit 2015, als die Partei PiS (Recht und Gerechtigkeit) die Präsidenten- ebenso wie die Parlamentswahlen gewonnen hatte; es war das erste Mal seit dem Zusammenbruch des Kommunismus, dass eine einzige Partei die Gesamtkontrolle über die Regierung besaß. Die Plattform PiS war nationalistisch, europaskeptisch, gegen Einwanderung, katholisch, rechtsgerichtet, populistisch. Die Anführer verachteten offen demokratische Einschränkungen, besonders jene, die von Gerichten auferlegt wurden, der einzige Zweig der Staatsführung, der nicht unter ihrer Kontrolle stand. Der Auftakt war eine dreiste Übernahme des Verfassungsgerichtshofs, des höchsten polnischen Gerichts, das Fragen der Verfassungsmäßigkeit behandelt und Streitigkeiten zwischen Sparten der Regierung schlichtet.

Die Wendung des Landes nach innen, seine Abschottung waren umgehend erkennbar. 2016 versuchte die PiS eines der restriktivsten Abtreibungsgesetze in Europa noch restriktiver zu gestalten. Nicht lange danach machte die Regierung es zum mit einer Strafe von bis zu drei Jahren Gefängnis belegten Verbrechen, Polen der Mitschuld am Holocaust zu bezichtigen; die Wendung »polnische Vernichtungslager« wurde verboten. (Nach einem internationalen Aufschrei ruderte die polnische Regierung zurück, ein wenig, es wurde nur ein Zivilvergehen, kein kriminelles; erlaubt wurde es, wenn es »in künstlerischem oder wissenschaftlichem Kontext« veröffentlicht oder gesagt wurde. Aber zugegeben, ich bekam diese Dinge nur aus der Entfernung mit. Ich wohnte nicht dort, ich konnte nicht wählen, beherrschte die Sprache nicht. Soweit ich sagen konnte, beeinflusste die politische Situation meine Bemühungen um eine Wiedergewinnung nicht.

Dann erließ im Juli 2017, eine Woche vor meiner Verhandlung, der Sejm, das Unterhaus des Parlaments, jene Gesetze, die jeweils den Obersten Gerichtshof und den Landesrat für Gerichtswesen (*Krajowa Rada Sądownictwa*, KRS) ins Visier nahmen, jene Körperschaft, die für die Ernennung, Bewertung, Beförderung und Fachdisziplin der Richter verantwortlich ist, sowie die Kreisgerichte. Dies war eine sorgfältig geplante, umfassende Attacke auf das Justizsystem.

Die Gesetze, die den Obersten Gerichtshof betrafen, erregten die größte Aufmerksamkeit, besonders der Vorschlag, das Pensionsalter für Richter mit sofortiger Wirkung zu senken, was bedeutete, dass es eine große Zahl an Vakanzen im Obersten Gerichtshof gab, die der von der PiS kontrollierte Sejm dann füllen konnte. Die anderen beiden Vorgangsweisen waren wohl ebenso schlimm, wenn auch weniger eklatant und hinterhältiger.

Nach massiven landesweiten Protesten in den Städten legte der Präsident gegen zwei der drei Gesetzesvorhaben sein Veto ein – gegen die vorgeschlagene Reform des Obersten Gerichtshofs und die vorgeschlagene Reform des KRS. (Wie weitum vermutet wurde, stellten sich die Vetos als Ablenkungstaktik heraus, eine Möglichkeit, Zeit zu gewinnen und die Aufmerksamkeit abzulenken; die Gesetze wurden mit kosmetischen Änderungen bald wieder eingebracht, und der Präsident unterzeichnete sie pflichtschuldigst.) Die Reform der Kreisgerichte unterzeichnete er. Sofort tat der Justizminister, von den neuen Gesetzen dazu ermächtigt, Gerichtspräsidenten und -vizepräsidenten ohne Begründung oder Erklärung abzusetzen, genau das: Dutzende Gerichtspräsidenten und -vizepräsidenten im ganzen Land wurden entfernt, loyale eingesetzt. Die PiS hatte ihren Zugriff auf das Justizwesen verstärkt.

Am Morgen vor dem Verfahren traf ich die Killerin und Grazyna im verrauchten Untergeschoss des Zentralbusbahnhofs in Krakau. Meine Anwältin sah nicht sehr anwaltsmäßig aus. Sie trug einen Jogginganzug aus rosa Samt, der Reißverschluss der Jacke stand offen, darunter waren ein T-Shirt mit einem riesigen Löwenkopf und eine Perlenkette zu sehen, die zu dem Outfit überhaupt nicht passte, es aber durchaus komplettierte. Sie trug eine große, mit Kätzchen bedruckte Einkaufstasche. Mutter und Tochter waren sehr guter Laune. Sie neckten mich wegen meines schlappen Händedrucks, weil ich Schriftsteller war, weil ich ihr drittklügster Klient war. Wenn wir das nächste Mal vor Gericht gingen, sagte ich, würde ich einen passenden Jogginganzug tragen.

Mit dem Bus dauerte es etwa eine Stunde nach Sosnowiec. Vom Stadtzentrum nahmen wir ein Taxi zum Gericht, einem sehr amtlich wirkenden Gebäude – nichtssagend, eckig, Beton, braun und grau.

Wir hatten für den Weg zum Gericht sehr viel Zeit vorgesehen und waren viel zu früh. Wir setzten uns auf ein paar Bänke am Ende eines Flurs. Die Killerin ging auf die Toilette und kehrte im Anwaltstalar zurück – schwarz, mit komplizierten Rüschen und einem aufwendigen Schleifen-Krawatten-Ding –, jetzt sah sie sehr nach Anwältin aus, Perlenkette und so weiter. (Es bereitete mir ein gewisses Vergnügen und gab mir Zuversicht zu wissen, dass sich unter dem Talar das T-Shirt mit dem Löwenkopf verbarg.) Ich stupste die Killerin an, sie solle mich vorbereiten: Was würde die Richterin fragen? Gab es irgendetwas, das ich unbedingt sagen sollte? Ihre einzige Anweisung lautete: Falls die Richterin mich fragte, welchen Beruf mein Vater habe, solle ich Geschäftsmann angeben. Auch mein Großvater sei einer gewesen. Die Richterin, meinte die Killerin, werde mit dieser Antwort sehr zufrieden sein.

Ich fragte, wie der Plan in Bezug auf meinen Onkel Herschel aussehe – er beteilige sich nicht an der Forderung, sagte ich, und wenn das zur Sprache komme, wolle ich ungern vor Gericht lügen. Nein, nein, sagte die Killerin, heute sind wir hier, um über den Tod von Mosche und Sura-Hena und Michoel und Tamara zu entscheiden. Die Killerin und Grazyna beantworteten meine Fragen selten direkt; sie neigten dazu, etwas, das mit der Frage nur am Rande zu tun hatte, zu bestätigen. Wenn ich Antworten haben wollte, musste ich drängen: Und was ist, wenn es aufs Tapet kommt? Was sage ich? Wir sind hier, um über den Tod von Mosche und Sura-Hena und Michoel und Tamara zu entscheiden, wiederholte die Killerin. In Będzin ist die Sache für uns ja sehr gut gelaufen. Ich wiederholte, dass ich lieber keine Falschaussage machen wolle. Wieder sagten sie, die Sache sei in Będzin sehr gut für uns gelaufen. In diesem Moment kam unsere Übersetzerin Małgorzata – sie war nerdig, höflich, professionell, sprach vertrauenerweckend gutes Englisch –, und das Thema wurde fallengelassen.

Schließlich holte man uns nach drinnen. Es war ein entschieden unimposanter Raum – keine Fenster, tiefe Decke, Neonbeleuchtung, überall dieses hingerotzte Anstalts-Weiß –, aber trotzdem als Gerichtssaal erkennbar. Die Richterbank war ein langer, vollgeräumter Schreibtisch auf einer dreißig Zentimeter hohen Plattform. Am anderen Ende der Bank saß eine Schriftführerin vor einem Computer, ein zweiter Monitor war für die Richterin hingestellt worden, sodass sie simultan mitlesen und Verbesserungen anbringen konnte. Hinter der Richterbank war ein großes und blankpoliertes polnisches Wappen angebracht. Davor standen links und rechts von einem schlichten Podium zwei Holzbänke, eine für den Kläger und eine für den Angeklagten.

Ich begrüßte die Richterin, eine erschöpft aussehende Frau in mittleren Jahren, deren dickes blondes Haar zu einem straffen Pferdeschwanz gebunden war. Sie hatte eine brüske, streng professionelle Art. Mein Gruß wurde nicht erwidert.

Die Richterin blätterte Papierstapel durch und begann mit dem, was ich für eine notwendige Präambel für die Anhörung hielt. An diesem Tag an diesem Ort betreffend die Sache etc. etc. Ich schnappte ein paar bekannte Worte auf – »Kaiser«, »Małachowskiego«. Die Schriftführerin mühte sich, mitzukommen, die Richterin musste öfter etwas wiederholen. Sie hatte eine laute, scharfe Stimme, die man deutlich über dem von außen hereindringenden Baulärm hören konnte. Die Killerin, Grazyna, Małgorzata und ich standen unbehaglich vor der Richterbank. Małgorzata versuchte mich auf dem Laufenden zu halten, flüsterte mir ins Ohr, was die Richterin sagte, über mich, meinen Vater, meine Tante, meinen Großvater, aber es war sehr verwirrend. Ich hatte mich in einem polnischen bürokratischen Nebel verlaufen.

Es gab einiges Hin und Her zwischen der Richterin und der Killerin – die, das muss ich sagen, ganz in ihrem Element war: die Robe, die stoische Heftigkeit; sie wirkte einschüchternd –, und dann wies man uns an, uns zu setzen. Wir vier quetschten uns auf eine einzige Bank, das fühlte sich lächerlich an und muss auch so ausgesehen haben.

Die Richterin deklamierte noch ein paar Minuten vor sich hin, und dann wurde ich zur Aussage aufgerufen. Ich stand auf und nahm meinen Platz hinter dem Podium ein, Małgorzata neben mir.

Das Zwiegespräch mit der Richterin lief sehr langsam ab – die Frage musste übersetzt werden, dann meine Antwort, und dann mussten meine Antwort oder die relevanten Teile davon von der Richterin wiederholt / näher erläutert werden, damit sie ins Gerichtsprotokoll Eingang finden konnten. Das Folgende ist ein mehr oder minder unredigiertes Transkript – ich hatte mein Aufnahmegerät an und versteckt in der Tasche – meiner Aussage oder zumindest jener Teile, die für mich verständlich waren.

GERICHT: Sind Sie jemals eines Meineids beschuldigt worden?
ANTRAGSTELLER: Nein.
GERICHT: Bei einem Meineid würden Sie strafrechtlich haftbar sein. In einem solchen Fall würden Sie zu acht Jahren Gefängnis verurteilt.
ANTRAGSTELLER: Ich verstehe.
GERICHT: Kennen Sie den Grund, warum Sie als Zeuge aufgerufen wurden?
ANTRAGSTELLER: Um über den Tod von Mosche Kajzer, Sura-Hena Kajzer, Tamara, Michoel Aaron auszusagen.
GERICHT: Wir beginnen mit Mosche. Was wissen Sie über ihn?

ANTRAGSTELLER: Mein Großvater war sein Sohn. Ich habe ihn nicht persönlich gekannt. Er starb lange vor meiner Geburt. Aber ich weiß, dass er gestorben ist.

GERICHT: Wie waren die Umstände seines Todes?

ANTRAGSTELLER: Ich weiß es nicht. Ich weiß nur, dass es zwischen 1941 und 1944 geschah.

GERICHT: Woher wissen Sie das?

ANTRAGSTELLER: Das hat mein Großvater meinem Vater berichtet, und mein Vater sagte es mir. In unserer Familie ist das bekannt.

GERICHT: Sie wissen also nicht, was mit Mosche geschehen ist?

ANTRAGSTELLER: Ich weiß es nicht genau, aber er wurde nie wieder gesehen.

GERICHT: Ist es wahrscheinlich, dass er im Ghetto war?

ANTRAGSTELLER: Er war definitiv im Ghetto, und es ist möglich, dass er erschossen oder in eines der Lager gebracht wurde. Wo er gestorben sein muss.

GERICHT: Wissen Sie von irgendwelchen Überlebenden des Ghettos?

ANTRAGSTELLER: Ich weiß von einigen. Darunter mein Großvater.

GERICHT: Warum sind Sie sicher, dass Mosche nicht überlebt hat, wenn doch andere das Ghetto überlebt haben?

ANTRAGSTELLER: Weil sie sich nach dem Krieg wiedergefunden hätten.

GERICHT: Wie alt wäre er heute?

ANTRAGSTELLER: Fast 140.

GERICHT: Haben Sie bei Organisationen gesucht?

ANTRAGSTELLER: Bei vielen.

GERICHT: Mit welchen Ergebnissen?

ANTRAGSTELLER: Nichts.

GERICHT: Okay. Wie hieß seine Ehefrau?

ANTRAGSTELLER: Sura-Hena.

GERICHT: Was wissen Sie über sie?

ANTRAGSTELLER: Sehr wenig.

GERICHT: Ist es möglich, dass sie überlebt hat?

ANTRAGSTELLER: Nein.

GERICHT: Wie alt wäre sie heute, wenn sie überlebt hätte?

ANTRAGSTELLER: Sie wurde in den 1880ern geboren, also wäre sie zwischen 130 und 140 Jahre alt.

GERICHT: Wie viele Kinder hatten sie?

ANTRAGSTELLER: Drei.

GERICHT: Wie hießen sie?

ANTRAGSTELLER: Michoel, Tamara und Maier.

GERICHT: Wissen Sie, ob sie ins Konzentrationslager gebracht wurden?

ANTRAGSTELLER: Ich weiß es nicht. Von meinem Großvater weiß ich es.

GERICHT: Er hat überlebt?

ANTRAGSTELLER: Mein Großvater? Ja.

GERICHT: Was ist mit Michoel und Tamara geschehen?

ANTRAGSTELLER: Sie sind gestorben.

GERICHT: Wo?

ANTRAGSTELLER: Ich weiß es nicht.

GERICHT: Steht ihr Tod in irgendeinem Zusammenhang mit dem Krieg?

ANTRAGSTELLER: Ja. Was? Ja.

GERICHT: Wie alt wären sie?

ANTRAGSTELLER: Michoel wurde 1913 geboren, also wäre er 104, Tamara wäre etwa 102.

GERICHT: Von den Kindern hat also nur Maier überlebt?

ANTRAGSTELLER: Ja.

GERICHT: Wann ist er gestorben?

ANTRAGSTELLER: 1977.

GERICHT: Welches Vermögen haben Mosche und Sura-Hena hier in Polen hinterlassen?

ANTRAGSTELLER: Sie haben eine Immobilie hinterlassen.

GERICHT: Wo?

ANTRAGSTELLER: In der Małachowskiego 12. Glaube ich. Es ist kompliziert. Es könnte auch woanders sein. Aber vor dem Krieg war es Nummer 12.

(Die Killerin und Grazyna grummeln verdrossen miteinander.)

GERICHT: Auf welchen Gründen basiert Ihre Überzeugung, dass
diese Leute tot sind?

ANTRAGSTELLER: Dass sie tot sind, heute, im Jahr 2017?

GERICHT: Ja.

ANTRAGSTELLER: Erstens, sie haben einander nach dem Krieg nicht
wiedergefunden. Auch nach intensiver Suche meines Großvaters,
nach dem Krieg, dreißig Jahre lang. Hätten sie damals noch gelebt,
hätte mein Großvater sie gefunden. Und dann meine eigene Suche
bei Organisationen in Israel, den USA, Kanada und Polen. Wären
sie am Leben gewesen, hätte ich sie aufgespürt. Und zweitens, sie
sind tot, weil wir 2017 schreiben. Auch wenn sie den Krieg überlebt
hätten, wären sie jetzt tot.

(Die Killerin steht auf und führt eine Befragung des Antragstellers
durch.)

KILLERIN: Wurde Ihr Großvater je eines Meineids beschuldigt?

ANTRAGSTELLER: Nein.

KILLERIN: War er handlungsunfähig?

ANTRAGSTELLER: Nicht bis unmittelbar vor seinem Tod.

KILLERIN: Welchen Beruf hatte er?

ANTRAGSTELLER: Geschäftsmann.

KILLERIN: Und Sie wurden wann geboren?

ANTRAGSTELLER: 1985.

KILLERIN: Sie haben also die Information von Ihrem Vater?

ANTRAGSTELLER: Ja.

KILLERIN: War Ihr Vater handlungsunfähig?

ANTRAGSTELLER: Nein.

KILLERIN: Wurde er eines Meineids beschuldigt?

ANTRAGSTELLER: Nein.

KILLERIN: Welchen Beruf hatte Ihr Vater?

ANTRAGSTELLER: Geschäftsmann.

(Antragsteller setzt sich.)

KILLERIN: Ich fordere das Gericht auf, Mosche Kajzer, Sura-Hena Kajzer, Michoel Kajzer und Tamara Kajzer gesetzlich für tot erklären zu lassen und einen ungefähren Todeszeitpunkt festzusetzen.

GERICHT: Das Gericht verpflichtet den Antragsteller, in einer Zeitung eine Anzeige aufzugeben, um das Verschwinden der genannten Personen anzuzeigen und jeden, der dazu Informationen hat, aufzufordern, sich binnen sechzig Tagen zu melden.

KILLERIN: Das wurde bereits erledigt. Die Annonce ist am 22. Januar 2017 in der *Gazeta Prawna* erschienen.

GERICHT: Was war das Ergebnis?

KILLERIN: Es hat sich niemand gemeldet.

GERICHT: Das Gericht verpflichtet den Antragsteller, die Aufzeichnungen der Konzentrationslager zu überprüfen.

(Die Killerin erhebt Einspruch; der Antragsteller wird wieder in den Zeugenstand gerufen.)

GERICHT: Was möchten Sie noch hinzufügen?

ANTRAGSTELLER: Alle wichtigen Datenbanken zum Thema Konzentrationslager sind bereits überprüft worden.

GERICHT: Welche im Besonderen?

ANTRAGSTELLER: Diejenigen von Yad Vashem, vom Holocaust Memorial Museum in den Vereinigten Staaten, dann eine, die von der deutschen Regierung eingerichtet wurde. Das Jewish Historical Institute in Warschau, das Museum in Auschwitz, das Museum in Groß-Rosen und JewishGen, eine Sammlung vieler Datenbanken. Um nur einige zu nennen.

GERICHT: Sonst noch etwas?

ANTRAGSTELLER: Einzelne Ghettos, was immer zugänglich ist.

GERICHT: Sonst noch etwas?

ANTRAGSTELLER: Es war eine gründliche Nachforschung auf Englisch, Polnisch, Deutsch, Hebräisch und Jiddisch. Jede verfügbare Datenbank ist durchsucht worden.

GERICHT: Sonst noch etwas?

ANTRAGSTELLER: Ich wollte sagen, dass sie auf keiner Liste aufscheinen.

KILLERIN: Gibt es irgendwelche Quellen, die Sie nicht überprüft haben?

ANTRAGSTELLER: Nein. Ich bin mit den verfügbaren Ressourcen sehr vertraut.

KILLERIN: Und das Resultat der Suche?

ANTRAGSTELLER: Es wurden keine Details von irgendwelchen Todesfällen gefunden.

GERICHT: Noch etwas?

ANTRAGSTELLER: Wir haben auch amerikanische und deutsche Flüchtlingshilfeorganisationen gecheckt, die nach dem Krieg Hilfsaktionen durchführten, und es gab kein Resultat. Auch das war eine gründliche Suche.

GERICHT: Sie sollten also alle diese Dokumente vorlegen.

ANTRAGSTELLER: Welche Dokumente?

GERICHT: Von den Registern, die Sie überprüft haben.

ANTRAGSTELLER: Aber wie –

GERICHT: Hier ist nur eine Liste. Was ist das für eine Liste?

(Der Antragsteller tritt näher zur Richterbank, um eine Liste anzusehen, die als Beweisstück vorgelegt wurde.)

ANTRAGSTELLER: Das ist die Zählung im Ghetto Będzin. Dort waren einige der Kajzers, wie Sie sehen.

GERICHT: Aber das ist die einzige Liste, die Sie vorgelegt haben. Was ist mit den anderen Listen?

ANTRAGSTELLER: Welche anderen Listen?

GERICHT: Alle anderen Listen. Die Datenbanken, die Sie durchforstet haben.

ANTRAGSTELLER: Aber die scheinen auf den anderen Listen nicht auf.

GERICHT: Sie haben doch gesagt, Sie hätten die anderen Listen durchgesehen.

ANTRAGSTELLER: Ja, habe ich.

GERICHT: Aber Sie haben die Listen nicht dem Gericht vorgelegt.

ANTRAGSTELLER: Weil nichts vorzuweisen war. Sie standen ja nicht auf der Liste.

GERICHT: Sie sollten alle Listen vorlegen, die Sie durchsucht haben.

ANTRAGSTELLER: Sie meinen, ich solle die Listen und Datenbanken vorlegen, auf denen sie *nicht* aufscheinen?

GERICHT: Ja.

ANTRAGSTELLER: Aber wie soll ich einen nicht vorhandenen Eintrag zeigen?

GERICHT: Sie sagen, Sie hätten die Listen überprüft?

ANTRAGSTELLER: Ja.

GERICHT: Also sollten Sie diese Listen vorlegen.

ANTRAGSTELLER: Ich soll die Listen vorlegen? Vollständig?

GERICHT: Ja.

ANTRAGSTELLER: Aber das wären Hunderttausende Einträge, vielleicht Millionen.

GERICHT: Verstanden. Sonst noch etwas?

Wir hielten auf dem Korridor eine Nachbesprechung ab. Die Killerin und Grazyna waren erbost, dass sich die Richterin nach der Immobilie erkundigt hatte; unser Antrag bezog sich nur auf den Tod meiner Verwandten, Angelegenheiten von Besitz / Erbschaft hätten nicht relevant sein sollen. Die Killerin redete bereits von Berufung. Ich fragte Małgorzata, wie es ihrer Ansicht nach gelaufen sei. Sie meinte, die Richterin habe ein wenig streng gewirkt und manche der Fragen seien ein wenig lächerlich gewesen, aber insgesamt gesehen sei ihr nichts an dem Vorgang übermäßig ungewöhnlich erschienen. Also, warten wir's ab, sagte ich zur Killerin und Grazyna. Vielleicht entscheidet die Richterin zu unseren Gunsten. Wir werden am Gericht in Kattowitz Berufung einlegen, sagte Grazyna. Aber vielleicht müssen wir das nicht, sagte ich. Ja, sagte sie, wir können beim Gericht in Kattowitz Berufung einlegen.

Die Schriftführerin kam aus dem Saal, sie trug einen großen Stapel Aktenordner, die sie mit dem Kinn fixierte; ihr folgte die Richterin, die ihre Robe ausgezogen hatte und nun ein geblümtes Kleid trug. Sie vermieden jeden Augenkontakt mit uns, oder zumindest schien es so. Die Killerin legte ihre Robe ab und ihren rosasamtenen Jogginganzug wieder an, und wir machten uns bereit zur Rückfahrt nach Krakau. Auf dem Weg nach draußen fragte Małgorzata mich, ob ich an die Bibel glaube. Es ist die Bibel, sagte ich. Sind Sie glücklich?, fragte sie. Das ist eine große Frage, sagte ich. Sie nickte verständnisvoll und steckte mir ein paar Broschüren zu, die mich beschworen, mich Jesus zuzuwenden.

8

NICHT WEIT VON der Anlage Riese befindet sich ein sogenann-
tes Technisch-Militärisches Museum, dessen Hauptattraktion
eine enorme und enorm sonderbare Betonkonstruktion ist –
man stelle sich einen Betonring vor, fünfundvierzig Meter im
Durchmesser, der von einem Dutzend sechzehn Meter hoher
Betonsäulen gehalten wird, wie die riesenhafte abstrakte Skulp-
tur eines Kolosseums. Das, so behauptet das Museum, sei ein
Testring für Haunebu III gewesen, eine von den Nazis gebaute
Fliegende Untertasse; die sei nicht nur konstruiert worden, sondern funktionstüchtig gewesen. Laut den Beschriftungen gab es
Aufzeichnungen über neunzehn Flüge; das Antriebssystem be-
ruhte auf einer Technik namens Repulsine, die imstande sein
sollte, die Schwerkraft zu überwinden und eine Höchstgeschwin-
digkeit von Mach zehn zu erreichen, etwa 12 000 Kilometer pro
Stunde. »Das Antriebssystem dieses Raumschiffs bestand wahrscheinlich aus Schwerkraftgeneratoren: starke Elektromagneten
vom Typ Van-de-Graaff-Generator und ein Marconi-Ringgene-
rator, der eine rotierende Quecksilberkugel enthielt.«

In der Entdecker-Community gibt es einen, nennen wir es mal
so, ausgeprägten Mangel an Skepsis, was das Projekt Riese betrifft.
Das kam immer wieder zur Sprache. Ich fragte etwa: Warum haben die Deutschen Riese gebaut?, und man sagte mir: Atomwaf-
fen, unterirdische Städte, Anti-Schwerkraft, Zeitreisen, Telekine-
se. Hier herrscht eine ziemlich klar ausgeprägte Parahistorie.

Riese hätte ein Bunkersystem und / oder eine Fabrik sein sollen. Trotz des eigenartigen Mangels an schlüssigen Beweisen für beides ist das Argument, dass es ein Bunker / eine Fabrik war, überzeugend, war es doch das, was die Nazis im Untergrund taten: Sie nutzten ihn für Bunker und Fabriken. Mit anderen Worten, das ist eine ziemlich aussagekräftige, zwingende Erklärung, und jede Behauptung des Gegenteils verlangt einigermaßen überzeugende Beweise, besonders wenn das, was behauptet wird, nach allgemeinem Kenntnisstand nicht existiert. (Es gibt allerdings eine alternative Theorie, die mir wirklich gefällt, sie ergibt eine Art köstlichen Sinn, obwohl es, soweit ich weiß, keinen Beleg dafür gibt: dass die Riese-Anlage keinem anderen Zweck diente, als riesige Mengen Nazi-Geld umzuleiten – deutsche Funktionäre, denen klar war, dass der Krieg so gut wie verloren war, zogen mittels dieses quijotischen bergaushöhlenden Infrastrukturprojekts Geld aus Berlin ab.)

Eine Weile lang sagte mir mein Instinkt, das nicht unbedingt zu ignorieren, aber mich auf jeden Fall nicht darauf einzulassen, mir nicht den Kopf zu zerbrechen, indem ich Van-de-Graaff-Generatoren und Marconi-Ringgeneratoren zu verstehen versuchte. Ein Schatzsucher erzählte mir, die Nazis hätten eine Zeitmaschine gebaut, ich nickte, machte mir Notizen, und das war's. Ich sah keinen Grund, diese Gespräche ernst zu nehmen, denn es gab keinen Grund, sie ernst zu nehmen. Sogar zu rechtfertigen, warum ich sie nicht ernst nahm, hätte tatsächlich bedeutet, sie ernst zu nehmen; ich glaubte und glaube noch immer, dass es eine berechtigte Einstellung ist, sich nicht mit Verrückten abzugeben. Was hätte es für einen Sinn? Methodisch die Zweifelhaftigkeit von Zeitreisen der Nazis zu demonstrieren? Die Schlüsse, die wir letztlich daraus ziehen würden, wären die Schlüsse, die wir bereits gezogen haben. Darüber hinaus – ich möchte jetzt nicht die Illusion vom Autor als unermüdlich wissbegierigem Informationssammler zerstören – konnten meine Interaktionen mit den Entdeckern aber schrecklich ermüdend sein, und wenn etwas entgleiste, wenn die Sprache auf Anti-Schwerkraft oder uralte okkulte Zivilisationen kam, war es noch schlimmer: Man fühlte sich bedrängt, niedergeknüppelt von der Absurdität. Halb unbewusst gruppierte ich das ganze Zeug mit den Verschwörungstheorien zum Rest des Durchgeknallten: Die Geschichte war tatsächlich sehr sonderbar, die Leute waren sonderbar, die Anführungszeichen alternative Geschichte Ausführungszeichen war ebenfalls sonderbar. Ich weiß es nicht. Menschen glauben verrückte Dinge. Man verrenkt sich das Gehirn, wenn man zu verstehen versucht, warum sie glauben, was sie glauben. Die Verschwörungstheorien betrachtete ich als harmlose, unromantische, scharf umrissene Mythen. Oder als wuchernde, ausufernde Mythen, die die Metapher, den Symbolismus abgeworfen hatten, der sie am Boden verankerte und ihnen erlaubte, undogmatisch akzeptiert zu werden.

Aber als ich tiefer eindrang, mehr Schatzjäger kennenlernte, türmte sich die Verschwörungschose auf, bis ich keine Wahl mehr hatte, als mich damit zu befassen, zumindest zu versuchen, es zu verstehen. Es war in der Community zu stark vertreten, um es zu ignorieren, und es war ein zu bedeutender Teil der Riese-Mythologie, um es zu ignorieren.

Ich tauchte ein. Ich versuchte einzutauchen. Vieles von dem Material war undurchdringlich, ein grauenhaft dichtes Gewirr aus Pseudohistorie und Pseudowissenschaft. Ich tat, was ich konnte. Ich las viele lange Posts im Internet. Ich sah mir im Internet viele Videos an. Ich las die auf Englisch verfügbaren Bücher und bat andere Leute, die nur auf Polnisch erhältlichen zu lesen. Ich sah in den Quellen nach und dann in den Quellen der Quellen. Ich sprach mit einem Mann namens Igor Witkowski, den ich dann auch traf; er hatte mehr als siebzig Bücher geschrieben, darunter *Hitlers Werwölfe, Die japanische Wunderwaffe* und *Christus und Ufos*, und niemand ist mehr verantwortlich als er für den hartnäckigen Mythos von der *Glocke*, der glockenförmigen Vorrichtung der Nazis, die Zeit und Schwerkraft manipulieren konnte. Ich wollte, ich hätte mehr über unser Treffen zu berichten – Witkowski war ausweichend und zurückhaltend, versuchte sich als ganz normalen Historiker darzustellen, wenn auch mit weniger Vorbehalten bei Sachen wie Schwerkraft –, aber es half mir zu verstehen, wie ernsthaft diese Gläubigen glauben. Sie sind keine Trolle.

Egal, ich vertiefte mich also oder versuchte mich zu vertiefen und muss nun berichten, dass es noch viel, viel sonderbarer wird. Anti-Schwerkraft und die *Glocke* sind bloß die Spitze des Verschwörungstheorie-Eisbergs. Das Projekt Riese ist das Epizentrum, der Katalysator, der Kessel für alle Arten absurder, verrückter Ansichten über die Nazis. Man ziehe an irgendeinem Faden, und sehr rasch landet man bei uralten Kulturen, bei Aliens, bei uralten Alien-Kulturen, bei Ufos, Roswell, der Ermordung John F. Kennedys, Operation Paperclip, bei der Theorie der hohlen Erde, der Welteistheorie, beim Twin-Space-Programm, beim Okkultismus der Nazis und vielen Nazi-Verschwörungen aus der Nachkriegszeit, darunter ODESSA (der Organisation ehemaliger SS-Angehöriger), der Infiltration der NASA, Nazi-Operationsbasen in der Antarktis, in Südamerika, auf anderen Planeten.

Es ist wichtig zu verstehen, dass Verschwörungstheorien, gibt man ihnen Raum, sich voll zu entfalten, keine Glaubensrichtungen sind, es sind Glaubenssysteme. Das sind keine vereinzelten Wahnvorstellungen. Die Theorie muss zu ihren eigenen Bedingungen tatsächlich Sinn ergeben. Das bedeutet, dass eine außergewöhnliche Annahme einen ganzen Strauß an weiteren außergewöhnlichen Annahmen nach sich zieht. Ein Beispiel. Nehmen wir an, wir stimmen der Prämisse zu, dass die Nazis tatsächlich eine Technologie zur Überwindung der Schwerkraft entwickelt hätten: Wir haben die Punkte verbunden, wir haben die Werke der starrsinnigen und kurzsichtigen Historiker als Bullshit bezeichnet, und wir sind uns ziemlich sicher oder zumindest der Möglichkeit gegenüber offen, dass Anti-Schwerkraft existiert und die Nazis sie besaßen. Okay, toll. Aber das ist nur der erste Schritt. Jetzt muss das ausgeschmückt werden. Alle Einwände müssen angegangen werden. Hier ein Einwand: Wenn Anti-Schwerkraft nicht nur möglich ist, sondern in den 1940ern tatsächlich eingesetzt wurde, warum hat das dann bis heute keiner ausgetüftelt? Warum existiert diese Technologie nicht mehr? Antwort: Die Technologie existiert, und der Grund, warum Sie nichts darüber wissen, liegt darin, dass das von Regierungen, Unternehmen, durch diverse Intrigen unterdrückt wurde. Okay, aber Einwand: Was ist mit all den nichtstaatlichen Forschungsarbeiten? All die Universitäten, Start-ups, all die Tüftler? Die sind doch sicher nicht alle Teil der Verschwörung? Antwort: Nein, sie sind nicht Teil der Verschwörung, aber sie werden aktiv in die Irre geführt; jahrzehntelang haben diese Regierungen, Unternehmen, Intrigen die wahre Physik unterdrückt und ein alternatives Physikfeld gefördert (was Sie und ich eben als »Physik« kennen), um die Anti-Schwerkraft zu widerlegen. Man sieht, wie das abläuft – eine zu Ende gedachte Wahnvorstellung impliziert ein radikal anderes Verständnis der Welt. Schließlich ist es eine einzige gigantische Verschwörung. Alles passt zusammen. Hat man einmal festgestellt, dass es eine beinahe allmächtige unsichtbare Macht gibt, die hinter den Kulissen die Fäden zieht, ist alles verdächtig – und für jene, die dem zuneigen, ist *alles* verdächtig: Plötzlich ergibt es einen Sinn, die Vertuschungen sind transparent, die Punkte verbinden sich, das Muster wird sichtbar.

Manche Verschwörungstheoretiker treiben es ziemlich weit, manche weniger weit, aber es scheint ein konsistentes zugrunde liegendes Gerüst zu geben, ein Set von Einstellungen oder Philosophien, die es erlauben, dass solche Ansichten Wurzeln schlagen, eine spezielle Mischung aus Skeptizismus und Nichtskeptizismus, Irrationalität und Hyperrationalität. Während also die meisten Entdecker, die an die Anti-Schwerkraft der Nazis, an Zeitreisen etc. glauben, keine echten Verschwörungstheoretiker sind – nur einige wenige Entdecker sagten je etwas zu mir über eine Allianz zwischen Nazis und Extraterrestriern (einige wenige allerdings ist immer noch eine Menge) –, hängen sie doch diesem grundlegenden Muster an oder liegen zumindest damit auf einer Wellenlinie.

Bei unserem Versuch, die Verschwörungstheorien zu verstehen, dürfen wir uns also nicht in den Theorien verlieren – es ist den immensen Aufwand an Zeit und Mühe nicht wert, um, sagen wir, zu verstehen, warum der Wettlauf im Weltraum zwischen den USA und der Sowjetunion eigentlich eine abgekartete Farce war. Was hätte es für einen Sinn außer dem, sich beim Zusehen zu unterhalten? Die drängendere Frage ist: Was machen wir mit all dem? Welche intellektuelle, historische, ja moralische Haltung nehmen wir dazu ein? Können wir die Anziehungskraft verstehen? Den Zweck, sozusagen? Wollen wir soziologisch werden?

Werden wir soziologisch. Richard Hofstadter diagnostiziert in seinem Essay »The Paranoid Style in American Politics« Verschwörungstheorien als eine Art kollektiver Psychose, die implizite oder nicht so implizite Abwehr der Realität und deren

Reorganisation durch eine Gruppe. Und der Zweite Weltkrieg, sagt Hofstadter, war ein psychischer Bruch; er hat die Basis der Plausibilität zurückgesetzt, er lockerte die Einschränkungen der Phantasie. (Das einzige Adjektiv, das vom Zweiten Weltkrieg und dem Holocaust nicht besiegt wurde, das gebe ich zu, ist das Wort »unvorstellbar«.) Verschwörungstheorien sind also eine Art traumatische Reaktion. »Bestimmte Sozialstrukturen und nationale Vermächtnisse, bestimmte historische Katastrophen oder Frustrationen können solche psychischen Energien auslösen«, schreibt Hofstadter, und der Krieg habe »der Imagination (des Paranoiden) ein riesiges Theater zur Verfügung gestellt, voller üppiger und wuchernder Details, überquellend vor realistischen Indizien und unleugbaren Beweisen für die Werthaltigkeit seines Verdachts.« Es ist eine Konfrontation mit dem Unverständlichen dadurch, dass man das Unmögliche beschwört. Wollte man dem allen eine psychoanalytische Wendung geben, dann könnte man sagen, dass Verschwörungstheorien ein Mittel der Abwehr sind, ein Vermeiden des Schreckens, dass die Überbetonung von Technologie und Mysterium in Wahrheit eine Vermeidungsstrategie ist, Tod und Inhumanität nicht ins Auge blicken zu müssen. Es ist der Austausch einer Art des »Unvorstellbaren« gegen eine andere, greifbarere. Der Zweite Weltkrieg ist psychisch leichter zu ertragen, wenn es um Anti-Schwerkraft und Zeitreisen geht statt um Gaskammern und Leichenberge.

Es ist der Krieg im Allgemeinen, es sind die Nazis im Besonderen. Es ist, als wären die Nazis so hirnverbrannt böse gewesen, dass irgendeine Schwelle überschritten wurde, eine Barriere niedergerissen, und jetzt ist alles möglich, jede Handlung, egal wie schändlich oder absurd, kann ihnen zugeschrieben werden: Die Ambitionen und Fähigkeiten, die man ihnen zutraut, scheinen sich ins Grenzenlose auszudehnen. Sogar in Kreisen, die eher dem Mainstream angehören, spricht man über die Nazis, als wären sie übernatürlich böse, nicht ganz von dieser Welt, etwas Irrationales und Unverständliches, etwas, das unmöglich hätte sein können, hätten die Naturgesetze gegolten. Und obwohl die meisten von uns ihren Skeptizismus noch nicht ganz aufgegeben haben – die meisten von uns sind nicht bereit zu glauben, dass die Nazis eine Zeitmaschine hatten –, haben wir uns doch ein gutes Stück weit ergeben. Es ist wichtig zu erkennen, dass unsere Geschichtskonzepte in einem gewissen Maß von Mythen gespeist werden, besonders wenn es um etwas geht, das die Phantasie so sehr fordert wie die Nazis. Das ist eine Erklärungshilfe dafür, warum die Entdecker, die behaupteten, sie hätten den Goldzug gefunden, so ernst genommen wurden. Oder die bodenlose Obsession von verschiedenen Nazi-Geheimnissen. Oder die hartnäckige Trope von den Nazis in der Science-Fiction (nicht zu vergessen die Science-Fiction, die sich als Geschichte verkleidet). Die Nazis fühlen sich jetzt schon surreal an. Das ist fruchtbarer Boden für Verschwörungstheorien.

Riese ist interessant, weil es tatsächlich äußerst mysteriös ist. Das macht natürlich die Theorie von der Anti-Schwerkraft nicht glaubwürdiger, aber es zeigt eine epistemologische Lücke, einen Keil, ein Vakuum – die Verschwörungstheorie, die im Innersten eine Lösung oder mehrere Lösungen ist, nährt sich vom Mysterium. Riese besitzt einen Überfluss an Mysterien. Von Riese aus muss man lange nicht so viele gedankliche Schwergewichte heben, wie man es müsste, würde man von Grund auf beginnen. Die Phantasie wird bis zu dem Punkt gedehnt, wo sie gerade noch ein Nazi-Ufo aufnehmen kann.

Und die allgemeine Einstellung der Entdecker zu Geschichte und Wissen ist ohnehin bereits sehr verschwörungstheorielastig: Man könnte sagen, die kognitiven Vorbedingungen sind bereits vorhanden.

1 Der hartnäckige, quasidogmatische Glaube, dass es zum Thema Krieg, Riese, Nazi-Geheimnisse, was auch immer, noch vieles gibt, das unbekannt oder nur äußerst wenigen Menschen bekannt ist.

2 Der Grund, warum das Unbekannte unbekannt geblieben ist, besteht darin, dass es mit Absicht und oft raffiniert verborgen, verschleiert, verdunkelt wurde. Daraus folgt, dass es großer Anstrengungen, Mut, Ausdauer und Einsicht bedarf, das Unbekannte aufzudecken.

3 Das Faktum, dass etwas weithin oder sogar allgemein geglaubt wird, bedeutet gar nichts. Die Einstellung gegenüber Mainstream-Quellen und sogenannten Experten changiert zwischen verwirrt und verächtlich; vieles von dem, was »bekannt« sei, sei falsch oder unvollständig. Hand in Hand damit geht ein außerordentliches Selbstvertrauen.

4 1, 2 und 3 vorausgesetzt, ist die Wahrheit niemals offensichtlich, niemals augenscheinlich, wird nur äußerst stufenweise enthüllt. Jeder Splitter der Wahrheit – etwa verworrene Zeugnisse oder zweideutige Dokumente – erhält derart eine übertriebene Bedeutung, wird als flüchtiger Blick auf die Wahrheit interpretiert.

5 1, 2, 3 und 4 vorausgesetzt, herrscht ein unendliches Misstrauen gegen alles und jeden.

Man könnte sagen, dass die Schatzjäger auf Verschwörungstheorien vorbereitet sind, oder sogar, dass sie bereits den zugrunde liegenden Irrglauben, das konzeptuelle Gerüst besitzen.

Wenn man möchte, könnte man viel großzügiger sein. Seit

Hofstadters Essay, der erstmals 1964 veröffentlicht wurde, hat es in der – zugegeben sehr begrenzten – Welt der Forschung zu Verschwörungstheorien (das spiegelt jedoch die Tendenz in allen möglichen Disziplinen) einen Trend zur Depathologisierung gegeben. Urteilt nicht, beschwören diese Wissenschaftler; diese Ansichten, egal wie absurd und irrational, sollten nicht diagnostiziert, abgelehnt, bespöttelt oder nicht einmal als »absurd« und »irrational« hingestellt werden; ob diese Ansichten sich in die (in Anführungszeichen) reale Welt einfügen, ist nicht das Thema. Verschwörungstheorien sollten eher als eine Reihe von Überzeugungen angesehen werden, deren Bedeutungen und Ursachen im Unklaren liegen, und der einzige Weg, sie auf verantwortungsvolle Weise dem Obskuren zu entziehen, bestehe darin, sie zu ihren eigenen Bedingungen zu betrachten, von innen her, großzügig, ohne zu urteilen, ethno-soziologisch. Verschwörungstheorien werden solcherart als etwas wie religiöse Überzeugungen eingeordnet: keine Aussagen über Realität, aber Glaubensansichten, die Sinn und Zweck haben. Man könnte noch großzügiger sein. Man könnte argumentieren, wie es manche Forscher tun, dass, zieht man erst einmal den Kontext in Betracht – überlegt man also, was die Anhänger wissen, was sie nicht wissen, wenn man den sozialen Kontext berücksichtigt, den kulturellen Kontext, den historischen Kontext –, Verschwörungstheorien eigentlich als *rationale* Reaktionen betrachtet werden sollten. Man könnte argumentieren, wie es manche Forscher tun, dass sie eine verschlüsselte Kritik sind, eine Art der Reaktion gegen das dominante Narrativ, ein Mittel, sich über die etablierten Machtstrukturen lustig zu machen.

Ich allerdings bin nicht so großzügig. Mir persönlich ist es recht, den Glauben an eine Zeitmaschine der Nazis zu pathologisieren.

Werden wir also nicht soziologisch; das ist die falsche Herangehensweise, sie ist tatsächlich unverantwortlich; diese Erklärungen, Rechtfertigungen, Interpretationen, wie einsichtsvoll und interessant sie auch sein mögen, vernebeln eine finstere und bösartige Unterseite. Denn unter den durchgeknallten Behauptungen lauert ein hinterhältiger Anspruch: dass deine Vorstellung vom Krieg falsch ist. Dass du das Wesentliche nicht begriffen hast. Ja, gut, die Deutschen haben ein bisschen gemordet, und die Juden sind ein bisschen gestorben, aber jetzt erzähl ich dir mal die wahre Geschichte. Die Verschwörungstheorie beharrt darauf, das Narrativ umzugestalten, will neu entscheiden, was wesentlich ist und was nicht. Die Verschwörungstheorie überbetont auf radikale Weise die Nazi-Agenda und unterbetont auf radikale Weise die Toten. Der Genozid wird zu etwas Zufälligem gemacht. Wenn man diese äußerst langen und verwickelten Abhandlungen von Männern liest, die sich als Weltklasse-Historiker in Sachen Zweiter Weltkrieg ausgeben, muss man unwillkürlich feststellen, wie wenig irgendwelche Verfehlungen der Nazis erwähnt werden. Die vielleicht abstoßendste Passage in Joseph P. Farrells äußerst abstoßendem Buch *The SS Brotherhood of the Bell* – eines der »maßgeblichsten« und »am besten recherchierten« Bücher über die »Wunderwaffe« – ist seine Behauptung, dass die *Glocke*, die Anti-Schwerkraft- und Zeitmaschine der Nazis, die »vielleicht wichtigste Geschichte in Zusammenhang mit dem Zweiten Weltkrieg« sei. Ich möchte nur anmerken, dass ich auch dann mit Mr. Farrell nicht übereinstimmen würde, wenn die *Glocke* real wäre – soll heißen, selbst wenn es sich herausstellen sollte, dass die Nazis tatsächlich eine wirkliche Zeitmaschine hatten, wäre das immer noch nicht die wichtigste Geschichte im Zusammenhang mit dem Zweiten Weltkrieg.

Diese Trivialisierung ist eine besonders widerliche Form des Revisionismus. Sie ist schlüpfrig, sie attackiert einen von der Flanke her; es ist keine eklatante Leugnung, es gibt nichts, dem man direkt widersprechen könnte. So wird zum Beispiel normalerweise die Zahl der ermordeten Juden nicht in Frage gestellt. Stattdessen werden die Morde kontexualisiert, werden in ein »größeres« Narrativ eingefügt, normalerweise in eines mit einer technologischen oder okkulten Schlagseite. Man muss nicht allzu weit in diesen Sumpf hineinwaten, um auf Behauptungen zu stoßen, dass Auschwitz eine Urananreicherungsanlage war. Oder dass die Krematorien zu einem ausgetüftelten okkulten Ritual gehörten. Die Tode werden umdefiniert, und die Nazis sind faktisch aus dem Schneider. Sie haben getan, was sie getan haben, aber sie hatten einen Grund. Das Aussetzen der moralischen Handlungsfähigkeit zieht sich als Subtext durch die Verschwörungstheorien. Hitler war besessen, die Nazi-Agenda war eine Art offenkundiges Schicksal, es wurde alles auf Geheiß von Aliens getan, es wurde alles von uralten okkulten Mächten determiniert.

Auf diese Weise wird das moralische Narrativ des Krieges untergraben, pervertiert. Die Gräueltaten der Nazis werden bagatellisiert, beschönigt; sie selbst werden die Protagonisten, ja, sogar die Helden. Die wirklich Bösen sind die Kräfte, welche die Strippen ziehen, diejenigen, welche der Welt vorschwindeln, Anti-Schwerkraft sei unmöglich. Und wo es Mächte im Hintergrund gibt, da sind unvermeidlicherweise Juden. Sie sitzen an den Schalthebeln, sie kontrollieren die Banken, die Unternehmen, die Regierungen. Die Verschwörungstheorien sind förmlich durchtränkt von Antisemitismus. Meist sind es die üblichen Sprachbilder, manches aber ist regelrecht bizarr. Farrell bezieht sich beiläufig, aber hartnäckig auf das Forschungsgebiet der

Physik, jener Physik, von der uns die Schurken vorschwindeln, sie sei real, also auf die »jüdische« Relativitätsphysik. Die Beschäftigung der Juden damit, sagt Farrell, sei unter anderem der Grund dafür gewesen, dass die Nazis diese ablehnten. Zuerst klingt das überraschend, so fehl am Platz, so unnötig, willkürlich – ging es nicht eigentlich um Nazi-Zeitreisen? Warum das Hindreschen auf die Juden? –, bis man versteht, dass es hier eine Art moralischer Wippe gibt, Nazis auf der einen Seite, Juden auf der anderen. Bedenkt man das Ziel, offen dargelegt oder nicht, das moralische Gewicht des Krieges neu auszubalancieren, ist es nicht überraschend, wie beliebt Verschwörungstheorien unter Holocaust-Leugnern und Revisionisten sind. Die Zielsetzungen fallen zusammen. Ernst Zündel begann seine Holocaust-Leugner-Karriere mit Büchern wie *Ufos: Nazis Secret Weapon?* und *Secret Nazi Polar Expeditions.*

Worauf es ankommt: Das ist hässliches Zeug und sollte als solches behandelt werden. Nur weil es hirnrissig ist, heißt das noch nicht, dass es unschuldig ist. (Zündel deutete mehrmals in seiner Karriere an, dass er eigentlich nicht an die Verschwörungstheorien glaube, die er verbreitete, er nutzte sie bloß, um Öffentlichkeit und Aufmerksamkeit zu erhalten.) Während es so gut wie unmöglich ist, die Auswirkungen von Ideen zu kartieren, wie bei einer Epidemie Glaubensrichtungen und Einstellungen nachzuvollziehen, ist es nur zu deutlich, dass Ideen tatsächlich Auswirkungen haben; sie können infizieren und sehr ernste Konsequenzen haben. Zwei Tage, nachdem ich dieses Kapitel zu schreiben begonnen hatte, ging ein Mann namens Robert Bowers in eine Synagoge in Pittsburgh und schoss elf Juden nieder. Bowers' Aktivitäten in den sozialen Medien brachten zutage, dass er sich eine ganze Menge antisemitischer Verschwörungstheorien zu eigen gemacht hatte, besonders was die

Karawane von Flüchtlingen betraf, die sich angeblich der Grenze näherte. Wie auch immer Bowers dazu kam, das zu glauben, was er glaubte, die Absurdität der Theorien war offenkundig kein Hinderungsgrund. Rationalität ist kein besonders hilfreicher Wegweiser für das, was gefährlich ist und was nicht.

Dies geht über Verschwörungstheorien hinaus. Unsere kulturelle Besessenheit von den Nazis – die, egal wie unsere Absichten sein mögen, als eine Art Aufwertung fungieren kann – sollte unter diesem Aspekt untersucht werden: Was heben wir hervor? Und was nicht?

Solche Theorien zu dulden, auch im Spott, bedeutet, ihnen Macht zu verleihen. Man nehme dies als Argument gegen eine Art historischer Geilheit. Ich weiß, wie verschroben das klingt. Ich weiß, wie viel mehr Spaß es machen würde, über Nazi-Ufos zu plaudern. Aber man muss bezahlen dafür, über etwas zu lachen, was verurteilt werden sollte.

Teil drei

MAŁACHOWSKIEGO
34

9

ZWEI JAHRE, NACHDEM der Rückforderungsprozess begonnen hatte – wobei ich das Gefühl hatte, wenige Fortschritte gemacht zu haben, nicht näher daran war, das Gebäude zurückzuerhalten, meinem Großvater näherzukommen, er war immer noch frustrierend abstrakt –, erinnerte sich meine Mutter, dass sie im Keller eine Schuhschachtel mit Acht-Millimeter-Filmen aufbewahrte, vierzig, fünfzig Jahre alte Familienaufnahmen, die seit Jahrzehnten, falls überhaupt jemals, keiner angesehen hatte. (In unserer Familie bedeutet Wertschätzen Horten.) Das geschah nicht deswegen, weil sich keiner dafür interessiert hätte – im Gegenteil: Je älter die Filme wurden, desto spezieller und spannender würden sie sein –, sondern weil ohne konzertierte Bemühung eine Schuhschachtel voller Super 8 im Keller eine Schuhschachtel voller Super 8 im Keller bleibt.

Bei der nächsten Gelegenheit holte ich die Schuhschachtel, ließ die Kassetten digitalisieren und auf eine DVD brennen, stellte an einem kalten Wochentagabend im März den Laptop auf mein Couchtischchen und steckte die Scheibe hinein.

Es waren ungefähr zweieinhalb Stunden Spielzeit – körnig, flackernd, fleckig, wackelig, über- oder unterbelichtet, ein wenig schneller ablaufend als in Normalgeschwindigkeit. Ich sah mir alles von Anfang bis Ende an, ohne Pause. In einer Hinsicht war es total voraussehbar; ich glaube nicht, dass irgendetwas dabei war, das einen mit den Kaisers nicht Verwandten überrascht oder interessiert hätte. Es waren quintessenzielle Familienvideos, gestohlene oder inszenierte Momente aus dem Leben in den Sechzigern und Siebzigern, dem Leben in einer jüdischen, amerikanisch-kanadischen Mittelklassefamilie mit drei Kindern. (Dass sie vor nicht allzu langer Zeit eingewandert und Überlebende des Holocaust waren, war nicht zu erkennen, oder zumindest konnte ich die Hinweise nicht ausmachen.) Im Großen und Ganzen war es gnadenlos banal. Geburtstagspartys in Hinterhöfen, sich neckende Geschwister, Ausflüge, Sommerurlaube, Bar Mitzwas, Verlobungsfeiern, Abschlussfeste, neue Kleider, ein neues Auto, ein neues Haus, der erste Schultag, Spaziergänge im Park, Nahaufnahmen von Neugeborenen. Stolze, glückliche, verheißungsvolle Momente.

In einem weiteren Sinn waren die Videos also vorhersehbar, aber – natürlich – in einem persönlicheren Sinn alles andere als das. Ich saß und schaute, und es brach mir das Herz. Es war fesselnd, gespenstisch, traurig, sentimental. Es war eine Zeitkapsel. Ich nehme an, unvertraute Versionen von vertrauten Personen zu sehen hat einen solchen Effekt. Wenn ich »unvertraut« sage, dann meine ich nicht bloß »jünger«. Das war Bubby, aber eine bezaubernde, lebenssprühende, sorglose Version von Bubby, eine Version von Bubby, die unmöglich schien, eine Version, die so viel weiter weg schien vom Krieg als die Bubby, die ich gekannt hatte, obwohl in einem buchstäblichen, chronologischen Sinn das Gegenteil zutraf. Da waren mein Vater, meine Tante, mein Onkel, vertrauensvoll und albern und doof und neckisch. Mein Vater war ein dickliches Kind und ein attraktiver junger Mann. Mein Onkel Herschel war gutaussehend und schlank bis weit ins Erwachsenenalter. Meine Mutter, hinreißend und scheu.

Und natürlich mein Großvater. Hier war er. Hier ist er. Er gibt eine eindrucksvolle Figur ab. Schlank, adrett, beinahe immer in Anzug mit Krawatte und Filzhut, frisch rasiert. Er sieht aus, als röche er gut. Wie er sich bewegt, wie er geht, umarmt, lächelt, steht, seine Kinder hält. Er hat eine unbeschwerte Anmut (etwas, das keines seiner Kinder oder Enkelkinder geerbt hat) und ein Charisma, das mein Vater und andere oft erwähnten, das ich aber nie wirklich verstand, bis ich es sah. Was sah ich? Ich sah seine Lebhaftigkeit, seine Freude, sein Temperament, seine Ernsthaftigkeit. Es war keine neue Version meines Großvaters – ich hatte nie eine andere gekannt. Das Bild auf diesen Kassetten stellte sich nicht gegen ein gespeichertes Bild; dieser Mann war mir vollkommen unvertraut, und während ich zusah, wurde mir klar, wie *unimaginiert*, wie leer seine Person – seine von mir so vorgestellte Person – gewesen war. Familie ohne Vertrautheit ist immer noch Familie, aber zugleich etwas sehr anderes. Ich hatte Fotos meines Großvaters gesehen, ich erkannte ihn natürlich. Trotzdem. Ein Foto hält, vielleicht, manchmal, die Essenz fest, wenn man Glück hat. Aber in der Bewegung, sogar und besonders in der lautlosen Bewegung, ist etwas so Unverkennbares, Persönliches, Greifbares. »Charisma« und »Grazie« und »Seele« und all die Worte, die ich verwende, um meinen Großvater zu beschreiben, sind, ich gebe es zu, inhärent dynamische Attribute; sie können nur ausgedrückt werden, wo Widerstand herrscht, wo eine Bewegung durch (gegen?) die Welt vorhanden ist.

Ein Video war besonders fesselnd, aufschlussreich, sonderbar. Mein Großvater kommt nachhause, sitzt auf dem Sofa, schlägt die jiddische Zeitung auf. Meine Großmutter lässt ein lächelndes Baby Leah auf ihrem Schoß hüpfen. Mein Vater übt auf dem Klavier. Aber alle drei (außer dem nichtsahnenden Baby) tun nur so, als ob, das ist deutlich, und sie machen das schrecklich; man kann die Anstrengung der Schauspielerei in ihren Bewegungen, auf ihren Gesichtern sehen. Sie sind steif, unnatürlich, gezwungen, obwohl sie sich selbst spielen. Sie spielen zahlreiche Szenen, nehmen ihre Positionen ein, schlagen die Zeitung auf, lassen das Baby hüpfen, spielen Klavier. (Wer hält die Kamera, führt Regie, drängt auf eine weitere Einstellung, verlangt von den Schauspielern, »natürlicher«, »mehr sie selbst« zu sein? Was war es an diesem Video, das mir so zusetzte? Ich weiß es nicht genau. Vielleicht das Künstliche. Dass Familie in Wahrheit eine Art Theater ist. Dass Verantwortlichkeiten als Rollen verstanden werden können, wie natürlich oder auferlegt auch immer. Dass es vielleicht die Essenz der Familie ist, Familie zu spielen.)

Ein paar Wochen danach versammelte sich meine Familie zum Pessachfest, und ich zeigte ihnen die Videos. Ich lieh einen Projektor und hängte ein paar weiße Leintücher als provisorische Leinwand über den Wohnzimmerschrank. Meine Eltern, Geschwister, Neffen und Nichten drängelten ins Zimmer, quetschten sich aufs Sofa und in Armsessel.

Wir schauten, es herrschte Party-Atmosphäre, wir schrien und lachten, quietschten jedes Mal, wenn ein vertrautes Gesicht auftauchte, jedes Mal, wenn wir jemanden, den wir kannten, in Badekleidung entdeckten. Schaut, wie jung, wie schön, wie dünn, wie hübsch, wie nichttot diese Leute waren! Wir debattierten, wer wem ähnlich sah, wer wessen Nase, Auge, Statur hatte. Wir machten uns lustig über die Kleidung und bewunderten sie. Die Pummeligkeit meines Vaters war offenkundig putzig und zum Kreischen. Herschels Schlankheit war offenkundig putzig und zum Kreischen. Wir hatten so viele Fragen, die wir an meinen Vater richteten. Wer ist das? Wer ist das? Wer ist das? Wo ist das? Was passiert da? Wann war das?

Es war viel lustiger, sich das alles mit meiner Familie anzusehen als allein, aber das galt in beide Richtungen – wir waren ein ungeduldiges Publikum, wir drängten darauf, unterhalten zu werden, wir hatten zu viel Spaß, um nachzudenken. Was sonderbar und fesselnd gewesen war, wirkte nun langsam, öde, monoton. Der Plot wurde sozusagen viel wichtiger. Wir sahen nicht alles nacheinander an – sind vier Minuten von einer Familie im Park interessanter als eine Minute? (Die Antwort ist Ja, aber nur, wenn man den Personen näherkommen will; wenn man bloß zusieht, um zu sehen, was geschieht, dann Nein) – aber wir sahen uns das meiste an, mehr als zwei Stunden, entzückt.

Mein Vater im ledernen Lehnstuhl, die Füße hochgelegt, großväterlicher und patriarchalischer wirkend als für gewöhnlich, hatte großen Spaß. Was er aus seiner Kindheit zu erzählen wusste, war plötzlich nützlich und interessant. Er suhlt sich selten in Nostalgie; ich glaube, er hält das für unpraktisch, sinnlos, unproduktiv (etwas, das er vielleicht von seinen Eltern geerbt hat, dieser disziplinierte Fokus auf die Gegenwart und die Zukunft). In dieser Nacht aber, umgeben von seiner Ehefrau seit vierzig Jahren und seinen sechs Kindern und seinen dreizehn Enkelkindern, die aufbleiben hatten dürfen, wie er da seine Kindheit buchstäblich an die Wand projiziert sah – selbst der unsentimentalste Mann wäre da weich geworden. Er war liebenswert verlegen, wehmütig. Er seufzte und schüttelte den Kopf darüber, wie er und alle anderen ausgesehen hatten, über die Aufmerksamkeit, mit der seine Eltern seine jüngere Schwester überschütteten, über seine Verlobungsparty, mehr als vierzig Jahre war das her, über seine Bar Mitzwa, vor fast fünfzig Jahren. Meine Geschwister und ich betrachteten die Videos und beobachteten zugleich meinen Vater, wie er die Videos betrachtete.

Mein Vater rief: Das ist Blue Paradise, da sind wir im Sommer hingefahren! Das war der Tag vor Herschels Hochzeit in Israel. Das muss eine Abschiedsparty gewesen sein, bevor wir nach Toronto übersiedelten. Auf der Leinwand tanzten die Männer im Kreis, und mein Vater benannte sie einen nach dem anderen. Das ist Mr. Mermelstein, das ist Mr. Zolty, das ist Mr. Levy. Das ist Harry Ostry, sagte mein Vater; mein Vater hat ihn im Lager gerettet. Was, sagte ich, das hab ich nie gehört, was ist geschehen? Ich weiß es nicht, sagte mein Vater, ich kenne keine Details. Hast du jemals Näheres erfahren? Glaub ich nicht, sagte mein Vater, ich habe das bloß immer irgendwie gewusst, es war eine Geschichte, die wir einfach kannten. Das ist Schloimie, das ist Max! O mein Gott, das ist Alan.

Wir sahen zu, wie mein Großvater die Hawdala-Zeremonie durchführte, das Ritual mit einer Flamme und Wein und wohlriechenden Kräutern, das den Schabbat beendet. Er fügte einen Brauch hinzu, den wir nie gesehen hatten. Nachdem er die Flamme gelöscht und den Wein getrunken hatte, tauchte er seine Finger in die Untertasse, nahm ein paar Tropfen Wein auf und betupfte drei Mal seine Augenwinkel; dann tauchte er die Finger wieder in die Untertasse und ließ Tropfen in seine Vordertaschen fallen, ebenfalls drei Mal. Wir waren verdutzt. Nicht von der Handlung selbst – an Varianten im Ritual waren wir gewöhnt –, sondern weil sie in unserer Familie nicht vorkam, weil die Tradition offensichtlich aufgegeben worden war. Mein Vater konnte es nicht erklären. »Ich erinnere mich, dass mein Vater es getan hat«, sagte er. »Ich weiß nicht, warum ich es nicht tue.« Er meinte, er werde wieder damit anfangen, es gebe keinen Grund, warum nicht, wenn sein Vater es getan hatte, dann dessen Vater auch, und so weiter.

Am nächsten Morgen saß ich mit meinem Vater im Auto und wartete auf meine Mutter. Mein Vater trug weiße Shorts, eine Baseballmütze und aufgeklipste Sonnenbrillen-Gläser, er sah wieder aus wie sein attraktives, erfolgreiches, auf die Gegenwart fokussiertes, 63-jähriges Selbst. Normalerweise wird er ungeduldig, wenn er warten muss. In einem solchen Szenario hätte er üblicherweise gefragt, Wo bleibt sie, ich verstehe das nicht, ich habe gesagt, wir fahren um neun, warum ist sie um neun nicht fertig? Aber heute war er still und nachdenklich. »Ich muss dir sagen«, meinte er, »diese Videos anzuschauen, das alles zu sehen, war sehr deprimierend. Ich war sehr niedergeschlagen beim Aufwachen.«

»Ich bin überrascht«, sagte ich. »Du hast gewirkt, als würde es dir großen Spaß machen.«

»Das hat mich erst später erwischt. Als ich einzuschlafen versuchte. Als ich munter wurde.« Über Nacht war das Erlebnis sauer geworden.

»Ist es wegen deiner Eltern? Weil du deine Eltern vermisst?«

Nein; mein Vater schüttelte den Kopf. Es war mehr als das. »Alle sind tot«, sagte er. »Die Leute in den Videos – sie sind alle tot.«

Eine Woche nach Pessach war die Jahrzeit meines Großvaters, und ich fuhr nach Toronto, um am Wochenende bei meinem Vater zu sein, wie er mich gebeten hatte. Meine Mutter war nicht in der Stadt, keines meiner Geschwister lebt in Toronto, wir würden nur zu zweit sein.

Am Freitagabend waren mein Vater und ich bei meiner Tante zum Schabbat-Mahl. Auch ein paar meiner Cousins und Cousinen mit ihren Ehepartnern waren da. Unvermeidlicherweise gab es Streitereien – oder besser gesagt, die gesamte Unterhaltung bestand aus Mini-Streitereien, und ein Argument schien festzuhaften und zu gären. Ich erinnere mich nicht, worum es ging – politische Korrektheit, Abtreibung, Trump, es hätte alles sein können. Es war nicht einmal besonders hitzig, aber ich fühlte mich überstimmt, als hätte ich eine Mehrheit gegen mich, und im Sog dieser Streitereien wurde ich still, missmutig, mürrisch.

Nach dem Essen gingen mein Vater und ich rasch und schweigend die paar Häuserblocks entlang nachhause, in einem Schweigen, das noch ausgeprägter wurde, als wir drinnen waren; es ist ein großes Haus, und es war leer. Im Esszimmer zogen mein Vater und ich unsere Sakkos aus, hängten sie über Stühle. Dann zog Vater sein weißes Button-down-Hemd aus, hängte es über einen anderen Stuhl – eine Angewohnheit von ihm, wenn meine Mutter nicht zuhause ist – und stand in Unterhemd und Zizits vor mir. Darf ich dich was fragen, sagte er. Er war verstimmt. Seine Stimme klang hart und leise.

»Yeah?« Auch meine Stimme klang hart und leise.

»Warum interessierst du dich so für meinen Vater?«

»Was meinst du?«

»Ich versuche bloß zu verstehen. Was an ihm ist es, was dich so interessiert? Dass du plötzlich eine solche Obsession entwickelst?«

»Ich weiß nicht, was du fragen willst.«

»Das hätte ihm nämlich gar nicht gefallen.«

Ich erinnere mich nicht, welche Antwort ich gab – ich war ärgerlich, aber nicht auf Konfrontation aus – oder wie die Auseinandersetzung endete; wir kamen jedenfalls zu keiner Lösung. An irgendeinem Punkt schwiegen wir, gingen schlafen, und am nächsten Tag kam das Thema nicht mehr zur Sprache. Aber seine Bemerkung nagte lange Zeit an mir. Es war unfair, dachte ich, kleinlich. Was ich mit diesem Haus zu tun versuchte, war im schlimmsten Fall harmlos. Aber warum nicht gerecht, warum nicht gut, warum nicht bedeutungsvoll, wesentlich, sentimental?

Ein paar Monate später, ich war wieder in Polen, interviewte ich einen Schatzsucher, Grzegorz, dessen Großvater Jude und in denselben кzs gewesen war wie Abraham. Grzegorz betrachtete sich nicht als jüdisch, aber er war stolz auf seine Herkunft und fühlte sich verantwortlich gegenüber seiner Vergangenheit. Und in mir sah er einen verwandten Geist. Das Erste, das er zu mir sagte, als ich ein Aufnahmegerät einschaltete, war: »Ich bin so wie Sie. So wie Sie Ihrem Großvater folgen, folge ich meinem Großvater.« Instinktiv wollte ich ihn korrigieren, ihm sagen, dass Abraham ja eigentlich nicht mein Großvater sei, sondern der Cousin meines Großvaters, aber ich hielt mich zurück, es schien im Moment unwichtig. Wir schwiegen eine ganze Weile; Grzegorz schien darüber nachzudenken, was sein Großvater durchgemacht hatte, und meine Gedanken kehrten zu meinem Großvater zurück, nicht zu Abraham, sondern zu meinem wirklichen Großvater, dem Vater meines Vaters, der ebenfalls ein Überlebender war, ebenfalls im Lager gewesen, dessen Geschichte aber verlorengegangen war, und ich fragte mich, was es bedeuten mochte, meinem Großvater zu »folgen«. Ich fragte mich, ob das, was ich mit der Rückforderung unternahm, »folgen« bedeutete. Und dann dachte ich daran, was mein Vater in jener Nacht im Esszimmer zu mir gesagt hatte, als er mir meine jüngst aufgetauchte Familienobsession vorwarf, und ich, gegenüber von Grzegorz sitzend, der mit den Tränen kämpfte, verstand, was mein Vater gemeint, was er zu sagen versucht hatte.

Es schmerzte meinen Vater, dass ich vom Weg abwich, der von Geburt an für mich vorgezeichnet war, dem Weg, der auch von seinem Vater für ihn vorgezeichnet gewesen war; in meinen Lebensentscheidungen sah er eine Zurückweisung des Vätererbes. Das also lag hinter seiner Frage nach meiner neugefundenen Familienobsession: Ganz plötzlich, aus dem Nichts heraus, beanspruchte ich dieses Vätererbe? Hatte die Chuzpe, dieses

Vätererbe umzudefinieren? Darauf zu bestehen, dass ich meinen Großvater und seine Wünsche repräsentierte? Dass ich nun seinem Vermächtnis so hingegeben war? In den Augen meines Vaters war das inkonsequent, sogar heuchlerisch, den Charakter meines Großvaters so zu zerlegen, sich etwas herauszupicken, Bedeutung nur dort zu finden, wo ich sie finden wollte, eine Art Erbe auf Kosten eines anderen, wichtigeren hochzuhalten. Die Rückforderung war die Behauptung einer Beziehung zu meinem Großvater, einer Beziehung besonderer Art, und Tatsache war – so mein Vater –, dass dies nicht die Art Beziehung war, die meinem Großvater angenehm gewesen wäre, oder zumindest nicht die Art, die er an die erste Stelle gesetzt hätte. Ich sagte zu meinem Großvater: Das Haus! Du und ich haben das gemeinsam! Und mein Großvater antwortete, mittels meines Vaters, des rechtmäßigen oder zumindest qualifiziertesten Sprechers: Das Haus? Wen kümmert das Haus? Das ist es nicht, was ich mit dir teilen wollte, das wollte ich nicht, dass du erben sollst.

Die geläufigste Form nichtmaterieller Erbschaft ist Sentimentalität. Dabei ist das Objekt weniger relevant als sein spirituelles Gewicht. Wir verwenden den Terminus »unbezahlbar«, denn wir sprechen von einer ganz anderen Währung. Es ist ein Erinnerungswert, und das ist ein spiritueller Wert. Oder, wenn man will, eine persönliche Heiligkeit. Und diese kann weitergegeben werden, hochgehalten und wieder hochgehalten, auch wenn unterwegs die Heiligkeit ein wenig starr wirkt: Dein Großvater hielt diese Uhr hoch, und jetzt hältst auch du diese Uhr hoch, aber in Wirklichkeit hegst und pflegst du das Hegen und Pflegen deines Großvaters. Ich halte sentimentale Objekte nicht für eine Möglichkeit, mit denen in Verbindung zu treten, die gegangen sind, sondern für eine Möglichkeit, sie zu *beschreiben*. Ihnen Verben zuzuordnen. Charakterisierung. Sie aus dem Universellen und ins Spezielle zu holen.

Und obwohl meine Familie erstaunlich unsentimental ist – Dinge sind Dinge sind Dinge: niemals Erinnerungsobjekte, Andenken oder Erbstücke –, sind wir eigentlich besonders geübt in, sagen wir, der Zuschreibung spiritueller Bedeutung. Unsere Ritualobjekte sind heilige Objekte. Tefillin, Schofar, Etrog, Kippa, Thora. Diese Gegenstände sind *kadosch*, heilig. Aber wenn das Sentimentale eine persönliche oder interpersonelle Heiligkeit ist, dann ist *kadosch* eine von Gott gelenkte Heiligkeit. Tefillin sind heilig sind heilig sind heilig. Für mich sind sie nicht heiliger als für jeden anderen; die Heiligkeit existiert unabhängig von jedem Individuum.

Erst wenn es ums Ritual geht, wird das Geheiligte speziell: Für all die Tausenden Gebote in dieser Religion gibt es Millionen Arten, ihnen zu folgen. Das ist *halacha*, das Gesetz, gegenüber *minhag*, Brauchtum, den zusätzlichen Besonderheiten einer Familie beim Befolgen dieser Gebote. Nach dem Fleischessen wartet meine Familie, so ist es Tradition, bevor Milchprodukte gegessen werden. Aber wir warten keine sechs Stunden, wie es Standard ist, sondern bis in die sechste Stunde: fünf Stunden und eine Minute. Es gibt keinen Grund dafür; das ist einfach unser *minhag*. So machen wir das. Oder dass ich nicht den kleinen Plastikdeckel auf dem *tefillin schel jad*, dem Armteil der kleinen Gebetskapsel, trage. Diese Gewohnheit hat keinen besonderen Sinn. Der Deckel hat keine religiöse Funktion, er ist bloß da, damit die fragilen Ecken der *tefillin* nicht abgestoßen werden. Aber so machen wir das. *Minhag* übersteigt die Grenzen des Irrationalen – ein wesentliches Ingrediens für Heiligkeit – und reicht ins Antirationale, ein wesentliches Ingrediens für Kunst, für Liebe, für Tradition.

Minhag ist spirituelle Abstammung: Familien geben ihre besondere religiöse Identität, ihre spirituellen Identitäten weiter, hängen an ihnen, beschützen sie. Und der Krieg war ein massiver Riss in dieser Abstammungslinie, ein Bruch, der selten diskutiert wird, denn man spürt nicht, wenn etwas verschwunden ist, die Praxis kehrt einfach zum Durchschnittlichen zurück, du weißt nicht, was dein Großvater getan hat, und so tust du einfach das, was alle tun. Es ist ein Bruch, der seiner Natur nach weder institutionell, historisch, religiös noch allgemein ist, aber familiär. Diese Regeln wurden nirgendwo niedergeschrieben, sie wurden durch eine Art Osmose weitergegeben; es ist die private Thora einer Familie. Und all diese Thoras gingen verloren. Niemand hatte Eltern, und dann hatte keiner mehr Großeltern.

Vierzig Jahre lang beendete mein Vater Hawdala auf die übliche Art: Er löschte die Kerze, trank den Wein, fuhr fort in der Arbeit der Woche. Aber dann sah er das Video und bemerkte, wie sein Vater etwas anders machte: Er sah, wie sein Vater drei Tropfen Wein auf seine Lider tupfte, drei Tropfen Wein in seine Taschen gab. Mein Vater sagte: So ist es richtig, so hat es mein Vater gemacht, jetzt fällt es mir ein.

10

VOR LANGER ZEIT lebte im Eulengebirge ein Mann, der riesige Schätze besaß, welche er in seinem unterirdischen Versteck lagerte. An jedem Neujahr, wenn die Uhr zwölf schlug, öffnete er das Tor zu seinem Unterschlupf und erlaubte jedem, einzutreten und so viele Kostbarkeiten mitzunehmen, wie er tragen konnte. Doch das Tor blieb nur so lange offen, wie die zwölf Schläge der Uhr dauerten – dann schloss es sich, und die Gierigen blieben im Berg eingeschlossen.

Angeblich wurde Anfang der 1990er Jahre in einer Felsspalte im Hirschberger Tal (Jeleniogórska) zwischen Lubomierz und Radomice ein großer Schatz gefunden. Er enthielt unter anderem Silberschüsseln, alte Krüge, türkische Säbel, Gold und Juwelen.

Ein Jahr danach bekam der Wojwode von Jelenia Góra (Hirschberg) einen anonymen Brief, in dem Informationen über den Schatz im Austausch gegen dessen halben Wert und eine Straffreiheitsgarantie in Bezug auf bereits verkaufte Objekte angeboten wurden. Der Wojwode reagierte nicht.

1993 behauptete die in Breslau ansässige Polnische Forschungsgesellschaft, sie habe einen großen Tunnel in der Felsspalte entdeckt, darin befänden sich Gold, Schmuck, Bernstein und die Leichen ermordeter deutscher Offiziere, darunter ein General, in dessen Uniform sich drei Fabergé-Eier befunden hätten. Eines dieser Eier wurde angeblich später im Haus von Waldemar Nuczka gefunden, einem rumänischen Major aus

Nowa Sól, der ermordet worden war. Diese Entdeckung wurde als »Hitlers Sesam« bekannt.

Viele Forscher glauben, dass in der Felsspalte immer noch eine Menge unentdeckter Schätze lagern. Andere behaupten, »Hitlers Sesam« sei ein Schwindel, fabriziert, um illegalen Schwarzhandel früherer kommunistischer Offiziere zu tarnen.

Im 15. Jahrhundert bedrängte eine Bande Raubritter die Gegend um Przygórze, sie griffen Kaufleute und Reisende an und plünderten ungestraft. Niemand wusste, wo sich der Unterschlupf der Raubritter befand, nicht einmal, wie sie aussahen, wusste man. Gelegentlich jedoch kam eine Schar gutgekleideter junger Männer ins Wirtshaus, bestellte üppige Mengen an Speise und Trank und tanzte mit den Mädchen.

Kinga war das schönste der Mädchen und zugleich die beste Tänzerin. Die geheimnisvollen jungen Männer umwarben sie, drängten sie, mit ihnen auf ihr Schloss zu kommen, doch Kinga lehnte immer ab. Sie und eine Schar Bauern hegten den Verdacht, die jungen Männer seien in Wirklichkeit die Raubritter, und heckten einen Plan aus, ihr Versteck aufzuspüren und auszuplündern.

Das nächste Mal, als die jungen Männer im Wirtshaus auftauchten und Kinga baten, mit ihnen zu ihrem Schloss zu kommen, willigte sie ein.

Sie stiegen auf den Berg, gingen vorsichtig zwischen den Felsen dahin und erreichten bald ein kleines Schloss. Einer der Männer pfiff eine Melodie, und das Tor ging auf. Es war ein altes Schloss, aber wohnlich und gut ausgestattet, voller Schwerter, Schilde und Beute.

Ohne dass die Raubritter es bemerkt hatten, war ihnen eine große Schar bewaffneter Bauern gefolgt – Kinga hatte spitze Absätze getragen, die im feuchten Boden Abdrücke hinterließen.

Als die Bauern zum Schloss kamen, warteten sie auf Kingas Zeichen. Endlich, es ging schon gegen Morgen zu, erschien Kinga in einem der Fenster. Sie streckte ihren Arm aus und sagte: »Oh, alles ist so weit weg von hier!« Das war das Zeichen, dass die Räuber schlaftrunken seien.

Die Bauern stürmten die Tore. Es folgte eine erbitterte Schlacht, aber die Raubritter waren müde und betrunken, und bald waren alle getötet oder verwundet.

Die Bauern nahmen den gesamten Schatz der Raubritter mit, bis auf zwei goldene Kisten, die nicht aufzufinden waren, sogar nachdem das Schloss zerstört worden war.

Zweihundert Jahre später behauptete eine alte Zauberin, man könne die goldenen Kisten auf folgende Weise finden: In der Christnacht solle eine Jungfrau mit einer Fackel in der Hand allein zu den Schlossruinen gehen; an der Stelle, wo der Schatz liege, werde die Flamme nach unten zeigen.

Keines der Mädchen im Dorf wollte das wagen.

1948 fuhren russische Ingenieure durch Schlesien, um den Urangehalt in aufgelassenen deutschen Bergwerken zu untersuchen. Die Ergebnisse waren vielversprechend, und so eröffnete man bald in Kowary, Kletno und Miedzianka neue Schächte; binnen weniger Jahre wurden weit mehr als hundert Kilometer Triftstollen für das Metall ausgebeutet.

Die Bergleute wurden äußerst gut bezahlt, arbeiteten aber unter schwersten Bedingungen und unter strikter Geheimhaltung und strengen Sicherheitsmaßnahmen; einige der Gruben waren offiziell als »Papierfabriken« gelistet. Dreißig Minuten vor Schichtende bürsteten sich die Bergleute sorgfältig ab, rollten ihre Ärmel hinunter, wendeten ihre Taschen nach außen; am Ausgang wurde jeder von einem Soldaten mit einem Geigerzähler untersucht. Fand man ein Krümelchen Ausbeute am Körper, wurde der Bergmann abgeführt und kam nicht wieder.

Die Grubenstädte erlebten großen Wohlstand. Es gab neue Kinos, Gemeindezentren, Wohnungen und Motorräder. Aber die Kumpel litten unter Staublunge und Zelldegenerationen; der Felsstaub, den sie einatmeten, enthielt Radon, ein Zerfallsprodukt von Radium. Viele Kinder wurden mit Tumoren und Missbildungen geboren.

1524 zeichnete der Zisterzienser Anselm in einem Wirtshaus in Reichenbach (Dzierżoniów) Folgendes auf:

Eines Morgens im Jahre 1483 kam ein Vogt namens Jörg von Stein, genannt der Reiniger von Prag, nach Rogowiec. Die Raubritter Niklas und Hans Schellendorf und ihre Schar grimmiger Männer, die von Steins Ankunft hörten, erschauerten vor Angst – Stein und sein Heer standen im Ruf großer Stärke und Gnadenlosigkeit.

Bald überbrachten Steins Boten die Bedingungen für unsere Übergabe. Wir sollten bis zum nächsten Abend die Burg aufgeben und die Gegend verlassen.

Das erregte einen großen Tumult, da sich im Keller viele kostbare Schätze befanden. Die Raubritter wollten ihre Beute nicht preisgeben.

Schließlich entschlossen sie sich, ihr Leben zu retten, doch versteckten sie die Schätze gut. Jörg von Stein und sein Heer suchten vergebens nach dem Gold und Silber. Wutentbrannt ließ er die Burg zerstören.

Der Schatz der Raubritter liegt bis heute unvermindert unter den Trümmern der Burg.

In den letzten Monaten des Zweiten Weltkriegs hörten die Bewohner der Dörfer rund um das Eulengebirge häufige Detonationen und beobachteten ein tägliches Hin und Her von Lastwagen, schwerem Gerät und Kolonnen von Zwangsarbeitern. Konzentrische Kreise von deutschen Soldaten sicherten die Stätten ab. Die Anwohner wurden gewarnt, jeder, der sich ihnen nähere, werde erschossen.

Die Deutschen bauten Tunnel, das wussten die Einheimischen. Aber es war ein verstohlenes, angsterfülltes Wissen. Sogar nach dem Krieg blieben sie auf Abstand.

Im Juni 1985 entdeckte ein Baggerfahrer namens Ryszard Widurski in Środa Śląska (Neumarkt) einen Tonkrug mit beinahe viertausend Münzen und Münzfragmenten, hauptsächlich Kupferstücke aus dem 14. Jahrhundert.

Drei Jahre später fand man bei Abbrucharbeiten an derselben Stelle einen weiteren Tonkrug voller Münzen. Arbeiter und Zuschauer rauften sich darum, und die Polizei musste gerufen werden, um die Streitigkeiten zu beenden und die Münzen sicherzustellen. Viele glauben, etliche Goldmünzen seien weggebracht und später verkauft oder zum Verkauf angeboten worden. Es gibt viele Geschichten über Kinder in Środa Śląska, die in Geschäften und Bars alte Münzen verkauften.

Etliches von dem Schatz landete auf der örtlichen Mülldeponie – die Polizei forschte nach, brachte aber nur wenig ans Tageslicht. Einheimische »Pflücker« jedoch waren erfolgreicher, sie fanden Ketten, goldene Adler, Messer, Obstschüsseln und andere Wertsachen. Viele, die diese Sachen zu verscherbeln versuchten, wurden festgenommen, doch das Problem war so verbreitet, dass die Gemeindeverwaltung eine Amnestie für jene verkündete, die freiwillig und ohne weitere Untersuchungen die Schätze zurückgaben.

Schließlich wurde vieles von den Kleinoden, darunter die goldene Krone der böhmischen Königin, gerettet, allerdings oft in Bruchstücken oder sonstwie beschädigt. Einiges ist nun im Museum in Środa Śląska zu sehen.

Historiker glauben, der Schatz habe einem jüdischen Bankier gehört, der ihn, vielleicht als Rückzahlung eines Darlehens, von Karl IV. von Luxemburg erhielt, dem König von Böhmen. Spekuliert wird, dass der Bankier im 14. Jahrhundert während der Pestepidemie aus der Stadt flüchtete.

Im 18. Jahrhundert holte ein Mann namens Herzer, der Friedrich den Großen von der Brauchbarkeit schlesischer Mineralien überzeugen wollte, insgeheim Kobalt aus Sachsen und »baute es ab«. Friedrich finanzierte eine umfangreiche Forschung, der Schwindel flog jedoch bald auf. Herzer versuchte zu fliehen, wurde aber gefasst und hingerichtet.

Im Dezember 1972 fanden Arbeiter in Komorowice, die eine Schafhürde bauten, im Sand – der aus einer Kiesgrube in Kotowice stammte – einen Topf mit Silbermünzen und Schmuck. Der Schatz von Kotowice, wie man ihn nannte, umfasst schätzungsweise 3500 Stücke, darunter arabische, byzantinische, deutsche und böhmische Münzen vom Ende des 10. Jahrhunderts.

Einen großen Teil des Schatzes behielten sich die Arbeiter. Einiges wurde im Austausch gegen Bier an Zuschauer verschenkt. Einiges allerdings geriet versehentlich unter den Mörtel und endete in der Mauer des Schafstalls. Unter Aufsicht der Polizei brachen die Arbeiter die Mauer ab und holten die Kostbarkeiten heraus. Dabei wurden viele Stücke beschädigt.

Im Dreißigjährigen Krieg wurde in einer der zahlreichen Schlachten zwischen den Heeren des Schwedenkönigs und des römisch-deutschen Kaisers ein schwedischer General tödlich verwundet;

man begrub ihn auf einem Gipfel des Eulengebirges. Doch er war ein grausamer, sadistischer Mann gewesen, und seine Seele konnte keinen Frieden finden; sein Geist spukte auf dem Berg.

Die Einheimischen glaubten, im Grab des Generals seien reiche Schätze verborgen, und so wurden viele Versuche unternommen, es zu plündern, aber alles endete im Unglück. Einmal erreichte eine Schar Bergleute aus Nowa Ruda das Grab, aber als die Werkzeuge den Stein berührten, ertönte vom Himmel her ein furchtbares Donnergrollen, der schwere Deckel glitt von selbst herunter, das Gespenst des Generals erschien, in Uniform und Stiefeln, und hob seinen Säbel. Die Kumpel flohen.

Zweihundert Jahre nach seinem Tod fand der General endlich seinen Frieden, und sein Gespenst verschwand. Der Schatz liegt immer noch in der Gruft, doch wo sie sich befindet, weiß keiner mehr.

1198 baute Herzog Bolesław Wysoki in Janowice Wielkie (Jannowitz) auf der Stätte eines uralten slawischen Tempels eine Burg. Die Legende lautet, dass im Kerker der Burg ein von einem riesigen Ritter bewachter Schatz liege. Jahrhundertelang mieden die Einheimischen die Burg aus Furcht vor dem Ritter.

Viele Jahre lang durchstreiften die Dörfler die Höhlen im Eulengebirge nach Spuren von Gold. Eines Tages versteckte eine alte Frau Hirsekörner in einer der Grotten. Seit damals – als hätte man einen Fluch ausgesprochen – hat niemand auch nur ein Krümelchen Gold gefunden.

Die Einheimischen glauben, dass der Berg eines Tages wieder Gold hergeben wird, aber es werden noch viele Jahre vergehen müssen – so viele Jahre wie die Zahl der Hirsekörner, welche die alte Frau in der Grotte versteckte.

In den 1980ern entdeckte Wojtek Stojak aus Maślice ein großes Waffenversteck – meist Waffen deutscher, aber auch amerikanischer, englischer, französischer, kanadischer, italienischer und belgischer Herkunft. Stojak: »Wir zogen Maschinengewehre heraus, schwere und leichte, viele alte Revolver, einige Bajonette und sogar einen sehr rostigen Säbel. Wir gruben eine Menge Waffen aus. Viele MG-42 und Sturmgewehre, ein paar Schmeisser und Mauser. Ich hab das Ganze mit meinem Bagger rausgeholt und in meinem Anhänger heimgebracht.«

Mein Vater berichtet mir, dass mein Großvater nach dem Krieg nach Sosnowiec zurückgekehrt sei, in die Wohnung, wo er aufgewachsen war, denn sein Vater hatte ihm erzählt, er habe Bargeld und Schmuck in den Mauern versteckt.

Mein Großvater suchte, fand aber nichts.

Im Mittelalter löste die Entdeckung von Goldspuren im Sand der Oder einen Goldrausch aus. Die Piasten, denen das Land gehörte und alles, was es barg, spekulierten, bauten ab und holten Fachleute aus dem Westen. Bald waren die Abbaustellen in ganz Europa berühmt und die Wälder voller Goldsucher.

Aus einem Artikel in *na Temat*, 12. März 2014:

Das amerikanische Unternehmen Amarante Investments sucht um sieben Explorationskonzessionen an, von denen eine die Gegend um Lwówek Śląski in Niederschlesien betrifft. Hunderte Jahre wurde dort im Sand und Schotter der umgebenden Bäche nach Gold geschürft. Laut Daten des polnischen Geologischen Instituts von 2010 werden die Goldvorkommen in den Sedimenten des Bober auf 2,5 Tonnen geschätzt. »Das gesamte Gebiet des Bober-Katzbach-Gebirges ist, was Gold anbelangt, hoffnungsvolles Terrain und sollte mit modernen

Methoden erforscht werden«, so Professor Stanisław Mikulski vom Polnischen Geologischen Institut (PGI). Mikulski und andere Geologen schätzen, dass nahegelegene vielversprechende Regionen ungefähr 350 Tonnen Gold bergen.

Die Begeisterung der einheimischen Goldsucher wurde von historischen Berichten befeuert, dass hier große Mengen Gold abgebaut wurden; unprofitable Gruben wurden stillgelegt, und Amateure haben bedeutende Funde gemacht. 2008 waren Goldsucher verblüfft zu hören, dass Goldfragmente mit einem Gewicht von 15, 11,5 und vier Gramm gefunden wurden. Sie wurden wahrscheinlich in den Schottergruben im Katzbachtal entdeckt.

Laut PGI-Experten könnte eine Verlängerung der existierenden Adern um einige Hundert Meter und das Auffinden von neuen eine Ausbeute von hundert Tonnen Gold bringen. Unter den Felsen könnten sich bedeutende Schätze verbergen, doch um sie zu erreichen, müsste man hundert bis dreihundert Meter tief bohren.

1512 wurden ein Raubritter namens Christoph von Zedlitz, genannt »Schwarzer Christoph«, und seine Horde gefasst und gehängt. Ihren Schatz allerdings fand man nie, obwohl man mehr als fünf Jahrhunderte danach suchte. Manche glauben, dass er tatsächlich in den 1970ern von einer Gruppe Deutscher gefunden wurde, die in der Gegend wegen ihrer Geländewagen und ihrer modernen Forschungsausrüstung aufgefallen waren.

Der Forscher Włodzimierz Antkowiak zeichnete das Folgende von einem Mann auf, der während des Zweiten Weltkriegs für AEG arbeitete:

Es gibt unbestreitbare Beweise, dass die Deutschen in der Festung Glatz zumindest zwei große Verstecke mit Wertgegenständen, darunter Antiquitäten, gefunden haben. Eines wurde von Angestellten der AEG-Waffenfabrik während einer Expedition gefunden – was wir sahen, war atemberaubend! Echte Schätze! Unter den Mauern waren alte Regale voller verschiedener Dinge: porzellanenes Tafelgeschirr neben schön gravierten Silberbechern. Alte ledergebundene Bücher und Handschriften auf dem Boden. Dutzende Ölgemälde von Alten Meistern. Seidenkleider, durchwirkt mit Gold- und Silberfäden. In der Mitte des Raums ein Haufen Pistolen. Später fanden wir heraus, dass wir den Platz entdeckt hatten, wo die Nazis aus den Museen in Glatz und Breslau gestohlene Sachen versteckt hatten. Viele Angestellte von AEG entwendeten Dinge und schickten sie an ihre Familien. Schließlich wurde den Deutschen klar, dass das Versteck entdeckt worden war, und sie transportierten die Sachen anderswohin. Kurz nachdem die Rote Armee Glatz besetzt hatte, versuchte man das neue Versteck aufzuspüren, doch das gelang nicht.

Im Keller des Gerichts in Sosnowiec stehen Reihen um Reihen von Hauptbüchern, in denen die Landverkäufe aufgezeichnet wurden.

Im Hauptbuch von Parzelle 1304 steht geschrieben:

1904 kauften Joseph und Judessa Mangel diese Liegenschaft für 22 000 Rubel. Nach ihrem Tod wurde sie unter ihren zehn Kindern aufgeteilt.

1936 kauften die Brüder Kajzer, Mosche und Schia, die Liegenschaft um 42 734 Złoty von den Kindern der Mangels.

Keine nachfolgenden Verkäufe sind bekannt.

Es gibt eine Sage, sehr beliebt bei den Schatzsuchern in Niederschlesien (besonders jenen aus Jelenia Góra), dass sich irgendwo zwischen Pilchowice und dem Steinbruch in Radomice ein mit einem riesigen Eisentor ohne sichtbares Schloss oder Angeln versperrter Zugang zu einem Bergwerk befinde.

Ein Goldsucher aus der Gegend kannte angeblich den Ort, wo das Tor war, und mühte sich viele Jahre lang, herauszufinden, wie man es öffnen könne. Er verriet die Existenz, nicht aber den Standort des Tors an vier Forscher, die die Nachricht weiterverbreiteten. Der Goldgräber kam unter sehr mysteriösen Umständen ums Leben.

Anfang der 1980er Jahre forderte die Zeitung *Kurier Polski* ihre Leserinnen und Leser auf, Informationen über von den Deutschen gegen Ende des Zweiten Weltkriegs versteckte Wertsachen bekanntzugeben. Die Serie trug den Titel »Wo das Breslauer Gold versteckt wurde«. Am 5. Juli 1985 wurde folgende Notiz in der Zeitung eingerückt:

Władyslaw T. arbeitete in Miłków, wo gegen Ende April 1945 elf von ss-Männern eskortierte Lastwagen auf dem Landgut von Graf Matuschka ankamen. Auf den Wagen befanden sich Metallkisten. Am nächsten Tag wurden die Kisten auf Pferdekarren verladen. Die Pferde, die ss-Leute und eine Gruppe französischer Kriegsgefangener verließen das Dorf in Richtung Bierutowice. Am Abend kehrten die ss-Männer nach Miłków zurück, doch ohne die Kisten und ohne die Kriegsgefangenen. Anscheinend hatten die französischen Gefangenen die Kisten vergraben und waren dann umgebracht worden.

Im August 2015 wurde in polnischen Medien berichtet, zwei ungenannte Forscher hätten kurz zuvor die Stadtverwaltung von Wałbrzych (Waldenburg) benachrichtigt, sie hätten einen vergrabenen Zug aus der Zeit des Zweiten Weltkriegs entdeckt; jedem war sofort klar, dass dies der legendäre Goldzug sein musste.

Ein paar Tage später bestätigten Beamte bei einer Pressekonferenz im Rathaus diese Berichte und informierten auch in aller Form das Finanzministerium, das Verteidigungsministerium und das Ministerium für Kultur und nationales Erbe von ihrer

Entdeckung. Die Entdecker, die angeblich den Goldzug gefunden hatten, waren nicht anwesend, doch ihr Anwalt, der ehemalige Senator Jarosław Chmielewski, und er bürgte für ihre Glaubwürdigkeit und Erfahrung als Schatzjäger, wobei er ihre gründlichen Kenntnisse über die Geschichte des Zweiten Weltkriegs und ihre vielen Jahre verantwortungsvoller Forschung hervorhob. Chmielewski sagte, seine Klienten würden den genauen Lageplan des Zuges nur dann bekanntgeben, wenn die Regierung ihnen zehn Prozent vom Wert des Gefundenen zuerkenne.

Große internationale Nachrichtensender, darunter Reuters, die BBC, Fox News, CNN und Sky News, berichteten atemlos von der Entdeckung des Goldzugs (oder eher von der noch unbestätigten *Behauptung*, der Goldzug sei entdeckt worden – viele Medien kümmerten sich wenig um den Unterschied). Die Spekulationen überschlugen sich, was in dem Zug sei. Goldbarren? Seit langem verschollene Kunstwerke? Das Bernsteinzimmer der Zaren?

Die Medien steigerten sich in Raserei hinein; es gab eine Lawine an sensationellen Berichten, besonders aus dem Ausland. Eine Titelzeile in der britischen *Daily Mail* lautete: »Polen bestätigt Existenz des vergrabenen Nazi-Zugs.«

Der Mangel an Skepsis in der Presse wurde gespiegelt und angeregt durch einen Mangel an Skepsis unter polnischen Behörden. Der stellvertretende Kulturminister Piotr Żuchowski sagte, die Bilder zeigten definitiv einen Zug. Żuchowski lieferte auch eine (unbestätigte) Hintergrundgeschichte: Die beiden Entdecker hätten den Lageort des Zuges von einem Mann erfahren, der auf dem Totenbett gestanden habe, er habe siebzig Jahre zuvor dabei geholfen, den Zug zu verbergen. Der Generalkonservator – vom Ministerpräsidenten eingesetzt, um die Erhaltung und Integrität polnischer historischer Stätten zu überwachen – sagte, nachdem er die Georadar-Bilder gesehen habe, sei er sich zu 99 Prozent sicher, dass die Entdeckung echt sei.

Historiker und Forscher, die zur Vorsicht mahnten, die festhielten, dass die Entdeckung noch unbestätigt sei, wurden großteils ignoriert; das Goldzugfieber hatte eingesetzt.

Der genaue Lageort des Zuges blieb ein Geheimnis; die meisten Berichte positionierten ihn irgendwo an einer vier Kilometer langen Strecke zwischen Kilometer 61 und 65 der Bahnlinie von Breslau nach Wałbrzych. Forscher aus Polen und außerhalb strömten nach Wałbrzych, um nach dem Zug zu suchen; lokale und internationale Medien folgten bald. Solche Aufmerksamkeit, solcher Trubel waren in Wałbrzych, einer kleinen, wirtschaftlich angeschlagenen Stadt, vorher nie dagewesen.

Wenig später richtete der Generalkonservator einen Appell an die Forscher, mit der Suche aufzuhören; er warnte, der Zug könnte mit Fallen versehen sein, vermint oder voller gefährlicher Gase. Sein Aufruf zeigte wenig Wirkung. Der Gouverneur gab der Polizei Order, Zugänge an der vier Kilometer langen Strecke zu blockieren; einige der Bahnlinien seien noch in Betrieb, sagte er, und die Entdecker könnten verletzt werden. Ein paar Tage später starb einer von ihnen, nachdem er ein paar Meter tief in eine Gruft gestürzt war.

Das Goldfieber stieg rasend schnell. Tag für Tag wurde der Zug anscheinend immer weniger abstrakt, und man besann sich auf die gesetzlichen und logistischen Implikationen eines in der polnischen Landschaft vergrabenen Nazi-Zuges voller jüdischem Gold. Die dringlichste Frage: Wer würde das Gold erhalten? Der Geschäftsführer des Jüdischen Weltkongresses, Robert Singer, sagte in einer Stellungnahme, jegliche Juden geraubte Wertsachen müssten ihren rechtmäßigen Besitzern oder deren Erben zurückgegeben werden. Der Anwalt Michail Joffe meinte in einem Interview, der Inhalt des Zuges gehöre Russland. »Wenn die Güter aus dem Territorium der UdSSR geraubt wurden«, so Joffe, »dann muss die Fracht nach internationalem Recht der russischen Seite ausgehändigt werden.« Dieser Anspruch wurde von den polnischen Behörden prompt zurückgewiesen, die festhielten, es würden alle Bemühungen unternommen, die Sachen den rechtmäßigen Besitzern zurückzugeben; allerdings würde, worauf zahlreiche Organisationen hinwiesen, eine solche Restitution außerordentlich kompliziert und umstritten sein, und Polen hatte sich auf diesem Gebiet als nicht besonders fähig erwiesen. Auch die Amerikaner und Israelis zeigten ein stilles, aber aktives Interesse.

Ein paar Wochen später ordnete der polnische Verteidigungsminister an, dass Soldaten die Stätte räumen und sichern, nach nicht explodierten Minen und vergrabenen Chemiewaffen suchen sowie Bäume und Büsche entfernen sollten, um eine Untersuchung im Untergrund vorzubereiten.

Unterdessen hatten die Entdecker – inzwischen von den Medien als Piotr Koper und Andreas Richter identifiziert – endlich ihre Beweise veröffentlicht. Es gab zwei Schlüsseldokumente. Das erste war ein Ausdruck, anscheinend von einem KS-Analysis GPR KS700, einem elaborierten Radargerät, das Bodenschichten durchdringen konnte. Das zweite war das Bild eines Schachts. Der Zug, so Koper und Richter, befinde sich am Ende des Schachts. Ob diese Dokumente Beweise für die Existenz des Goldzugs darstellten, wurde heftig diskutiert.

Am 4. September gingen Koper und Richter – die sich bis dahin ziemlich zurückgehalten hatten – ins Fernsehen und lasen ein vorbereitetes Statement vor. Sie behaupteten, sie hätten schlüssige Beweise für die Existenz des Zuges. Zudem gaben sie an, sie hätten die Finanzierung für eine Bergung sichergestellt, und ließen durchsickern – vielleicht versehentlich –, dass der Zug bei Kilometer 65 lag. Die Forscher – und danach die Journalisten und Zuschauer – verlagerten sofort ihre Aktivitäten, wodurch das Chaos noch verschärft und konzentriert wurde.

Am nächsten Tag wurden Koper und Richter aus der Niederschlesischen Forschergemeinschaft ausgeschlossen, jener Forschergruppe, in der sie seit langem Mitglieder waren. Koper und Richter hätten die Gemeinschaft verraten, meinte der Vorsitzende, und hätten überdies Tadeusz Slowikowski nicht genügend gewürdigt, einen pensionierten Bergmann, der seit Jahrzehnten über den Goldzug forschte. Slowikowskis Familie beschuldigte dann Koper und Richter, von diesem Dokumente gestohlen zu haben.

Bald danach wies ein Regionalbeamter darauf hin, dass Koper und Richter für ihre anfänglichen Nachforschungen, bei denen sie den Goldzug entdeckt hatten, keine Genehmigung beantragt hatten; sie verdienten nicht nur keine Belohnung, meinte der Beamte, sie müssten auch mit Geld- und / oder Gefängnisstrafen rechnen.

Immer noch mehr Menschen strömten nach Wałbrzych – mehr Forscher, mehr Journalisten, mehr Touristen, mehr Regierungsbeamte. Eine bunte Mischung aus Amtspersonen, darunter die städtische und staatliche Polizei, die Forstaufsicht, das Militär, Eisenbahn-Sicherheitsleute patrouillierten in der Gegend. Die Stadt war am Ende ihrer Belastbarkeit. Aber es war auch ein nie dagewesener ökonomischer Glücksfall. Hotels und Restaurants waren ausgebucht. Es gab Goldzug-Bier, »goldene« Schokoriegel, allen möglichen Goldzug-Kram. Ein Goldzug-Pauschalangebot wurde zusammengestellt, um lokale Stätten, wo Geheimnisse lauern mochten, zu bewerben. Ein Beamter schätzte, dass das Goldzug-Fieber Wałbrzych Werbung im Gegenwert von etwa 150 Millionen Euro gebracht haben mochte.

Es gab Versuche, das Rad zurückzudrehen. Einige Beamte wiesen darauf hin, dass Kopers und Richters Beweise alles andere als schlüssig seien. Der Kulturminister sagte, der Zug sei nach wie vor nicht viel mehr als eine Legende. Man brachte Klage gegen den obersten Denkmalschützer ein: Seine vorzeitige Bestätigung, dass der Zug existiere, so hieß es in den Beschwerden, stelle einen erheblichen Bruch seiner offiziellen Befugnisse dar.

Zum größten Teil jedoch stießen diese zur Vorsicht mahnenden Worte auf taube Ohren. Ja, sie machten die Sache noch schlimmer, dienten nur dazu, die Fieberkurve nach oben zu treiben, die Spekulationen anzuheizen. Irgendjemand muss ja die Rolle des Skeptikers übernehmen, sonst wäre es kein echtes Geheimnis, und die Überzeugung des Gläubigen wird nur noch bestärkt.

Eine der wenigen Stimmen der Vernunft, der moralischen Klarheit, war jene des Stellvertretenden Ministerpräsidenten und Ministers für nationale Verteidigung, Tomasz Siemoniak. Siemoniak vertrat keine Meinung, ob der Goldzug real sei oder nicht. Stattdessen versuchte er alle daran zu erinnern, was diese Stätte wirklich bedeutete. Der Zug, das Gold, ob sie nun existierten oder nicht, waren nebensächlich; viel wichtiger war das Faktum, dass hier Tausende Zwangsarbeiter gestorben waren. Dies sei eine Stätte des Todes, nicht eine von Schätzen, und man solle dementsprechend handeln. Aber seine Mahnung zeigte kaum Wirkung.

Schließlich analysierte am 10. November – beinahe drei Monate nach den ersten Berichten über Kopers und Richters Entdeckung – ein großes Team aus Forschern und Entdeckern, darunter Wissenschaftler von der AGH (Wissenschaftlich-Technische Universität) Krakau sowie Koper und Richter, die Stelle mit Bodenradar und Magnetometern. Die Aktion wurde zum Teil vom Fernsehnetzwerk Discovery Channel finanziert.

Einen Monat später legten die Forscher von der AGH ihr Gutachten vor. Kein Zug, so lautete ihr Ergebnis. Möglicherweise befinde sich dort unten ein Tunnel, sagten sie, aber definitiv kein Zug.

Koper und Richter, ebenso wie der harte Kern ihrer Unterstützer, lehnten den Bericht ab. Eine Verschwörungstheorie lautete, der Zug *sei* dort, und die Forscher seien sich dessen auch durchaus bewusst gewesen, dass er dort sei, aber die Universität habe es vertuscht; sie stecke mit der Regierung unter einer Decke, und diese habe ein offensichtliches Interesse daran, alle glauben zu machen, es gebe keinen Zug.

Der Bericht half, das Goldzug-Fieber abzukühlen; die Welt verlor das Interesse.

Unbeirrt kündigten Koper und Richter an, an der Stätte Grabungen durchführen zu wollen, und nach etlichen Verzögerungen begannen sie am 15. August 2016 zu graben. Bei Kosten von mehr als 108 000 Euro, wie berichtet wurde, grub ein Team von 64 Personen, großteils Freiwillige, eine Woche lang und fand nichts.

Anscheinend waren die Unregelmäßigkeiten auf Kopers und Richters ursprünglichen Sichtanzeigen Anzeichen einer unterirdischen kuppelartigen Lehmschicht, vor Äonen von einem Eisberg gebildet.

11

DIE KILLERIN SAGTE, eine Entscheidung des Gerichts stehe unmittelbar bevor, doch inzwischen kannte ich sie lange genug und war vertraut genug mit der polnischen Gerichtsbarkeit, um zu wissen, dass »unmittelbar« Monate bedeuten konnte. Die Schatzsucher, besonders Andrzej, luden mich immer wieder ein, mit ihnen auf Erkundungstour zu gehen, mir ihre neuen Entdeckungen anzusehen, aber ich entschuldigte mich; bis auf Weiteres hatte ich genug von Mysterien.

Ich setzte es mir in den Kopf, nach Sosnowiec zu fahren, nicht nur für einen Nachmittag, sondern für einige Tage, eine Woche, vielleicht sogar zwei Wochen. Es gab einiges zu recherchieren, aber meistenteils würde das offen sein, ziellos, ohne eine Mission. Ich dachte, ich sollte versuchen, ein Gefühl für den Ort zu bekommen. Mein Großvater war hier geboren, war hier aufgewachsen, er war auf diesen Straßen gegangen: Ich war hungrig nach Bedeutung, nach einem Gespür von meinem Großvater, und vielleicht, so dachte ich, konnte ich es hier finden.

Ich checkte in einem Hotel ein, nur ein paar Häuserblocks entfernt von der Małachowskiego 12. Ich hätte wahrscheinlich im Haus selbst wohnen können. Hanna hatte mir mehr als einmal angeboten, mich zu beherbergen. Und im Jahr zuvor – als dieses Haus noch das richtige Haus gewesen war, als es immer noch das Kindheitshaus meines Großvaters war – hätte ich ihr Angebot beinahe angenommen, aber ich war krank geworden. Schade, das wäre toll gewesen. In dem Haus zu wohnen, in dem mein Großvater aufgewachsen war, das ihm gehört hatte, als Gast, aber auch als Erbe? Was für eine wunderbar befrachtete Situation. Aber jetzt ergab das nicht viel Sinn, die Bedeutung war versickert: Dies war mit ziemlicher Sicherheit das falsche Gebäude, und auch wenn es das richtige war oder ich mich selbst irgendwie dazu überreden konnte, es sei das richtige, traf es doch immer noch zu, dass es nicht das Kindheitszuhause meines Großvaters gewesen war, dass mein Großvater hier nie geschlafen hatte. Aber ich wollte auch keine Interaktion mit den Bewohnerinnen und Bewohnern, ich wollte keine Konfrontation – auch wenn es mit hoher Wahrscheinlichkeit das falsche Gebäude war. Ich blieb eine Bedrohung, bis ich es definitiv nicht mehr war.

Ich kam in Sosnowiec an, checkte im Hotel ein und beeilte mich, Małgorzata zu treffen, die Gerichtsdolmetscherin, die ich für den Tag engagiert hatte. Bis fünf Uhr nachmittags hatte ich alle Recherchevorhaben auf meiner Liste erledigt. Wir waren in den Keller des Gerichtsgebäudes gegangen und hatten das Katasterbuch für das Grundstück Nummer 1304 durchgeblättert; wir hatten das Museum aufgesucht, ein schönes Stadtmuseum; wir waren zum Teatr Zagłębia gegangen, nur um dort zu erfahren, dass es in den nächsten beiden Wochen geschlossen sein würde.

Małgorzata ging nachhause und ich zurück ins Hotel. Ich machte mir ein paar Notizen, lud Fotos hoch, hielt ein Schläfchen. Dann unternahm ich einen kurzen Spaziergang, kehrte ins Hotel zurück, nahm ein leichtes Abendessen ein. Dann was? Ich wusste nicht, was ich tun sollte. Ich sah fern, machte mir noch ein paar Notizen, ging noch einmal spazieren, woraus ein sehr langer Spaziergang wurde, aber das alles half wenig, um meine Ruhelosigkeit zu lindern. Nichts, was ich sah, wirkte besonders interessant oder bedeutungsvoll. Vielleicht fehlten mir Beobachtungsgabe oder Phantasie, aber die Stadt fühlte sich so steril und kalt an. Es wurde dunkel. Die Geschäfte schlossen, die Leute drängten in die Straßenbahnen, um heimzufahren. Ich entdeckte mich dabei, wie ich Gesichter musterte. Was glaubte ich, wen ich sehen würde? Bartek? Hanna, einen der anderen Bewohner, vielleicht die Richterin? Ich war einsam. Ich war zunehmend übler Laune, voller Gehässigkeit (gegenüber wem? Ich weiß es nicht), Selbstmitleid und einem Gefühl der Vergeblichkeit, einem Gefühl, ich würde hier meine Zeit verschwenden. Alles, was ich sehen konnte, waren hässliche Straßen und hässliche Gebäude; falls es hier tatsächlich etwas gab, dann wusste ich nicht, was es war. Manchmal kann man die Abwesenheit fühlen, kann spüren, was verschwunden ist, oder zumindest spüren, dass etwas verschwunden ist, aber hier fühlte ich mich bloß wie ein einsamer, missgelaunter ausländischer Spaziergänger. Ich konnte mich nicht einmal verirren, obwohl ich es versuchte. Immer wieder ging ich an der Małachowskiego 12 vorüber, zuerst zufällig, wie ich dachte, dann aber war ich mir nicht mehr so sicher. Während ich vorüberging, begrüßte ich das Haus mit einem Nicken, als wäre es eine Bekanntschaft, deren Anwesenheit zu ignorieren unhöflich gewesen wäre. Ich empfand dem Haus gegenüber eine eigenartige Antipathie. Nicht gegenüber den Leuten, die dort wohnten, aber gegenüber dem Gebäude selbst. Als hätte es mich angelogen, mich in die Irre, an der Nase herumgeführt. Bald waren die Straßen beinahe leer und die einzigen noch offenen Lokale eine Handvoll unscheinbarer Bars. Ich kehrte bei einigen ein und nahm ein paar Drinks. Nichts geschah in diesen unscheinbaren Bars. Ich redete mit niemandem, niemand redete mit mir, obwohl sich einige Köpfe umwandten, als ich auf Englisch meine Bestellung aufgab, es fiel auf. Ich trank allein und schweigend. Ich war unglücklich und gelangweilt und konnte nicht einmal entscheiden, ob mein Unglück und meine Langeweile nützlich oder interessant waren oder ob ich einfach unglücklich und gelangweilt am ersten Tag eines geplanten fünftägigen Aufenthalts in einer Stadt war, wo ich niemanden kannte und wo ich mir gar nicht mehr sicher war, warum ich überhaupt gekommen war.

Es wurde richtig spät, und immer noch spazierte ich durch die Straßen. Jetzt war ich unglücklich und betrunken. Niemand sonst war unterwegs. Ich ging an der Małachowskiego 12 vorbei und ignorierte das Haus, wandte nicht einmal den Kopf. Wie naiv zu denken, ich könne hier meinem Großvater begegnen. Hätte ich vermocht, es zu erzwingen? Ich nehme an, das hätte ich gekonnt, ich hätte mich zwingen können, mir meinen Großvater als Kind vorzustellen, wie er auf diesen Straßen unterwegs war, zur Schule, zum Spielen, ich weiß nicht, was, aber was wäre das wert gewesen? Dann ging ein Mann hinter mir. Wo war er hergekommen? Folgte er mir? Anscheinend. Er behielt ein gleichmäßiges Tempo bei, etwa zehn Meter hinter mir. Ich ging schneller und er offenbar auch. Ich versuchte ihn mir näher anzusehen – ich wollte nichts allzu Offenkundiges unternehmen –, konnte aber nur erkennen, dass er schmal und glatzköpfig war. Ich ging um die Kurve, er ging um die Kurve. Ich überlegte, ob ich zu laufen beginnen solle, um Hilfe schreien, ihn angehen, ihn überrumpeln. Ich hatte Angst, war aber auch, das muss ich zugeben, gespannt: In Sosnowiec überfallen zu werden, das wäre doch was! Dann bog ich um eine Ecke, betrat das Hotel und sah durchs Fenster zu, wie er vorüberging. In dieser Nacht hatte ich einen ganz besonderen Traum. Er war so passend, dass ich zögere, ihn zu erzählen, aber offensichtlich muss ich das tun: Ich gehe durch die Straßen von Sosnowiec, stundenlang, genau so, wie ich es wirklich getan hatte. Ich habe das deutliche Gefühl, jemandem auszuweichen zu müssen. Ich weiß nicht, wem, oder warum jemand mich finden will oder warum ich hoffe, dass es nicht gelingt. Aber ganz plötzlich ist jemand hinter mir, folgt mir. Ich spähe über meine Schulter, aber sein Gesicht ist verhüllt. Und doch weiß ich mit Bestimmtheit, wer es ist: Es ist Bartek, es ist Hanna, es ist irgendeiner, oder es sind vielleicht alle Bewohnerinnen und Bewohner des Hauses Małachowskiego 12. Ich gehe nicht weiter. Ich entschließe mich, nicht verfolgt werden zu wollen, und drehe mich um, aber sobald ich mich umdrehe, tut es auch mein Verfolger und flieht vor mir. Und als ich hinter ihm herjage, wird mir klar, dass es mein Großvater ist, und mich erfüllt die schreckliche Gewissheit, dass ich ihn nie einholen werde.

Als ich aufwachte, waren eine Menge Nachrichten von Joanna da, die mich zu etwas einlud, das sie eine große Erkundungsmission über Osówka nannte. Es werden viele Schatzsucher da sein, schrieb sie, und Andrzej lässt ausrichten, dass Sie ganz sicher kommen sollen. Er meint, Sie sollten es für Ihren Großvater tun. Nicht meinen Großvater, dachte ich, aber was macht es an diesem Punkt schon für einen Unterschied? *Wann?*, schrieb ich zurück. Sie antwortete ein paar Sekunden später: *Heute Abend!* Sofort packte ich, checkte aus dem Hotel aus und machte mich auf zum Bahnhof.

Ein imposanter, gut ausgestatteter Lagerplatz. Eine große Markise schirmte einen mit Speisen und Getränken beladenen Klapptisch von der Sonne ab. Es gab einen Generator, einen Wasserkühler, Scheinwerfer. Ein enormer Gusseisentopf baumelte von einem spezialangefertigten Dreifuß über einem niedrigen, stetig brennenden Feuer. An der Seite waren einige übergroße Hängematten angebracht. Töpfe, Pfannen, Becher, Würste, Gemüse hingen an gespannten Drähten. Etwa ein Dutzend Forscher lümmelten auf Klappstühlen herum, süffelten Bier und mampften sauer eingelegtes Gemüse und Salami.

Es war ein wunderhübscher Platz; von den meisten Blickpunkten aus konnte man keine mysteriösen Betonbauwerke erblicken, stiller, kühler naziloser Wald in alle Richtungen. »Der Ausblick von diesem Ort ist schön«, hatte Abraham Kajzer über eine der Arbeitsstätten im Riese-Komplex geschrieben. »Wir sind umgeben von Wäldern und Bergen. Keine Spur von irgendwelchen Gebäuden, und der Eindruck herrscht vor, dass wir in unbewohnter Wildnis sind.«

Andrzej, wie immer das Alphatier, begrüßte mich, als wären wir Mitglieder einer Bruderschaft, die sich seit langem nicht gesehen hatten, heftige Umarmungen, lautes Freudengeschrei. Er reichte mir eine Bierflasche, nahm sie aber dann wieder, um sie zu öffnen, was er mit einer rostigen Machete bewerkstelligte, einem hundert Jahre alten Relikt, das er auf einem Schlachtfeld gefunden und anscheinend extra zu dem Zweck mit in den Wald gebracht hatte, um Bierflaschen aufzumachen.

Andrzej betrachtete mich von oben bis unten und schnitt eine Grimasse. »Co to jest?« *Was ist das?* Er meinte meine Kleidung – ich trug Jeans und einen Kapuzenpulli. Er schüttelte den Kopf, so wie meine Mutter ihn zu schütteln pflegte, wenn sie nicht mit dem einverstanden war, was ich für die Schul anziehen wollte. Aus dem Kofferraum seines Land Rovers holte er ein T-Shirt und warf es mir zu. Nicht viel anders, als ein Oberkellner einem Taugenichts den Hausblazer leihen würde. Das T-Shirt war militärgrün und trug das Emblem von Andrzejs Forschergruppe – ein fauchender Wolf mit Militärhelm mit der Aufschrift HUNTER über einem im Wappenstil gekreuzten Metalldetektor samt Schaufel. In einem Dreieck an der Unterseite stand das Motto, auf Englisch: STRONG TEAM. Alle anderen trugen Tarnanzüge, sogar das Kleinkind (ein Kleinkind war zugegen), und manche von Kopf bis Fuß, Mütze, Hemd, Jacke, Hose. Niemand trug Zusammenpassendes, alle verschiedene Kombinationen, verschiedene Stile: Dennoch war es offensichtlich eine Art Uniform.

Ich zog meinen Kapuzenpulli aus und das HUNTER-Shirt an, und Andrzej johlte zustimmend.

Als es dunkel war, hatten sich etwa zwanzig Entdecker versammelt, meist Männer in mittleren Jahren, ein paar Frauen und Freundinnen. Unter ihnen zählte ich einen pensionierten Leutnant, zwei pensionierte Bergleute, zwei Elektriker, einen Softwaretechniker. Alle machten sich bereit für eine Nacht Sauferei am Feuer. Sie neckten sich und prosteten einander zu, aßen, tranken, schwelgten in Erinnerungen, tranken, lärmten; lachten so oft so laut, dass es schwer war, eine Unterhaltung zu führen.

Das war neu. Diese Seite der Forscher hatte ich noch nicht gesehen, ich hatte nicht verstanden, wie viel *Spaß* sie beim Entdecken hatten. Ich hatte mir vorgestellt, was Sie sich wahrscheinlich auch vorgestellt haben: superseriöse Männer mit undurchschaubaren Theorien und geheimen Dokumenten und kleinlichen Eifersüchteleien und ausgefeilten Grabe-Spielzeugen, die nach Schätzen jagten, nach Geheimnissen bohrten, Verschwörungen aufdröselten, und das alles mit großem Ernst und großer Gewichtigkeit. Dieses Bild hatte ich vor Augen, denn es war das Bild, das sie sich abzugeben bemüht hatten, wenn ich sie einzeln oder in Kleingruppen getroffen hatte. Aber dort im Wald konnte ich sehen, dass es weicher, sozialer, lustiger war. Ich fragte mich, ob auf irgendeiner Ebene Schatzsuchen als eine äußerst elaborierte Ausrede gelten kann, mit den Freunden im Wald abzuhängen und sich volllaufen zu lassen.

Das Bier durfte man ganz lässig trinken, aber beim Wodka galt eine erzwungene Etikette. Sie hieß *nominacja*, war sehr schlicht und – und insofern sie die Tätigkeit des Volllaufenlassens zu einer sozialeren Aktivität machte – sehr effektiv. Wer immer nominiert wird, stürzt (zusammen mit allen anderen) ein Gläschen hinunter und benennt dann die nächste Person, die (gemeinsam mit allen anderen) ein Gläschen hinunterstürzt, dann die nächste Person nominiert und so weiter. Wenn man also nominiert wird, kann man nicht einfach Nein sagen, das bringt alles durcheinander, niemand kann mehr weitertrinken.

Ich wurde mit erschreckender Häufigkeit nominiert. Die Forscher waren ganz aufgedreht, dass ich da war. Abraham Kajzers Enkel! »Manhattan, *nominacja*!« (Sie nannten mich »Manhattan«.) Dann stürzte ich ein Gläschen hinunter, nominierte jemand anderen, und dann nominierte dieser andere wieder mich. Manchmal nominierte mich die Person sofort wieder zurück. Manhattan, *nominacja*! Der Metallbecher, den man mir gegeben hatte – Manhattans auserwählter Becher für diese Nacht –, wurde immer wieder gefüllt, ich wurde immer wieder nominiert, meine halb höflichen, halb verzweifelten Abwehrversuche wurden ausgelacht, ich trank immer weiter, keine Situation, die lange durchzuhalten war. Erst wenige Stunden waren vergangen, und ich hatte schon Mühe, Worte zu bilden. Manhattan, *nominacja*! Ich entwickelte eine Strategie: Einmal nominiert, wartete ich, bis die Forscher ihre Becher gefüllt hatten, ließ den Arm nahe am Boden baumeln und leerte heimlich den Wodka aus. Dann hob ich den Metallbecher, rief den passenden Trunkspruch und stürzte die paar verbleibenden Tropfen hinunter, tat so, als brenne es mich im Hals und als stiege mir der Alkohol zu Kopf. Diese Strategie war zumindest teilweise effektiv, da ich in dieser Nacht nicht abkratzte, aber trotzdem …

Verschwommen erinnere ich mich, dass ich sie irgendwann warnte, falls sie mich weiterhin nominierten, würde ich vergessen, ihnen von Abraham Kajzers unveröffentlichten Tagebüchern zu erzählen. Ha, ha, ha!, so die Schatzjäger. Manhattan, *nominacja*!

Ich habe vage Erinnerungen daran, meine eigenen Theorien über die *Glocke* vorgetragen zu haben. Ich habe sie gesehen, sagte ich. Sie ist in Cleveland. Ha, ha, ha, so die Schatzjäger. Manhattan, *nominacja*!

Mir fiel etwas außerordentlich Interessantes auf: Einem statistisch bedeutsamen Teil der Männer fehlte ein Schneidezahn. Was hat das zu bedeuten, fragte ich. Ha, ha, ha, so die Schatzjäger. Manhattan, *nominacja*!

Sie waren großzügige Gastgeber. (Mich betrunken zu machen war durchaus eine Form der Großzügigkeit.) Sie sorgten sich, ob mir zu kalt sei, boten mir Sweatshirts und einen besseren Platz am Feuer an, versicherten sich, dass ich einen bequemen Stuhl hatte, bekümmerten sich wegen des Rauchs, wegen des Ungeziefers; Andrzej beharrte darauf, meine Bierflaschen mit seiner rostigen Machete zu öffnen. Wann immer einer von ihnen sich an die Gruppe wandte, eine Geschichte oder einen Witz erzählte, wurde er langsamer und machte öfter Pausen, damit der Monolog für mich, den Einzigen hier, der kein Polnisch sprach, übersetzt werden konnte.

Ein klein wenig wurde ernsthaft über Schatzsuchen gesprochen – über Orte, Dokumente, Strategien –, aber nicht viel, als wäre das Arbeit und gerade jetzt wären sie in der Freizeit. Es war äußerst kumpelhaft, die Unterhaltung von Männern, die einander sehr gut kennen und sich miteinander arg besaufen. Sie tauschten Klatsch aus: welcher Schatzsucher gerade was vorhatte, welche Verrücktheit jener Forscher gerade wieder ausgeheckt hatte, wer wen übers Ohr haute. Einer der jüngeren Forscher, ein Twenty-Something mit frischem Gesicht und schimmerndem Haar, den sie Kebab nannten, erzählte schmutzige Witze, ich sehe keine Notwendigkeit, sie zu wiederholen oder zu kommentieren, außer dass bei den pikanten Stellen, wenn zum Beispiel große Penisse oder Vaseline erwähnt wurden (ratet mal, zu welchem Zweck), die Entdecker so laut lachten, dass ich, während ich verdutzt auf die Übersetzung wartete, irrtümlich annahm, das wäre schon die Pointe gewesen.

Sie redeten über Entdecker-Großtaten oder, tatsächlich, über Missgeschicke – irgendwie liebevoll, irgendwie spöttisch; diese Geschichten drehten sich um andere, nicht anwesende Entdecker, welche diese Gruppe als glückloser, amateurhafter betrachtete, mehr *nebach*. In etlichen Geschichten kam ein Forscher namens Karol vor, anscheinend berüchtigt wegen seiner Unfähigkeit und seines Pechs. Einmal brach Karol in ein sonderbares, mysteriöses, anscheinend leerstehendes Haus ein. (Warum?, fragte ich. Offensichtlich, um nachzuforschen, sagte jemand. Aber das ist doch Einbruch?, fragte ich. Nein, kam die Antwort, er hat geforscht.) Im Wandschrank im Elternschlafzimmer fand Karol eine gut erhaltene deutsche Offiziersuniform. Natürlich zog er sie an und setzte so angetan seine Erkundung fort. Er bog um eine Ecke und sah sich von Angesicht zu Angesicht einer alten Frau gegenüber, die still in einem Rollstuhl saß; hinter ihr hing ein großes Porträt eines Mannes in der Uniform, die Karol jetzt trug. Ein paar Augenblicke lang starrten sie einander an, dann fragte sie ihn, ziemlich vernünftig, denke ich, ob er ein Gespenst sei. Karol, der Blitzdenker, sagte Ja, er sei ein Gespenst. Die Frau war unbeeindruckt, vielleicht war sie gewöhnt an Gespenster oder an Gespenster, die diese deutsche Uniform trugen, und sagte ihm, dass sie sehr traurig und einsam sei, eine Gefangene in ihrem eigenen Haus – ihr Enkel, so erzählte sie, habe sie hier eingesperrt und gebe ihr nur das Allernötigste zum Überleben, während er ihre Sozialhilfe einkassiere. Karol sagte, er werde sie retten; nachdem er das Haus verlassen hatte, vermutlich immer noch in der deutschen Uniform, verständigte er die Behörde – allerdings bekam ich keine Details zu hören, wie Karol seine Kenntnis der Umstände erklärt hatte – und wurde als Held gefeiert.

Die Nacht verstrich, wir tranken, redeten, lachten, es war ein Fest im Wald, ein Fest im Wald auf der Stätte einer unterirdischen Nazi-Anlage, wo Tausende Zwangsarbeiter sich zu Tode geschuftet hatten, aber das schien niemandem in den Sinn zu kommen. Ich unterhielt mich mit diesem Forscher und dann jenem, und dann brütete ich alleine vor mich hin – isoliert, nicht auf unangenehme Weise, durch das Chaos und meine mangelnden Polnischkenntnisse –, und dann fand ich mich in einem Gespräch mit Marcin, einem Softwareentwickler aus Łódź, Ende zwanzig, er war kein Mitglied von HUNTER und kannte eigentlich niemanden wirklich, und Sławek, einem Bauarbeiter in mittleren Jahren mit einem großen harten Bauch und einem freundlichen zahnlückigen Lächeln, der alle kannte und, wie er meinte, ein Gründungsmitglied von HUNTER sei.

Ich fühlte mich verwirrt. Ich wollte ein wenig Einblick. Ich war betrunken und darum empfänglicher als sonst für die Sucht, Bedeutung aufzuspüren. Wer waren diese Kerle, und was machten sie? Was machte ich? Es ist weit von Łódź hierher, sagte ich zu Marcin, warum bist du den ganzen Weg gekommen? Das ist mein Hobby, sagte Marcin. Das erklärt alles, meinte ich, aber es erklärt auch gar nichts. Sławek, der kein Englisch sprach, tippte Marcin ungeduldig aufs Knie; er wollte unbedingt in die Unterhaltung einbezogen werden. Marcin übersetzte, was ich gefragt und er geantwortet hatte, und Sławek sah uns missbilligend an. Irgendjemand sagte, Manhattan, *nominacja*! Irgendein anderer plumpste aus einer Hängematte. Ich goss meinen Wodka aus und tat dann so, als trinke ich ihn. Willst du eine Kartoffel?, fragte jemand. Frisch aus dem Feuer. Sławek berührte seine Tarnhosen, Tarnjacke, Tarnkappe. Via Marcin sagte er zu mir: Sehen diese Kleidungsstücke aus wie die von jemandem, der ein Hobby betreibt? Aber als Marcin übersetzte, tat er etwas – ich erinnere mich nicht genau, was es war, eine Geste, ein Augenrollen, so etwas –, das mir zeigte, er, Marcin, halte das alles für ein wenig lächerlich. Du trägst Tarnhosen, sagte ich zu Marcin. Was genau suchst du, dachte ich, sagte es aber nicht laut. Diese Sache mit dem Tarnmuster schien in dem Moment der Schlüssel zum Verständnis von allem. Marcin lächelte, zuckte die Achseln und sagte, diese Hosen muss man eben tragen. Das ist ärgerlich. Sie sind teuer und werden sehr schmutzig; es ist unsinnig, aber solche Hosen muss man eben tragen. Sławek tippte Marcin aufs Knie. Marcin übersetzte unseren Wortwechsel oder irgendeine Version davon. Sławek strahlte. Französisch, sagte er, er meinte sein Outfit. Ich fragte, warum französisch? Sławek zuckte die Achseln; anscheinend gefiel ihm einfach das Design. Ein Forscher, dessen Namen ich nicht kannte, pirschte sich an, um mir eine Flasche Whiskey und ein Bild auf seinem Handy zu zeigen, es sah aus wie ein Goldnugget, aber ich konnte keinen zweiten Blick erhaschen, weil Sławek meine Aufmerksamkeit erheischte. Französisch, sagte er noch einmal, und dann, vielleicht um mir zu zeigen, wie spezifisch die Vorliebe für bestimmte Tarnkleidung sein kann, ließ er alle Forscher rund um das Feuer die Nationalität ihrer Ausstattung aufsagen. NATO, polnisch, französisch, US-Marines, erster Irakkrieg, US-Marines, zweiter Irakkrieg. Die Unterschiede sagten mir nichts. Ich meine, die visuellen Unterschiede konnte ich erkennen – Farben, Muster etc. –, aber was diese Unterschiede bedeuteten, kapierte ich nicht. Nur Marcin wusste nicht, welchen Tarnanzug welches Landes er trug; jemand anderer identifizierte ihn für ihn: britische Spezialstreitkräfte.

Ich versteh's immer noch nicht, sagte ich zu Marcin. Ihr könntet ja näher zuhause campen.

Ja, aber es ist was Besonderes an Schlesien, sagte er. Hier gibt es eine Menge Geheimnisse.

Dieses Wort habe ich jetzt schon seit langem gehört, sagte ich, und ich weiß immer noch nicht, was es bedeutet.

Niemand weiß, was es bedeutet!, sagte er und lachte. Sławek tippte Marcin aufs Knie; Marcin brachte ihn auf den neuesten Stand, und Sławek lachte.

Ich verstehe nichts, sagte ich.

Warum sind Sie hier?, fragte Marcin.

Warum ich hier bin? Weil ihr hier seid. Wegen Abraham Kajzer.

Haben Sie keine näheren Verwandten?

Manhattan, *nominacja*!

Ich habe ein Jahr in Israel gelebt, sagte ein dicklicher Forscher namens Daniel, der aus dem Nichts aufgetaucht war. Ich war in der polnischen Armee, und man hat uns während des Libanonkriegs hingeschickt. An einem Tag war ich in drei Meeren schwimmen: Totes Meer, Rotes Meer, Mittelmeer.

Ich goss meinen Wodka aus und tat so, als trinke ich. Ich bin kein Israeli, sagte ich zu Daniel.

Als Marcin »näher« sagte, wusste ich, dass er es im physischen Sinn meinte, geographisch, aber die andere Bedeutung – engere Verwandte – wog schwerer. Ich hatte verworrene Gefühle, was Vermächtnis betraf. Ich fühlte mich sonderbar illoyal. Es hatte mit Abraham Kajzer zu tun und / versus meinem Großvater. Wenn sich die Schatzjäger bloß für meinen echten Großvater interessieren würden!, dachte ich, und dann fühlte ich mich schuldig, weil ich das dachte. Jemand goss Wodka in meinen Metallbecher. Ein anderer zeigte mir sein Bowiemesser. Drei Meere, sagte ich zu Daniel, das ist cool. Daniel sagte, es ist eine Ehre, den Enkel von Abraham Kajzer zu treffen. Er ist nicht mein Großvater, sagte ich. Ich verstehe nicht, sagte Daniel. Er ist der Cousin meines Großvaters, sagte ich. Er ist der Vater deines Vaters, sagte Daniel, oder ist er der Vater des Vaters deines Vaters? Ja, sagte ich, gut, ich gebe zu, er ist mein Großvater. Mythos ist überzeugender, verführerischer als Wahrheit. Von jetzt an überlasse ich mich einfach der besseren Geschichte. Ich bin Abrahams Enkel. Glaubst du, grübelte ich laut gegenüber Marcin, dass es eine inhärente Spannung zwischen »Abenteuer« und »Erinnerung« gibt?

Es tut mir leid, sagte Marcin, ich verstehe deine Frage nicht. Manhattan, *nominacja*! Irgendjemand goss Wodka in meinen Metallbecher. Ich goss ihn aus, aber unverhohlen, goss ihn einfach auf den Boden, direkt vor allen, aber niemand schien es zu bemerken. Verzeihung, sagte ich, ich werde meine Frage noch einmal stellen. Ich wandte mich zu Marcin und sagte, aber übersetz das Sławek nicht, zumindest jetzt noch nicht. Okay, sagte Marcin. All diese Typen, sagte ich und wies auf die tarngewandeten Männer, die da im Wald saßen und einander in die Besinnungslosigkeit hineinnominierten, sie kommen her, um zu forschen, zu trinken, Spaß zu haben, was auch immer? So etwas, ja.

Meine Frage lautet also, was ist mit all den Menschen, die hier gestorben sind?

Ja, sagte Marcin. Wie lautet deine Frage?

Ich weiß nicht, sagte ich. Ich meine, wie denken sie darüber? *Wissen* sie das?

Ja, das wissen sie, natürlich wissen sie das, sagte Marcin. Es ist unmöglich, das nicht zu wissen. Sławek tippte Marcin aufs Knie. Marcin fragte mich, ob es in Ordnung sei, wenn er übersetzte. Ich nickte. Während Sławek zuhörte, setzte er sein ernstestes Gesicht auf. Dann sagte er: Die Toten sind das Wichtigste.

Na ja, sagte ich. Natürlich sind die Toten wichtig. Ich weiß das, ich weiß, dass du denkst, die Toten seien sehr wichtig. Meine Frage sollte also vielleicht so lauten: Was kommt zuerst? Dieser Ort, wo wir gerade sind, Osówka – ist das ein Ort des Todes oder ein Ort des Geheimnisses?

Die Frage war eigentlich an Sławek gestellt, aber ich musste sie durch Marcin stellen, und so stellte ich sie eigentlich auch Marcin, der mir selbst antwortete: Warum nicht dieses und auch jenes? Warum nicht beides?

Schänder!, dachte ich. Ihr seid Schänder! Aber wie es sich herausstellte, dachte ich das nicht, sondern sagte es in Wirklichkeit laut. Was, ich verstehe nicht, Verzeihung, sagte Marcin. Sprichst du über Geister? Viele Forscher sind große Geistergläubige. Ich habe nicht über Geister gesprochen, aber vielleicht habe ich es doch getan, sagte ich. Dann epiphanisierte ich: Die Geister sind tote Juden sind die Ufos. Sie sprechen einen ähnlichen Forschergeist an, fesseln die Phantasie auf ähnliche Weise. Gold, Gewehre. Die *Glocke*, Goldzähne, Schatz, Skelette. Massengräber und unterirdische Tunnel. Das alles summiert sich zu: *Mysterium*. Ich verstehe jetzt, sagte ich, die Juden sind eure Geister! Was, sagte Marcin. Nichts, sagte ich, was hast du mich eben gefragt?

Marcin sagte, es kann eine Stätte des Todes sein und auch eine Stätte des Geheimnisses. Beides! Auch Marcin war betrunken, merkte ich. Irgendwie war das vorher nicht durchgedrungen.

Es kann beides sein, es *ist* beides, sagte ich, ich weiß. Aber trotzdem – niemand würde an einer Stätte des Todes im Armeekostüm auftauchen.

Marcin: Für mich ist es beides.

Ein Schatzjäger, dessen Namen ich nicht kannte, machte sich heran und beschwerte sich bei mir über das polnische Gesetz, wonach alles im Erdboden Gefundene der Regierung gehört. Das ist scheiße, sagte ich. Ist das in Amerika auch so?, fragte er. Glaube nicht, sagte ich. Das ist gut, meinte er, dann erzählte er mir, er habe einmal die Reise meines Großvaters nachvollzogen. Er habe sein Buch viele Male gelesen, meinte er, und dann eine Art Pilgerfahrt durchgeführt, war seiner Route genau gefolgt, zu jedem der im Buch erwähnten Lager und Arbeitsorte gegangen. Und was hast du gelernt?, fragte ich. Ich erinnere mich nicht, sagte er. Ich erinnere mich nur, dass es geregnet hat, und ich habe mich sehr geärgert über den Regen. Aber du solltest das auch tun, sagte er. Es ist wichtig. Ich sagte, ich würde es tun.

Wie oft bist du hier gewesen?, fragte ich Marcin. Nicht so oft, sagte Marcin. Wie oft bist du hier gewesen, fragte ich Sławek. Viele, viele Male, sagte er. Wie oft bist du hier gewesen?, fragte mich Marcin. Drei Mal, sagte ich, und das erschien mir als unmöglich hohe Zahl. Manhattan, *nominacja!*, von der anderen Seite des Feuers. Dieses Gläschen schüttete ich nicht weg; ich trank es aus. Es schoss ein, und von da an kann ich mich nicht mehr dafür verbürgen, was gesagt wurde und von wem: Ich machte Notizen, aber nicht auf verantwortungsvolle Weise. Ich schrieb die Unterhaltungen nieder, die ich führte, und die Gedanken, die ich dachte, aber ich machte keinen Unterschied zwischen der Unterhaltung und den Gedanken, weil in dem Moment alles super-perfekten Sinn ergab, aber am Morgen war es ein durcheinandergewürfelter Texthaufen. Marcin holte Sławek ein. Ich nominierte jemanden und hörte dann zu / dachte nach, während Marcin Sławek auf den neuesten Stand brachte, und so sah das dann in meinem Notizbuch aus:

Wie die Geschichte angehen / reflektieren? Mit Absicht; zuhören, empfangen. Erforsche = erlaube der Geschichte, ihre Fragen zu stellen. // Ständig an die Toten denken? // das wäre unmöglich / lieber zuhören. Sławek sagt, ich sei fern von meiner eigenen Geschichte, und ich stimme zu // sicher bist du Abraham Kajzers Enkel (sic!!!), aber was bedeutet das wirklich (und außerdem bist du nicht wirklich sein Enkel). Du lebst es nicht. Wir leben es. Sieh dich um, wem gehört dieser Wald / den Juden? Den Geistern? Den Schatzsuchern? Du suchst, aber wir suchen buchstäblich. Deine Metaphern sind so schwach.

Andrzej stand auf, um die Scheinwerfer neu auszurichten, aber er stolperte, fiel hin und schlug sich den Arm an einem Stein an; als er auf die Füße kam und unter dem Flutlicht stand – das ihn dramatisch ausleuchtete, als beginne er ein Theaterstück im Wald –, rann ihm das Blut in einer breiten Bahn vom Ellbogen zum Handgelenk. *Kurwa*, sagte er. Die anderen Entdecker lachten, wenn auch nicht ohne Besorgnis; Andrzej fluchte noch einmal und lachte dann ebenfalls. Er wischte das Blut mit einer Papierserviette ab, desinfizierte die Wunde mit Wodka, goss aus derselben Flasche ein Gläschen ein und nominierte sich selbst.

12

ES WAR TATSÄCHLICH das falsche Gebäude. Hanna hatte recht; natürlich hatte sie recht – es war ihre persönliche Geschichte gegen meine mit Klebeband zusammengeflickte Geschichte aus zweiter Hand. Dieses Haus, ihr Haus, hatte niemals meiner Familie gehört, hatte überhaupt keine Verbindung mit ihr. Unsere Geschichten überschnitten sich nicht. Małachowskiego 12 – das heißt, das Gebäude, das heute Nummer 12 ist, das Gebäude, das ich aufgesucht hatte, das Gebäude, das aufzusuchen, dessen Bewohner kennenzulernen ich mich selbst überzeugt hatte, das Gebäude, wo Hanna und Bartek ihr ganzes Leben lang gewohnt hatten, das Gebäude mit der Hintergrundgeschichte vom Teatr Zagłębia –, es war, genau wie Hanna gesagt hatte, 1955 erbaut worden, mehr als ein Jahrzehnt, nachdem die Geschichte meiner Familie in Sosnowiec zu Ende gegangen war. Ich hatte hier nichts zu tun, ich hatte hier nichts zu schaffen.

Woher die Verwirrung? Die Adressen hatten sich verschoben. Als dieser Block mit Wohnhäusern, Małachowskiego 10–18, gebaut worden war, wurden die Nummern der Häuser weiter unten an der Straße höhergereiht, um Platz zu schaffen. Aus Małachowskiego 12 wurde Małachowskiego 34. Eine so unkomplizierte Erklärung; ja, im Rückblick scheint es immer unkompliziert. Der Grund, warum ich so lange gebraucht hatte, um es auszutüfteln, bestand darin, dass der vertrauenswürdige Hausverwalter Konrad Moszczeński in seinem Brief von 1967 an meinen Großvater die alte, unkorrekte Adresse, Nummer 12, und nicht die neue, Nummer 34, angeführt hatte. Ein Versehen. Er hatte einen Fehler gemacht. (Was, wenn es *kein* Fehler gewesen war? Was, wenn Moszczeński aus irgendeinem Grund meinen Großvater bewusst in die Irre geführt hatte? Es ist unwahrscheinlich, wenn auch nicht unmöglich, aber ich weigere mich, es auch nur in Betracht zu ziehen: Das ist ein zu tiefes Loch, um hineinzuspringen.) Einerseits war es ein verständlicher Irrtum, nehme ich an – sein ganzes Leben lang war das Nummer 12 gewesen, und jetzt war es plötzlich Nummer 34 –, andererseits aber war es schon zwölf Jahre so; jedenfalls hatte mich diese zweistellige Zahl auf den falschen Weg geschickt, hatte mich zwei Jahre lang an die falschen Türen klopfen lassen.

Schließlich wurde der Adressenwechsel bestätigt, zuerst per E-Mail, dann in Person durch den zuständigen Beamten für Stadtpläne in Sosnowiec, so etwas wie der offizielle Stadtvermesser. Ich saß in seinem Büro und lieferte ihm die Informationen, er gab sie in seinen Computer ein – das alles so unkompliziert, dass ich wieder einmal bemerkte, wie unnötig schwierig und ermüdend diese bürokratischen Missionen üblicherweise waren –, erhielt das Ergebnis, dann holte er ein großes, vergilbtes Buch, schlug die Seite auf, und da stand es, in exquisit ordentlicher Bleistiftschrift: Parzelle Nummer 1304, in der Małachowskiego-Straße, »12« war durchgestrichen und »34« eingefügt, Besitzer Kaiser, Mosche und Sura-Hena, und Kaiser, Schia und Gitla.

Es hatte eine Auswirkung, diesen offiziellen Eintrag aus der Nähe zu sehen. 34 Nr. ~~12~~. Ein Bleistifteintrag, einen halben Zentimeter hoch. All die Verwirrung, irrelevant geworden durch diesen winzigen Strich. Ein buchstäblicher Splitter der Klarheit und Einfachheit in einem sonst zunehmend ärgerlichen und verwirrenden Unternehmen. Mehr als das – dieser Eintrag in dem vergilbten Buch war die erste Bestätigung, dass das Gebäude tatsächlich meiner Familie gehört hatte. Nicht, dass ich jemals wirklich daran gezweifelt hätte, aber dennoch – ich war in einer undurchsichtigen Vergangenheit unterwegs, niemand war mehr am Leben, der mich unterstützen, mir widersprechen oder mich korrigieren würde; gegen eine fremde Bürokratie arbeiten zu müssen, in fremden Sprachen unter anscheinend zunehmend einander widersprechenden Gesetzen. Wissen kann sich bald schlüpfrig anfühlen. Meine Wahrheit kann Wahrheit sein und gleichzeitig nicht anerkannt werden. Ich sage: Meine Urgroßeltern sind tot; der Staat sagt: Nicht so schnell. Wieder und wieder lernt man, dass man das nicht versteht, von dem man geglaubt hat, man verstehe es, dass es unvollständig war, verzerrt oder ohnehin irrelevant. Also war es eine Bestätigung, diese Namen und Zahlen in der Akte im Büro des Stadtplanzuständigen zu sehen. Als sage die Stadt zu mir: Okay, alles ist erklärt, das ist es, was wir haben. Es ist auch unsere Geschichte.

Vom juristischen Standpunkt aus hatte die Enthüllung über 12 / 34 eigentlich gar nicht so viel Bedeutung. Es war eine bürokratische, papierbasierte Realität; das Reklamationsverfahren würde in Gerichten und Archiven weitergehen (oder nicht), würde mittels Dokumenten, Aufzeichnungen, Eingaben, Urteilen weiterlaufen (oder nicht); niemanden interessierte es, welches Gebäude ich glaubte, dass es sei. Dieser Knoten würde irgendwann gelöst werden.

Aber jenseits der juristischen Implikationen? Bedeutete es etwas? Dass ich ein solches Getue um das falsche Haus veranstaltet hatte? So viel Zeit und Energie verschwendet? In das falsche Haus gestürmt war, an die falschen Türen geklopft, die falschen Leute belästigt hatte? Ja und nein. Nein, denn dies gehört dazu, so geht es, diese Geschichten werden immer interessante und bedeutsame Umwege kennen. Schau, was sich herausgestellt hat, schau, wen ich kennengelernt habe. Wenn die Schatzsucher mir irgendetwas beigebracht hatten, dann das: Wer weiß, was du finden wirst, aber es wird etwas sein. Es geht um die Suche und nicht um: und so weiter.

Und eine falsche Adresse ergibt einen guten Slapstick, das ist sicher. Irgendwie war es perfekt. Natürlich musste ich das falsche Haus aussuchen, natürlich musste mein schwerfälliges Moralisieren als Rohrkrepierer in die Luft gehen.

Aber ja, es machte auch etwas aus, natürlich. Ich fühlte mich schrecklich. Ich hatte, so nahm ich an, unter den Bewohnern allerhand Kummer verursacht, und wofür hatte ich all diese Gehirngymnastik vollführt, um mein Vorgehen einzuordnen und zu rechtfertigen, um mein Eindringen weniger als Eindringen, sogar als etwas ein wenig Ehrenhaftes erscheinen zu lassen? Aber, so stellte es sich heraus, es war eben ein Eindringen.

Erinnern Sie sich an Bartek? Bartek, der im zweiten Stock wohnte, der so liebenswürdig gewesen war, der sich so bereitwillig geöffnet hatte, der mir davon erzählt hatte, wie er seine Mutter nach fünfunddreißig Jahren das erste Mal wiedergesehen, der mir Hanna vorgestellt hatte? Ein paar Wochen, nachdem wir uns kennengelernt hatten – inzwischen wussten die Bewohner im Haus Małachowskiego 12, was ich vorhatte, worauf ich aus war, erkannten die Bedrohung, die ich darstellte, aber bevor sie oder ich wussten, dass ich die Adresse verwechselt hatte –, schickte mir Bartek eine Mail.

Egal wie das ausgehen mag, bedenken Sie, dass für viele von uns dieses Haus ihr ganzes Leben ist (für mich ist es das Heim, das ich nie hatte). Teresa lebt hier seit 1957, Pani Hanna, seit ich mich erinnern kann. Einige Nachbarn sind schon gestorben (ich kann mich an manche nicht erinnern), einige sind weggezogen. 42 Jahre an einem Ort ist eine lange Zeit. Ich würde sagen, dies ist eine Art Status quo – man kann alte Bäume nicht verpflanzen.

Stets großzügig, noch während er mich beschwor, nicht sein Leben und das seiner Nachbarn auf den Kopf zu stellen, schrieb Bartek weiter, er glaube, es sei Schicksal, dass wir einander getroffen hätten, und er wünsche mir viel Glück für meine Reise in meine Familiengeschichte. Das sei etwas, meinte er, mit dem er sich selbst in Beziehung setzen könne. Es tut mir leid, dass alles so schwer ist, schrieb er.

Bartek, Hanna, Teresa, alle anderen Bewohner im Haus Ma-łachowskiego 12 – es tut mir leid. Es tut mir leid, euer Leben durcheinandergebracht, euch in Angst und Schrecken versetzt zu haben.

Bemerkenswert, wie lange ein Akt der Gewalt nachhallen kann.

Unsere Ursprungsgeschichten, die Geschichten, woher wir kommen, woher unsere Eltern und ihre Eltern und deren Eltern kommen, sind mit Irrtümern durchsetzt. Auf dem Grabstein meiner Großmutter, um ein besonders eklatantes Beispiel zu nennen – buchstäblich in Stein gemeißelt –, steht, sie sei in Oś-więcim geboren, aber das stimmt nicht, dort ist sie aufgewachsen, geboren aber wurde sie in Rzeszów. Und ich kann nicht sagen, wie oft ich davon gehört habe, dass Leute nach Osteuropa gelatscht sind, um der Familiengeschichte nachzuspüren, um der Gedächtniskarte zu folgen, nur um zu entdecken, dass sie ihr ganzes Leben lang ein größeres oder kleineres Detail falsch gesehen hatten – die Daten stimmen nicht zusammen, die Zugrouten können so nicht verlaufen sein, diese Adresse hat nie existiert, das Ghetto war damals schon ausgelöscht.

Es fühlt sich *immer* überraschend an, auf einen Irrtum wie diesen zu stoßen, doch das sollte es nicht. Familiengeschichten sind schlechte Geschichtsbewahrer: Sie sind bruchstückhaft, schlecht dokumentiert, verzerrt durch Hörensagen, Annahmen, Legenden – natürlich schleichen sich Fehler ein. Das scheint irgendwie falsch, sogar blasphemisch, verquer zu der privaten Heiligkeit, die wir unseren Ursprungserzählungen zuschreiben. Doch die meisten Geschichten in den meisten Familien sind nicht als Bewahrung von harten Fakten gedacht, oder man verlässt sich nicht darauf, sie sind als Bewahrung von weichen Fakten gedacht, von Gefühl, Narrativ, Identität, wer jemand war, und in der Folge, wer du bist. Sie erzählen keine historische Wahrheit, sondern eine emotionale Wahrheit. Ich würde sogar argumentieren, dass die eingebaute Unsicherheit – oft Unmöglichkeit des Wissens – über große und kleine Details essenziell für den Familienmythos ist; wir empfangen die Geschichte nicht nur, wir nehmen auch an ihr teil; auf irgendeiner Ebene entscheiden wir uns zu glauben. Wir ordnen zu.

Und in Wahrheit sind die am ehesten fehlerhaften Details jene, die den meisten Leuten ohnehin nicht besonders wichtig sind. Was ist der Unterschied zwischen Nummer 12 und Nummer 34, wenn jedes der beiden Häuser in einer Straße mit komischem Namen steht, in einer Stadt, an die man nur im Zusammenhang mit toten Juden in einem Land denkt, aus dem deine Familie geflohen ist? Der Fehler auf dem Grabstein meiner Großmutter, den erwähne ich seit Jahren, aber es kümmert niemanden wirklich, wir werden das niemals ändern, denn der Unterschied, ob Bubby nun in Rzeszów oder in Oświęcim geboren ist, ist für uns, ihre Kinder und Enkelkinder, die die Namen der Orte weder ordentlich aussprechen noch auf einer Landkarte finden können, unerheblich. Und außerdem werden Irrtümer ohnehin beinahe nie durchschaut. Die Geschichten werden nicht aufgestört oder in Frage gestellt, sie gerinnen zu Überlieferungen, und niemand ist schlauer geworden.

Aber was geschieht, wenn die Geschichte aufgestört und provoziert wird? Wenn man versucht, sie zu begutachten oder in ihr zu hausen oder sich ihr zu widmen oder Teile von ihr auszuschmücken? Dann bedeuten die Details etwas, besonders die Details, die man berühren und sehen und denen man sich nähern kann. Oświęcim und Rzeszów sind mehr als zweihundert Kilometer voneinander entfernt. Der Unterschied zwischen Małachowskiego 12 und Małachowskiego 34 ist, wenn man seine Rechte als Erbe einfordert, immens. Betritt man einmal die Geschichte, wird das Wo und Was wichtig, denn das sind die Einfallsorte; dies sind die Anker der Geschichte, die Mythenbehälter, und wenn man das falsch hinkriegt, das falsche Gebäude aufspürt oder in die falsche Stadt fährt, bekommt man die Geschichte falsch hin, sie geht daneben, man erleidet diese private, doch schlimme Demütigung, dass man seine Gefühle in die falsche Richtung gelenkt hat.

Oder vielleicht macht es sogar nichts aus, vielleicht ist die Beziehung zwischen unseren Geschichten und den Orten, die sie beschreiben, unbedeutender? Vielleicht ist es nur eine Phantommacht, sind es nur wir, die darauf bestehen, dass da etwas sei, die so tun, als sei da etwas, die wir uns den Glauben vorschwindeln, da sei etwas? Ich habe früher davon geschrieben, wie diese Art Geschichten geschmeidig sind, etwas absorbieren können, wie sie immer interessante und bedeutsame Umwege beinhalten, aber vielleicht brechen die Umwege die Geschichte ein wenig auf, betonen und bekräftigen die Distanz zwischen dir und dem oder der, mit denen du in Verbindung zu stehen scheinst. In anderen Worten, sie enthüllen die Fiktion der Sentimentalität. Du dachtest, dieses Ding, dieses Objekt, dieses Gebäude sei bedeutsam, sei speziell, aber es stellt sich heraus, nein, es ist bloß ein Objekt, bloß irgendein Gebäude, es bedeutet dir nichts, du hast das alles in deinem Kopf geschaffen. Und wenn dieses Gefühl von Bedeutsamkeit so falsch sein und deplatziert sein konnte, was ist es dann wert? Was ist dieses Gefühl überhaupt?

Oder vielleicht wird die sentimentale Geschichte nicht ausradiert, sondern überschrieben, vielleicht birgt sie immer noch das Narrativ, bedeutsam *gewesen zu sein*. Wenn nach dem jüdischen Gesetz ein Objekt, das *kadosch*, heilig, ist, seine Heiligkeit verliert – wie eine Thorarolle, in der einige Buchstaben fehlen und die also unbrauchbar wird –, wird es nicht spirituell bedeutungslos, es wird nicht auf den Stand eines weltlichen Dings zurückversetzt; es wird eher ein Objekt, das ehemals heilig war und dementsprechend behandelt werden muss, man kann es nicht in den Müll werfen, es muss ein geziemendes Begräbnis erhalten.

Ein unwürdiger Neubeginn. Jason, Larysa und ich kehrten nach Sosnowiec zurück, um uns das neue, ich meine, das richtige Gebäude anzusehen.

Małachowskiego 34 war ein dreistöckiges Eckhaus. Die Außenseite der beiden oberen Stockwerke – wo die Wohnungen lagen – war heruntergekommen, vernachlässigt, ein fleckiges Grau auf grauerem Grau, ein Muster wie eine Hautkrankheit. Das Erdgeschoss, in dem sich eine Apotheke befand, hatte einen frischen Anstrich von beigegelber Farbe, hellrote Vordächer und Schilder. Später las ich den Antrag meines Großvaters an die Foreign Claims Settlement Commission noch einmal und sah (nicht zum ersten Mal, aber erst jetzt fiel es mir auf), dass er den Verlust eines »Eckhauses / Apotheke im Erdgeschoss« erwähnt hatte.

Verglichen mit Nummer 12 – ein bedeutungsloser, aber unvermeidlicher Vergleich – war Nummer 34 ein wenig kleiner (also weniger wertvoll?), stand aber an der Ecke einer belebten Kreuzung (also wertvoller?); es war ein wenig seltsamer, ein wenig barocker, viel weniger kommunistisch. Jason fragte mich, was ich über das neue Haus dachte, ob ich es mochte, ob ich aufgeregt war oder so etwas. Ich zuckte die Achseln. Ich hatte keine besonderen Gefühle gegenüber Nummer 34; es war eine nüchterne, unsentimentale Begegnung.

Wir kamen problemlos hinein. Die Treppe war breit, aus Holz und abgetreten. Alles war schäbiger als in Nummer 12, gedrückter, es schien ärmlicher, aber das mochte auch nur für das Treppenhaus gelten, soweit ich wusste, konnten die Wohnungen frisch renoviert und teuer ausgestattet sein. Wir gingen in den obersten Stock. Eine Frau eilte an uns vorüber und in ihre Wohnung, schloss die Tür und sperrte sie ab. Ich starrte auf die geschlossene Tür. Ein Antagonismus hatte sich eingeschlichen. Es fühlte sich anders an als in Nummer 12, oder eigentlich fühlte ich mich anders – härter, zermürbt, unnachsichtig. Wer waren diese Leute, und was machten sie hier, und wussten sie überhaupt, und wie konnten sie es wagen? Ihre Wohnungen gehörten ihnen nicht, sie gehörten meiner Familie; sie waren Hausbesetzer, und falls sie keine waren, dann waren sie sicher nicht mit Genehmigung hier. Die Leute, die hier wohnten, hatten, wenn auch indirekt und unabsichtlich, vom Massenmord an meiner Familie profitiert, profitierten immer noch vom Massenmord an meiner Familie. Das Faktum hatte ich nie so wirklich bedacht; ich will nicht sagen, dass es nicht komplizierter war, aber es ist die Wahrheit, oder Teil der Wahrheit oder eine der Wahrheiten.

Larysa fragte, ob ich an eine der Türen klopfen wolle, und ich sagte, nein, heute nicht; mir ist gerade nicht danach.

Wir gingen in die Apotheke, die, angesichts dessen, was Hanna uns erzählt und mein Großvater auf dem Antrag an die Foreign Claims Settlement Commission geschrieben hatte, anscheinend seit mindestens den 1930ern existierte. Innen war sie, wie viele polnische Apotheken, kurios, muffig, ineffizient gestaltet, mit einem winzigen Wartebereich für Kunden und Kundinnen und einem geräumigen, doch kaum benutzten Bereich hinter dem Ladentisch, wo die meisten Waren außer Reich- und Sichtweite standen. Die Wände waren holzgetäfelt, im hinteren Zimmer konnte ich Mörser und Waagen sehen. Ich denke, in den 1930ern mochte es nicht viel anders ausgesehen haben, als mein Urgroßvater kam, um die Miete zu kassieren. Dies war möglicherweise das offenste Tor zu meinem Großvater, die beste Gelegenheit für meine Phantasie und Sentimentalität, um sich einzuschleichen, aber es fühlte sich nur wie eine Apotheke an, kaum mehr als das, etwas, zu dem ich eine persönliche Verbindung hatte, aber nicht ganz so persönlich. Wir fragten die Frau hinter dem Ladentisch, ob wir mit der Eigentümerin sprechen könnten. Die Frau sagte, sie sei nicht im Haus, sie werde uns aber gerne ihre Kontaktdaten geben; später schrieb ich dann an die Besitzerin, ob ich sie über die Geschichte der Apotheke befragen dürfe. Sie war offen und entgegenkommend, bis sie erfuhr, dass das Haus vor dem Krieg meiner Familie gehört hatte, da beendete sie dann jäh die Unterhaltung. »Ich weiß nicht, was Sie von mir wollen«, schrieb sie. »Es gibt nichts zu besprechen.« Ich fühlte mich seltsam befriedigt. Sollen sie alle uneinsichtig und misstrauisch sein, gut; sollen sie alle ihre Rollen spielen, werfen wir uns den Stereotypen in die Arme, ich werde der Jude sein, der zurückkommt, um sein Eigentum zu holen, und ihr die ängstlichen Polen.

Sie haben jedes Recht zu erwarten, dass ich die Bewohner des Hauses Małachowskiego 34 auf dieselbe Weise zu kontaktieren versuchte wie jene im Haus Małachowskiego 12. Dass ich ihre Geschichten hören wollte, dass ich diese Rückforderung humaner, weniger distanziert, weniger abstrakt machen wollte. All die Argumente bezüglich Empathie und Verantwortlichkeit galten noch immer, oder? Letztendlich war *dies* das Gebäude, dessen Bewohner betroffen sein würden; dies war immer das Gebäude gewesen.

Ich tat nichts. Ich klopfte nicht an, ich führte keine Interviews, ich kümmerte mich nicht, ich traf niemanden, ich wurde von niemandem abgewiesen, ich hörte niemandes Geschichte, ich hörte nichts von der Geschichte des Hauses. Ich ließ es abstrakt stehen, ungestört. Ich klammerte mich an die, bestand auf der Immobilienhaftigkeit von Nummer 34.

Ich habe keine Entschuldigung. Ich war erschöpft, das ist keine Ausrede. Ich hatte es nicht drauf. Der Gedanke, an noch mehr Türen zu klopfen; noch einmal die Wahrheit zu verdrehen, wer ich war und warum ich hier war, oder zu riskieren, als Bedrohung gesehen zu werden; als Bedrohung gesehen zu werden, egal was ich auf lange Sicht tat – ich schaffte es einfach nicht.

Ich denke, in diesen Geschichten von Rückkehr und Rückforderung, von clownesken osteuropäischen Abenteuern, vom Wandern zurück in die alte Heimat und Sammeln von Mythen und Begegnungen mit Geistern wird der emotionale Stress zu oft unterdrückt, geglättet. Ich meine nicht das Trauma, die seelischen Kosten, wenn man sich in äußerst finstere Familiengeschichten vergräbt – das wird oft sehr bewegend abgehandelt. Ich meine die viel banalere Wahrheit, wie *ermüdend* das alles ist. Wie kräftezehrend es ist, in Räume vorzudringen, die einen regelrecht zurückstoßen. Die Lügen summieren sich. Die Fehler, das Übersehen, das Unbekannte. Das Getue. Die Aufnahme von Geschichten. Die Kommunikation mittels Übersetzern. Die Sackgassen. Das Reisen, das Eindringen, die Rückzüge, die Täuschungen. Geschichten wie diese werden oft als Missionen präsentiert und aufgenommen, und die Protagonisten, bewusst oder unbewusst, als Helden. Wir mögen es, wenn unsere Helden unermüdlich sind. Die unromantische Wahrheit lautet: Es ist sehr, sehr anstrengend.

Einige Tage später schickte mir die Killerin eine SMS, dass das Bezirksgericht Sosnowiec zu einer Entscheidung gelangt sei. Es hatte sich nicht in unserem Sinn ausgesprochen. Die Richterin Wioleta Grabowska hatte entschieden, dass meine toten Verwandten nicht für tot erklärt werden könnten.

Um zu verstehen, warum die Richterin so geurteilt hatte, wie sie es getan hatte, mussten wir auf die schriftlich ausgefertigte Begründung warten, aber an diesem Punkt war ich nicht einmal besonders neugierig. Ich war schicksalsergeben, hatte angesichts der Absurdität resigniert. Die Killerin berichtete mir die Neuigkeit, und ich zwinkerte, seufzte, sagte, ja, natürlich, warum sollte irgendetwas rational oder einfach sein. Natürlich würde sich das Gericht weigern, den Tod meiner toten Verwandten anzuerkennen.

In dieser Nacht hörte ich mir die Aufnahme an, die ich insgeheim von meiner Aussage vor Gericht gemacht hatte. Ich hörte die absurden Fragen der Richterin, ihre Forderungen, ihre Brüskheit, ihre Hinweise auf das Gebäude, und ich begann den Verdacht zu hegen – ich musste mir alle Mühe geben, keinen Verdacht zu hegen, es gefiel mir gar nicht, so zu denken, aber es ging nicht anders –, dass es sich hier gar nicht um die Todesfälle handelte, sondern nur um die Rückforderung, es ging um das Eigentum, um jüdisches Eigentum: Die Todesfälle waren eine Formalität, eine Ausrede, ein Feigenblatt, etwas, das die Richterin begierig aufgegriffen hatte, um die Sabotage der Rückforderung zu rechtfertigen. Richterin Grabowska hätte die Sterbefälle bestätigen können – die Richterin in Będzin, der dieselben (wenigen) Dokumente vorgelegen hatten, hatte den Tod von Schia und Gitla Kajzer bestätigt. Aber die Grabowska hatte sich entschieden, das nicht zu tun. Was konnte das anderes sein als Sabotage? Wie tief hinunter reichte das? Spiegelte die Absicht der Richterin sogar die Absicht der Regierung? Torpedierte die Richterin Grabowska meine Rückforderung, weil die neue nationalistische, revisionistische, das Justizsystem untergrabende Regierung das von ihr wollte, sie angewiesen oder gezwungen hatte, das zu tun? Oder vielleicht hatte niemand laut etwas gesagt, doch sie hatte verstanden, womit die Vorgesetzten zufrieden wären, wollte niemandem auf die Zehen treten, im ganzen Land waren gerade Hunderte Richterinnen und Richter gefeuert worden, lieber auf Nummer sicher gehen …? Ich war paranoid. Mir war der gute Wille ausgetrieben worden, und jetzt war ich paranoid. Ich wurde zurückgezerrt in die Grundeinstellung meiner Familie gegenüber Polen – Verdacht, Misstrauen, Ressentiment. Mein Vater war kein bisschen überrascht von dem Entscheid; angeekelt, aber nicht überrascht. *Antisemiten*, sagte er. Was hast du erwartet.

Einige Wochen danach erhielten wir den Entscheid in schriftlicher Ausfertigung, und meine Vermutungen wurden nicht im Mindesten entkräftet. Soweit ich sagen konnte – es war eine Übersetzung eines Gerichtsdokuments von zweifelhafter Qualität –, schien die Argumentation von Richterin Grabowska so zu lauten: Da es andere Juden gegeben habe, die unter gleichen Umständen überlebt hatten (darunter, nehme ich an, mein Großvater), könne infolgedessen nicht schlüssig entschieden werden, dass meine Verwandten *nicht* überlebt hatten. Um es klar auszudrücken: Die Richterin sagte nicht, dass meine Verwandten nicht für tot erklärt werden könnten, weil sie eventuell noch am Leben seien – die Richterin glaubte nicht, dass meine Verwandten lebten, weil sie keine Idiotin war. Ihre Schlussfolgerung war eher verfahrensrechtlich: Diese Tode galten nicht, sie erfüllten nicht den staatlichen Standard für »Tod«. Die Richterin ging sogar so weit, Gegenbeispiele anzuführen, Umstände, wo der Tod erklärt werden konnte – etwa durch eine Naturkatastrophe –, aber nicht hier, nicht in diesem Fall, weil offenbar der Holocaust nicht tödlich genug war ...?

Wäre es bloß eine Überschwemmung gewesen, sagte ich zu meinem Vater. Dann wären sie tot.

In ihrem Entscheid zitierte Richterin Grabowska ein Gesetz, die Verordnung vom 23. April 1964, die für genau diese Art Situation gedacht schien – das heißt, während des Krieges Vermisste können ein Jahr nach Kriegsende für tot erklärt werden. Aber laut Richterin Grabowska traf diese Verordnung in unserem Fall nicht zu, denn es *hatte* ja jüdische Überlebende gegeben. Das war ein vertracktes Argument. Wenn die Existenz *irgendwelcher*

Überlebender bedeutet, dass das Gesetz nicht anwendbar ist, dann ist das ein hohles und bedeutungsloses Stück Legislatur. Eine Sterblichkeitsrate von 99 Prozent war offenbar nicht tödlich genug.

Die Willkür wurde weiter durch das Faktum unterstrichen, dass von der Richterin in Będzin die Verordnung vom 23. April 1964 angeführt worden war: Schia und Gitla Kajzers Tod wurde mit dem 9. Mai 1946 angesetzt, ein Jahr nach dem Ende des Zweiten Weltkriegs. Ja, der Schlussparagraph der Entscheidung der Będziner Richterin liest sich wie ein direkter Tadel an Richterin Grabowska und unterstreicht, warum der Mangel an stichhaltigen Beweisen für Todesfälle in diesem Fall keine Bedeutung hat: *Zweifellos … hatten die Gesetzgeber auch, oder sogar hauptsächlich, die vielen Legionen an Menschen im Sinn, die in Arbeitslagern und jüdischen Ghettos starben. Mit sehr wenigen Ausnahmen gibt es keine Augenzeugen, denn diese Augenzeugen waren selbst Opfer und starben gemeinsam mit jenen, um deren Todesbestätigung nachgesucht wird. In dieser Hinsicht stellen die Ansprüche des Antragstellers angesichts der historischen Umstände eine ausreichende Untermauerung dar.*

Die Großzügigkeit, mit der ich zum Prozess gekommen war, dieser Geist des *Was kann man schon machen, Bürokraten sind eben Bürokraten*, schien jetzt so fehl am Platz, so naiv. Alles, worum ich bat, war doch einfach die Anerkennung eines äußerst banalen Faktums, nämlich dass sie tot waren, dass meine Verwandten, gestorben im Holocaust, tot waren. Welche Wahrheit wäre leichter anzuerkennen gewesen? Dass die Toten tot waren? Dass jene, die im Holocaust umgekommen waren, im Holocaust gestorben waren? Doch die herrschenden Mächte sagten: Nein. Es war lächerlich, es war ungeheuerlich. Ich dachte, meine Geschichte hätte keinen Antagonisten, doch ich hatte mich geirrt, sie hatte einen. Ich hatte meinen Antagonisten gefunden. Hier war er. Er hatte keinen Namen, er war gestaltlos, er ging über eine Richterin in Sosnowiec hinaus – es war das System, die Bürokratie, die Gerichte. Vielleicht war es sogar »Polen«. Das Land, die Geschichte, die Idee, ich weiß es nicht.

Was bedeutete das für den Fall? Es war natürlich ein ärgerlicher und entmutigender Rückschlag, wir mussten jetzt berufen, und wie lange würde das wohl dauern? Aber was soll's, wen kümmerten zusätzliche Kosten und Zeit, es gab verstörendere Implikationen – nämlich die hässliche Abstraktion von etwas so manifest Wahrem, einer Wahrheit, die als heilig betrachtet hätte werden sollen: dem Tod der Opfer der Schoah! Sie leugneten den Tod der Opfer der Schoah! Auch wenn »leugnen« nicht das präziseste Verb ist, verwende ich es hier, denn so fühlte es sich an, und darauf lief es ja wirklich hinaus. Eine Minute lang dachte ich – ziemlich großsprecherisch –, dass meine Frustration etwas mit einem Abschluss zu tun hätte, dass die Weigerung des Gerichts, deren Tod anzuerkennen, etwas in einem Zwischenreich festhielt oder was auch immer, aber dann wurde mir klar, nein, natürlich nicht, es hatte nichts mit einem Abschluss zu tun, ich hatte diese Menschen nie gekannt, ich war nicht in Trauer oder empfand irgendwelchen seelischen Schmerz. Es war eher, als hätte man mir gesagt, dass die Wahrheit gleichgültig sei. Ja, sie sind tot, aber leider heißt das nicht, dass sie tot sind. Als hätte man mir gesagt: Du hast deine Geschichte, wir haben unsere. Deine Geschichte ist nicht wahrer als unsere. Dein Wissen ist eigentlich nicht die richtige Art Wissen. Leute sind nicht tot, nur weil du das glaubst, nur weil du weißt, dass sie tot sind, nur weil sie tatsächlich tot sind.

13

EIN PAAR TAGE, nachdem ich den Entscheid erhalten hatte, rief Joanna an und sagte, sie habe eine Überraschung für mich. Sie hatte auf Facebook gepostet und gefragt, ob jemand interessante Informationen zum Thema Kajzer habe. Die meisten Antworten kamen von Entdeckern, die mir zwar keine Informationen lieferten, doch, da sie nun mal Entdecker waren, wissen wollten, ob ich vielleicht etwas für sie hätte. Aber eine interessante Antwort gab es, von einem Forscher, der behauptete, das Haus zu kennen, in dem Abraham Kajzer sich in den letzten Kriegswochen versteckt hatte; er gab an, mit dem Hausbesitzer befreundet zu sein, einem Mann namens Jacek. Joanna hatte Jacek kontaktiert, um einen Besuch zu vereinbaren. Das war die Überraschung.

Jacek hatte Joanna gegenüber betont, er selbst sei kein Schatzsucher; er sei, meinte er, äußerst skeptisch gegenüber Schatzsuchern. Und er war äußerst skeptisch, was mich betraf. Zuerst sagte er, ich dürfe nicht kommen; dann zog er zurück und meinte, okay; dann eine weitere Kehrtwende und nein; dann sagte er, ich dürfe für eine Stunde kommen, dann, überhaupt nicht; dann verlangte er von Joanna einen Nachweis, dass ich mit Abraham Kajzer verwandt sei; dann sagte er, ich könne kommen, aber nur für zwanzig Minuten; dann schickte er eine SMS, es sei kein guter Tag, machen wir doch einen neuen Termin aus, aber da waren wir schon im Land Rover auf dem Weg zu ihm, also ignorierten wir die SMS.

Jacek wohnte an einer schmalen, ungepflasterten Straße am Rand von Głuszyca. Sein Haus war sehr groß, eine eigentümliche Kombination von Alt und Neu – es war durch die Jahrzehnte zahllose Male erweitert, renoviert und umgeändert worden, und die Narben waren erkennbar.

Jacek kam uns an der Tür entgegen und besänftigte den Hund, der außer sich geraten war. Er war Ende dreißig, das überraschte mich – ich hatte angenommen, er sei älter, vor allem, weil er so misstrauisch war. Er war blond, dicklich, hatte ein Babygesicht und trug ein blaues Polohemd, graue Trainingshosen und Crocs, ein äußerst unschatzjägerisches Outfit. Aus welchem Grund auch immer (weil ich Amerikaner war, weil Joanna bekannt war), Jaceks Misstrauen darüber, wer ich sei und was ich wolle, verpuffte sofort, als er uns traf, ebenso jeder Vorwand, dies sei nur ein kurzer Besuch. Wir standen vor dem Haus, während er ausführlich und mit offensichtlichem Stolz von dessen Geschichte erzählte.

Jacek sagte, als er und seine Familie zehn Jahre zuvor eingezogen seien, hätten sie nichts darüber gewusst, seien sich nicht bewusst gewesen, dass irgendetwas eigenartig oder bemerkenswert war. Aber viele Dinge geschahen, meinte er, die ihn verstehen ließen, dass dies kein normales Haus sei. (Ah, sagte ich zu mir, jetzt geht's los; ich hatte genug Zeit mit Schatzsuchern verbracht, um ihr Vokabular zu erkennen. Jacek mochte nicht als Schatzsucher gelten, dachte ich, aber immun gegen die Sirenentöne war er nicht.)

Eines Tages, erzählte Jacek, seien zwei Deutsche, ein alter Mann und sein Sohn in mittlerem Alter, aufgetaucht und hätten begonnen, die Außenseite des Hauses zu fotografieren. Als Jacek fragte, wer sie seien, warum sie sich für sein Haus interessierten, sagte der alte Mann, er sei hier aufgewachsen, habe hier gelebt, bis er und seine Familie 1946 vertrieben worden seien. Sie versicherten Jacek, sie seien allein aus sentimentalen Gründen gekommen, hätten bloß den Ort sehen wollen, nichts Böses im Sinn, hätten kein Interesse daran, den Besitz zurückzufordern oder Dielenbretter herauszureißen. Jacek, liebenswürdig und neugierig, ließ sie ins Haus, und sie gingen überall herum, Zimmer für Zimmer, während der alte Mann in Erinnerungen schwelgte und beschrieb, wie das Haus ausgesehen hatte. Und an irgendeinem Punkt während des Besuchs, sagte Jacek, erwähnte der alte Mann, dass sich im Krieg hier fünfzehn Juden versteckt hätten.

Plötzlich begann Jacek die Geschichte von neuem zu erzählen; es gab noch ein anderes mit dem Haus in Zusammenhang stehendes Geheimnis, das zuerst berichtet werden musste. Der frühere Eigentümer, sagte er, sei ermordet worden. Sechsmal in den Kopf geschossen. Ich glaube nicht an das Übernatürliche, aber wir haben hier definitiv ein Gespenst, sagte er und brach dann in Gelächter aus. Der ermordete Besitzer war Offizier im kommunistischen Geheimdienst gewesen. (Ah, sagte ich mir, Geheimpolizisten sind der Grundstock schlesischer Mysterien; es gibt sie überall, in allen Varianten: KGB, CIA, Stasi, Mossad.) Sechs Kugeln in den Kopf, betonte Jacek. Seine Leiche wurde von seiner Frau und seiner Tochter in der Küche aufgefunden, ich zeige Ihnen die Stelle, wenn wir drinnen sind. Jacek hielt inne; er wartete auf meine Frage, warum der ehemalige Besitzer ermordet worden sei, und so fragte ich, warum der ehemalige Besitzer ermordet worden sei.

Es gibt drei Theorien, meinte er.

Erstens, ein Raub, der aus dem Ruder gelaufen war. Ein unglückseliger, willkürlicher Gewaltakt. Nichts zu tun mit der ehemaligen Laufbahn des Mannes als Offizier der kommunistischen Geheimpolizei. Eine mögliche Theorie, sagte Jacek, aber es war deutlich, dass er sie als absurd betrachtete.

Zweitens, der Mord war ein Racheakt. Ein Offizier des kommunistischen Geheimdienstes? Es gab viele Leute, die ihn tot sehen wollten. Joanna und Jacek nickten wissend; auch ich nickte wissend.

Drittens, etwas außerordentlich Geheimes. Was zum Beispiel?, fragte ich. Jacek zuckte die Achseln. Weiß nicht, sagte er, und ich kann Ihnen auch nicht alles sagen, was ich weiß. (Ah, sagte ich mir, diese Männer, ihr aufreibendes Interesse am Unaussprechlichen.) Ich habe zwei Verstecke im Haus gefunden, die ausgeräumt worden waren, sagte er. Wer weiß, was da drin war?

Egal; die Familie des ermordeten ehemaligen Geheimdienstoffiziers wollte jedenfalls nicht mehr in dem Haus bleiben, aus verständlichen Gründen, und verkaufte es Jacek. Allerdings versäumten sie beim Verkauf, den Mord zu erwähnen, ich nehme an, ebenfalls aus verständlichen Gründen; Jacek fand das erst heraus, nachdem er eingezogen war. Ich fragte, ob es ihn störe. Nicht wirklich, meinte er. Das macht es interessant. Ich sagte es Ihnen doch, wir haben ein Gespenst, und er brach in Gelächter aus.

Nicht lange, nachdem er eingezogen war, erzählte Jacek, klopfte jemand an die Tür und überreichte ihm ein Buch – *Za Drutami Śmierci* von Abraham Kajzer. Und als ich das Buch las, verstand ich, dass das Haus, das er beschreibt, mein Haus ist. Was?, sagte ich. Wer? Wer war dieser Jemand? Und warum hat er Ihnen das Buch gebracht? Und warum dieses Buch? Jacek zuckte die Achseln. Keine Ahnung, sagte er. Aber das ist sehr sonderbar, sagte ich. Jacek zuckte die Achseln. Sonderbar, aber auch nicht so sonderbar, sagte er. Das ist Schlesien.

Eine Stunde, nachdem wir gekommen waren, gingen wir ins Haus. Es war erfrischend gemütlich – keine Forscherausrüstung, keine Nazi-Erinnerungsstücke, keine pseudomilitärische Inneneinrichtung. Jacek bat uns, die Schuhe auszuziehen. Die Küche war eine sehr nette Küche und zudem ein provisorisches Aufnahmestudio, mit ausgeklügelter Beleuchtung, Lichtwannen, einem Mikrophon, einer professionellen Videokamera auf einem Stativ. Jacek erklärte, seine Frau Dorota produziere eine beliebte Kochshow auf YouTube, in der sie auch auftrete, *Menu Dorotki*.

Das Haus war riesig. Von außen kann man nicht sagen, wie groß es ist, sagte Jacek – 37 Zimmer, 850 Quadratmeter. Jacek zeigte uns, was er den am wenigsten renovierten Raum im Haus nannte; es sah aus und war so groß wie das Innere einer Scheune: 220 Quadratmeter, die Decke in zehn Meter Höhe. Es wirkte höhlenartig und war außer herumliegendem Kram – einem orangen Plastikstuhl, einem noch in der Verpackung steckenden aufblasbaren Schwimmbecken – vollkommen leer. Joanna und ich staunten – einen Raum solchen Ausmaßes in einem Haus zu sehen fühlte sich surreal ein, wie eine Vergewaltigung der Physik –, und Jacek grinste.

Wir gingen durch das Vorzimmer ins Schlafzimmer. Es war nett, modern, dezent. Jacek stand an der Wand. »Genau hier war ein riesiger hölzerner Wandschrank«, sagte er, »der war schon im Haus. Meine Frau hasste ihn, und so entschlossen wir uns, ihn loszuwerden. Sechs Männer haben wir gebraucht, um ihn zu bewegen. Und dahinter, genau hier« – Jacek wies auf die Mitte der leeren Mauer – »war eine kleine Tür.«

Jacek erzählte, er habe die kleine Geheimtür geöffnet, die er eben in seinem Schlafzimmer entdeckt hatte, einen Schritt hinein getan – und sei oder sei beinahe (ich hatte Mühe, ihn zu verstehen) ein ganzes Stockwerk tief hinuntergefallen. Zwischen den Mauern befand sich eine Lücke; es war eine Scheinmauer. Jacek, unverletzt (also nahm ich an, er sei bloß beinahe hinuntergefallen oder habe viel Glück gehabt), untersuchte die Lücke. Da stand eine Leiter. Die Leiter führte hinunter in den Geheimraum, und dort würden wir jetzt hingehen.

Wir verließen das Schlafzimmer, gingen eine kleine Treppe hinunter und betraten den Raum, der das Geheimzimmer gewesen und nun ein Wäschezimmer war. Waschmaschine, Trockner, Wäschekörbe, Reinigungsmittel, überall Haufen von Kleidern. Es gab keine Fenster, bloß eine (jüngst durchgebrochene) Tür. Die Decke war schräg, sodass ich nur an einer Seite des Zimmers aufrecht stehen konnte; es maß etwa sechs mal drei Meter, ein sehr ordentlich dimensionierter Wäscheraum, aber ein unmöglich beengter Aufenthaltsraum für fünfzehn Menschen. Jacek stieß Wäsche, Spielsachen und Hausmüll beiseite, während er eine kleine Führung veranstaltete, uns erzählte, wie es ausgesehen hatte, als er zum ersten Mal hier hereingestolpert war – er hatte ein paar Schuhe gefunden, ein paar aus einem Buch gerissene lose Seiten. Ich gebe zu, dass ich einige Mühe hatte, die Bedeutung dieses Ortes zu erkennen. Es wirkte auf mich wie ein Wäschezimmer mit ein paar interessanten Kleinigkeiten. Da ist eine Stätte, und da ist ein Gedenken, und oft passen diese zwei nicht zusammen. Ich wette, es wäre sehr aufschlussreich, die polnische Geschichte durch die Linse von häuslichen Renovierungen zu studieren.

Ich hatte einige Fragen an Jacek zum zeitlichen Ablauf dieser Entdeckungen: »Sie haben diesen Raum also gefunden, kurz nachdem Sie eingezogen sind?«

»*Tak.*«

»Bevor der deutsche Vater mit seinem Sohn auftauchte?«

»*Tak.*«

»Also bevor Sie Kajzers Buch gelesen haben?«

»*Tak.*«

»Als Sie den Raum entdeckt haben, haben Sie nichts davon gewusst, dass sich hier im Krieg Juden versteckt hielten?«

»Stimmt.«

»Wofür haben Sie den Raum dann gehalten?«

Jacek zuckte die Achseln, verdrehte die Augen. Ein Geheimzimmer, keine große Sache, nicht unbedingt eine Spitzenmeldung. »Das ist Schlesien«, sagte Joanna und zuckte ebenfalls die Achseln. »*Tak*«, meinte Jacek, »das ist Schlesien. Überall Geheimnisse.«

Allerdings.

Jaceks Tour war noch lange nicht zu Ende. Wir gingen die Treppe hinunter, zogen unsere Schuhe wieder an, folgten Jacek nach draußen. Das Grundstück war etliche Tausend Quadratmeter groß und nicht eingezäunt, es lief einfach in die Umgebung aus – hohes Gras und wellige Felder, die sich bis zu den Bergen erstreckten. Wir kamen an einen kleinen See. Dieser See, verkündete Jacek, ist unerklärlich. Lange Zeit konnten wir nicht herausfinden, wie er gespeist wird, meinte er, das Wasser schien von nirgendwoher zu kommen. Und dann – Jacek grinste breit – fanden wir ein Rohr, und unter dem Rohr – hier gackerte er förmlich vor Begeisterung – lagen unterirdische Eisenbahnschienen.

Jacek hob ein provisorisches Holzgatter hoch und beleuchtete das Loch mit seiner Handy-Taschenlampe. Unten, etwa eineinhalb bis zwei Meter tief, lagen unverkennbar Bahnschienen. Man kann sich nach Belieben über diese Schatzsucher lustig machen, aber hin und wieder zeigen sie einem etwas wirklich Erstaunliches. Wer weiß, ob das alles mit Nazis zu tun hatte, aber trotzdem – da lagen Bahnschienen auf dem Grundstück dieses Mannes.

Wie lautete Jaceks Theorie? Jaceks Theorie hatte ausschließlich mit Nazis zu tun. Er sagte, er selbst und Jerzy Cera, so etwas wie ein Elder Statesman unter den Schatzsuchern, glaubten, dass der See einen geheimen Eingang zur Anlage Soboń berge. Sie hatten auch ein Ventil gefunden, zur Kontrolle des Wasserspiegels, wie sie glaubten. »Cera ist sehr misstrauisch, erzählen Sie also niemandem etwas davon«, sagte Jacek, der, trotz seines Geredes, er sei kein Schatzsucher, offensichtlich mit einigen von ihnen unter einer Decke steckte; er erzählte uns dann, Cera und einige andere Forscher würden hier übernachten, in Zimmern, die er als Nebengeschäft vermietete. Das fiel mir als erstaunliche Koinzidenz auf – das Haus, in dem sich Abraham Kajzer versteckt hatte, war zufällig auch die Unterkunft der Wahl für die Schatzjäger? –, Joanna aber war unbeeindruckt. So ist Schlesien, meinte sie.

Jacek führte uns an der Rückseite des Hauses zu einer kleinen Treppe hinunter zum Keller. Er wandte sich zu uns, ernst und gewichtig. Eine Ansprache, bevor wir abwärts stiegen. Als wir eingezogen sind, sagte er, war der Raum voller Kohle. Wir haben uns nichts dabei gedacht, wir glaubten, es sei bloß Gerümpel, Müll, was immer. Aber als der alte Deutsche den Keller betrat, brach er in Tränen aus und lief hinaus. Als wir ihn fragten, warum er weinte, woran er sich erinnerte, weigerte er sich, darüber zu sprechen. Er sagte bloß, es ist zu schmerzhaft, ich möchte nicht darüber sprechen. Jacek vollführte sein großes unschuldiges Achselzucken. Also weiß ich es nicht.

Jacek warnte uns, auf unsere Köpfe achtzugeben, und führte uns die Treppe hinab und durch einen engen, rußigen Korridor zu einem Stück grauer Steinmauer, etwa einen Meter breit und eineinhalb hoch. »Hinter dieser Mauer ist etwas«, sagte er. »Wir wissen ganz bestimmt, dass hinter dieser Mauer etwas ist. Der Grundriss des Hauses lässt stark vermuten, dass sich hier ein Raum befindet.« Er wies auf den rostigen Überrest von etwas hin, das einmal eine Türangel gewesen sein mochte.

Joanna wurde sehr aufgeregt – was ich vorher noch nicht wirklich beobachtet hatte; dies war ein neues Geheimnis –, und sie und Jacek begannen sich lebhaft auf Polnisch zu unterhalten. Ich konnte nicht folgen, aber nach einer Minute mischte ich mich ein und fragte Jacek: »Haben Sie überlegt, die Mauer abzutragen?« Ich war all dieser unzugänglichen, unsichtbaren Geheimnisse so müde.

»Darüber reden wir gerade«, sagte Joanna.

»Er möchte das nicht tun?«

»Ich werde es tun«, sagte Joanna. »Er will, dass ich es tue.«

»Wir machen es jetzt!«

»Nein, wir haben kein Werkzeug«, sagte Joanna. »Wir kommen wieder und machen es.«

Später saßen wir in der Küche – wo der leblose Körper des ehemaligen Bewohners von seiner Frau und seiner Tochter gefunden worden war – mit Dorota, Jaceks Frau, die sich während des Besuchs der Deutschen Notizen gemacht hatte.

Die Deutschen hießen Kammler, und die Geschichte war natürlich ein wenig gehaltvoller, ein wenig komplizierter, ein wenig herzzerreißender als das, was Jacek umrissen hatte.

Die Kammlers waren eigentlich nicht die ursprünglichen Hausbesitzer. Das waren die Kreins, die Herrn und Frau Kammler – die Eltern des alten Mannes, der eines Tages aufgetaucht war – als Hausmeister und Bedienstete beschäftigt hatten. Die Familie Kammler, Mutter, Vater, Kind, wohnte in einem einzigen Zimmer im oberen Stock. Als der Sohn der Kreins, ihr einziges Kind, im Ersten Weltkrieg in der Schlacht fiel, vermachten sie den Besitz Herrn und Frau Kammler.

Unter Dorotas Notizen befand sich ein Eintrag mit der Überschrift »JUDEN: *200–300 Personen gingen jeden Tag vorbei auf dem Weg zur Arbeit in Soboń; 15 Personen versteckten sich hier während des Krieges.*«

Unter der Überschrift 1.5.1946: »3 Uhr nachts: *Die Polen kamen plötzlich und sagten (den Kammlers), sie sollten ihre Sachen packen. Sie platzierten eine Granate im Haus, beschuldigten sie, Terroristen zu sein, und sagten, sie sollten sofort gehen. Sie wurden in polnische Züge gesetzt und deportiert – alle Anwohner in der Straße wurden deportiert ... Nach dem Krieg behandelten die Polen sie sehr schlecht. Die Russen waren viel besser.*«

Wir blieben und unterhielten uns noch ein bisschen; es ging nun um weniger ernste Themen. Dorota erzählte von ihrer Kochshow und lud mich ein, als Spezialgast dort aufzutreten. Jacek zeigte uns Ufo- und Riese-Videos, die er auf YouTube gepostet hatte, und holte sein Exemplar von Kajzers Buch, damit ich es signieren konnte. Irgendwann kam auch Jaceks und Dorotas zwölfjährige Tochter dazu. Ihre Einstellung zu dem ganzen Geheimnisgetue war erfrischend teeniehaft. Wie ihr Vater glaubte sie, dass im Haus ein ermordeter ehemaliger kommunistischer Geheimdienstoffizier spukte. Aber sie war wunderbar abgeklärt darüber. Na ja, im Haus spukt es, wen kümmert das, was soll's, deswegen braucht man doch nicht durchzudrehen. Ich drängte: Aber wie ist das so, in einem Haus zu leben, in dem es spukt? Du musst doch was dabei fühlen. Meinetwegen, sagte sie. Man gewöhnt sich daran. Okay, aber was ist mit deinen Freundinnen, fragte ich, was denken sie über das Gespenst? Sie zuckte die Achseln und verdrehte die Augen, als hätte ich sie gebeten zu beschreiben, wie Toast schmecke. Ich fragte: Was denkst du über das Geheimnis in eurem Keller? Sie meinte, sie finde es interessant, aber mit »interessant« meinte sie offensichtlich »das Allerlangweiligste im Universum«, und der einzige Grund, warum sie »interessant« sagte, lag darin, dass sie meinte, vor ihrem Vater und seinen lächerlichen Gästen mit ihren lächerlichen Obsessionen höflich sein zu müssen.

Es war das falsche Haus. Einige Monate später erhielt ich endlich die Übersetzung von Abrahams Tagebuch, und es war sofort klar, dass das Haus, in dem Abraham Kajzer sich versteckt hatte, nicht dieses Haus, nicht Jaceks geheimnisvolles Haus gewesen war. Im Text ist das deutlich zu erkennen. Abraham versteckte sich nicht mit vierzehn anderen Juden in einem Geheimzimmer, sondern in einer Kartoffelkiste, im Keller, allein. Die deutsche Frau, die ihn versteckt, ist namenlos, doch es gibt genügend Identifikationsmerkmale – sie erzählt Abraham, es sei das Haus ihres Vaters, und sie lebe dort mit ihren Kindern –, um Kammler oder Krein auszuschließen.

Das Haus war also nicht das Haus, und das Gebäude war nicht das Gebäude, und Abraham war nicht mein Großvater, und meine toten Verwandten waren nicht tot, und Mythen sind hartnäckig, und Wahrheiten lösen sich auf, und Fiktionen passen ganz genau.

Teil vier

DAS EWIGKEITSBUCH

14

1. KALTWASSER: ICH fuhr Richtung Kaltwasser, einem Nebenlager von Groß-Rosen, dem ersten von acht, in denen Abraham
Kajzer interniert war. Oder eher, ich fuhr dorthin, wo Kaltwasser
gewesen war, denn das Lager selbst – die Anlagen, die Baracken,
die Zäune etc. – war vollkommen ausgetilgt worden; eigentlich
ist auch »wo Kaltwasser gewesen war« nicht genau, denn niemand weiß mit Gewissheit, wo sich das Lager befand. Mein Ziel
waren eher die Längen- und Breitenkoordinaten für Kaltwasser,
zu sehen in https://de.wikipedia.org/wiki/Projekt_Riese, Koordinaten, die, wie ich später erfuhr, wenig überraschend, von
Schatzsuchern ausgeforscht und hochgeladen worden waren.
Für jedes Nebenlager gab es Koordinaten, und sie waren sehr
präzise, bis zum vierten Dezimalpunkt, genau bis auf elf Meter.
Ich hatte die acht Sets Koordinaten heruntergeladen, virtuell
hineingesteckte blaue digitale Nadeln, hatte meine eigene private Google Map von Abrahams Leiden geschaffen. Der Umstand,
dass die Landkarte nur mir zugänglich war, war, ich gestehe es,
recht spannend; es war eine Spannung zwischen der Aufregung
des Forschers und jener des Pilgers. Kaltwasser war meine erste
Station, weil es das erste Lager für Abraham gewesen war. Ich
ging seiner Reise nach; ich hatte das Gefühl, ich sollte das der
Reihe nach tun. Mein Handy führte mich durch das Dorf Głuszyca in die Gdanska, eine Straße, die mir vertraut war – hier
wohnten Jacek und Dorota, in einem Haus, in dem sich trotz des
hartnäckigen Mythos Abraham nicht versteckt hatte, obwohl in

der Nähe das Haus stand, in dem er sich wirklich verborgen hatte. Die blaue Stecknadel, die Kaltwasser anzeigte, steckte (virtuell, physisch, historisch, spirituell?) hinter einem neuen Haus, das aussah, als sei es noch im Bau und nicht bewohnt, also parkte ich auf der nicht asphaltierten Zufahrt. Sobald ich die Wagentür öffnete, begann allerdings innen im Haus ein Hund zu bellen. Trotzdem, es war deutlich, dass niemand zuhause war, aber auch so umging ich das Grundstück; ich hatte Angst vor unbefugtem Betreten. Hinter dem Haus lag ein weites, leeres Feld. Wie groß war Kaltwasser gewesen? Niemand weiß das. »Etliche nummerierte Baracken«, hatte Abraham geschrieben, »im Abstand von fünfzig Metern.« Also recht groß. Die spärlichen vorhandenen Quellen lassen vermuten, dass bis zu zweitausend Häftlinge hier untergebracht waren, irgendwo in dieser Gegend, und jetzt ist es bloß eine Wiese, ungemäht, wild wuchernd, sie gehört dem Besitzer des Neubaus wenn schon nicht legal, dann de facto. Die blaue digitale Stecknadel täuscht. Ich habe sie »Kaltwasser« genannt, aber Kaltwasser hatte Dimensionen, Grenzen, Maße; die Nadel hat nichts davon. Die Nadel ist ein Punkt ohne Maße auf der Karte; das Genaueste, das wir sagen können, ist, *irgendwo hier*. Was war das für ein Ort? Es war ein Feld, wo sich einst ein Konzentrationslager befand, wo einmal ein Feld gewesen war. Ich verbrauchte keine Vorstellungsenergie auf den Versuch, das Lager hinter dem? – unter dem? – via dem? – Feld zu sehen – zu spüren? – zu verstehen? Vielleicht deswegen, weil es keine physischen Überreste des Lagers gab, keinen visuellen Anker. Ich ging an den Rand des Feldes und entdeckte, dass ich mich geirrt hatte, es gab tatsächlich einen Überrest: einen alten steinernen Unterstand, der zu Kaltwasser gehört hatte, und auch wenn er kein Teil von Kaltwasser war, war er es doch, denn hier war die Stätte eines Konzentrationslagers namens Kaltwasser, und hier war ein alter steinerner Bau; die Assoziation ist so offensichtlich, dass sie nicht den Tatsachen entsprechen muss, um wahr zu sein. Die Leute, die hier in diesem neuen Haus leben, in dessen Hinterhof das Steingebäude halb vergraben, doch kaum versteckt steht – was halten sie davon? Ich stelle mir vor, ich stelle es mir gerne vor, dass sie gründlich über diese seltsame steinerne Ruine in ihrem Hinterhof nachgedacht haben. Über das Konzept *historischer Ablagerungen*. Überlegt, ob ein Ort historisch befleckt werden kann. Aber was, wenn sie gar nichts von dem Konzentrationslager in ihrem Hinterhof wissen? Dann ist es wohl fair zu sagen, dass sie nichts von Konzentrationslagern wissen, Punkt, und eine solche Unwissenheit ist eine Art Wahl, wenn keine persönliche, dann eine kollektive. Wir entscheiden uns, zu vergessen. Wir entscheiden, dass dieser Ort seine Geschichte vergessen darf. Abraham war in Kaltwasser erheblich länger als in anderen Lagern, vom August bis zum Dezember 1944. Ich ging einen großen Kreis im Feld ab und dann wieder zum Auto. Ich stieß aus der Einfahrt zurück – erleichtert, dass ich nun nicht mehr unbefugt eingedrungen war – und fuhr zurück auf die Hauptstraße.

2. TANNHAUSEN: Ich parkte und überquerte einen verlassenen Spielplatz, dann ging ich durch dichtes Gebüsch, da war kein Weg, ich musste mich durch schmerzhaft dorniges und dichtes Brombeergestrüpp kämpfen, um an die Rückseite eines hässlichen niedrigen Gebäudes zu kommen; dort befand sich eine Firma, die Antriebsriemen herstellte: Hier waren die Koordinaten für Tannhausen, wo Abraham zwei Wochen blieb, und zwar im Lagerspital. Er verrichtete hier keine Arbeit, wurde nicht geschlagen, er erholte sich, war relativ dankbar für seine Zeit hier – soll ich anders auf dieses Lager reagieren? Oder ist das eine zu

detaillierte Herangehensweise? Meine Handgelenke und Unterarme begannen eigenartig zu pulsieren; es war eher beunruhigend als schmerzhaft; dann aber war es schmerzhaft. Dutzende kleine rote Male, Insektenbisse, traten an meinen Armen hervor. Ein Reh schoss an mir vorbei und erschreckte mich so sehr, dass ich beinahe stürzte. Dieser Hinterhof war eine sehr hässliche industrielle Schweinerei. Es fühlte sich verwandelter, unwiderruflich verwandelter an als das offene Feld in Kaltwasser. Wohngebiet, Geschäftsviertel, Bauernhof – die meisten anderen Arten von Gelände schienen mir besser geeignet, das Flüstern der Geschichte zu hören, als ein Industriegelände; dieser Ort hatte eine schreckliche historische Akustik. Warum war ich hierhergekommen? Was war der Sinn, zu diesen blauen Stecknadeln herauszufahren? Ich glaube, ich wollte ein besseres Gespür für die Biographie, wollte Vertrautheit mit diesem Land gewinnen, so vernarbt von Abrahams Geschichte. Ich hatte Abrahams Buch gelesen, aber nicht unter dem Aspekt, wo dieses und wo jenes geschehen war. Im Allgemeinen ist das nicht die Art, wie man diese Bücher liest: Es scheint selten wichtig, die Standorte auseinanderzuhalten, es ist eine ununterbrochene, unabgegrenzte Dimension des Traumas. Doch Abrahams Buch ist geblieben und wird gewürdigt *wegen* seiner Aufmerksamkeit Orten gegenüber, und Abraham selbst war penibel, was Standorte betrifft, überschrieb jeden Eintrag mit dem Namen des Lagers, in dem er sich gerade befand. Das ist das eine. Und: Wenn ich glaube, dass der Ort eine ihm immanente Bedeutung hat, das heißt, wenn ich glaube, dass Erinnerung und Geschichte irgendwie in ihn, auf ihn eingeschrieben sind – und ich weiß nicht, ob ich das glaube; das ist die Frage, die mir im Kern von allem zu stehen scheint, was ich in Polen unternehme, vom Haus in Sosnowiec bis zu den Spinnereien mit den Schatzjägern –, aber

wenn es etwas ist, das ich nur ins Auge fasse, um mich damit aus-
einanderzusetzen, dann das: Dann gehst du, gehst zu dem Ort,
du verpflichtest dich zu der Pilgerfahrt, du sagst Ja zur Verpflichtung und gehst. Das ist nicht wahr. Es ist etwas, das ich Leuten
sagen könnte und mir selbst, aber die Wahrheit ist: Ich fühle
keine Verpflichtung. Eine ehrlichere Antwort würde lauten,
dass ich diese Fahrt unternahm, weil ich dachte, dass sie nützlich
sein würde: Persönlich irgendwo aufzutauchen kann helfen, den
Einblick an die Oberfläche zu bringen. Anders gesagt, es gab
sonst nichts für mich zu sehen: Du erledigst all diese Erinne-
rungsarbeit und hungerst nach dem Nichtabstrakten, nach Ort
Person Objekt Hauptwort. Die Ironie ist, dass nichts abstrakter
sein kann als diese acht blauen digitalen Nadeln; oder vielleicht
genauer, dass die Nadeln den *Prozess der Abstraktion* repräsen-
tieren; das Konzentrationslager, seine Gebäude und Markierun-
gen und Zäune, ist siebzig Jahre später *nicht da*, ist jetzt eine kleine blaue digitale Stecknadel auf meiner Google Map, die etwas
wie einen »Ort« verkörpert, aber nicht genau »Ort« ist, es ist
eher die Vorstellung eines Ortes, etwas wie das spirituelle Ge-
genstück zum ursprünglichen Ort. Das Konzentrationslager
wurde reduziert, abstrahiert zu einem kleinen Punkt ohne Ab-
messungen, der nicht gesehen, nur aufgesucht werden kann – er
besitzt Präsenz, aber keine Dimension – und vielleicht, abhängig von den eigenen spirituellen Empfindlichkeiten, durch Intuition erfahren und gefühlt. Ich denke, wenn man das Konzept
des Ortes ernst genug nimmt, wird man letztlich im Spirituellen
arbeiten müssen, oder zumindest mit einem spirituellen Vokabular, denn ein Äther ist erforderlich – wie sonst können Ort
und Geschichte einander berühren?

3. WÜSTEGIERSDORF: Ich ging wieder zum Wagen und fuhr zur nächsten Stecknadel, etwa einen halben Kilometer entfernt, und ich konnte spüren, wie das Gebiet schrumpfte. Das geschieht, wenn ein Ort vertraut wird, nicht unähnlich der Art, wie ein Text, den man noch einmal liest, sich zu verdichten scheint. Ich halte das für eine Art Unterwerfung, eine Kapitulation des Raums, des Textes. Vertrautheit verleiht der Imagination einen Freibrief. Nach dem Krieg fuhr Abraham mit dem Fahrrad von Lager zu Lager und holte die Notizen, die er unter den Latrinen versteckt hatte. Nicht unter den Latrinen, sondern von dort, wo sich die Latrinen befunden hatten, denn schon ein paar Monate nach dem Krieg existierten einige dieser Lager nicht mehr, waren abstrakt geworden, obwohl der Schatz, hinter dem Abraham her war, wohl kaum abstrakt war – die Fetzen von Zementverpackungen, die er beschriftet und vergraben hatte. Er war auf einem erhabenen Botengang. Ich frage mich, was er darüber gedacht hat, dass die Lager in der Nichtexistenz versanken. War es ihm lieber, sie ausradiert, zerstört, verschwunden zu sehen, oder wollte er sie erhalten und zum Gedenkort gemacht? Wüstegiersdorf hatte sich im Zentrum von Głuszyca in einer Textilfabrik befunden. Abraham blieb eine Woche hier, einer von siebenhundert bis tausend Häftlingen. Heute ist es der Parkplatz eines Supermarkts. Das schockierte mich wirklich – nicht weil es ein Parkplatz war (auf manche Arten fühlt sich der Parkplatz eines Supermarkts an wie der natürlichste Endpunkt für die Stätte eines Konzentrationslagers), sondern weil ich hier gewesen war, beim Hineinfahren hatte ich am Supermarkt angehalten, um eine Flasche Wasser zu kaufen. Was für ein Zufall, dachte ich, und dann, vielleicht doch kein solcher Zufall, vielleicht ist diese Gegend so durchsetzt mit Stätten von Konzentrationslagern, dass es tatsächlich nicht unwahrscheinlich war, wenn ich, ohne

es zu wissen, bei einem angehalten hatte. Eine Stadt braucht ihre Supermärkte, und man muss einen Supermarkt ja irgendwohin stellen. Es war ein sehr heißer Tag, und ich ging in den Supermarkt, um noch Wasser zu kaufen, und als ich in der Schlange stand, merkte ich, dass ich die Lager nicht in der Reihenfolge aufgesucht hatte; ich war nicht Abrahams Route gefolgt; allerdings, ich hatte es ja nicht gewusst, mein Halt am Supermarkt war ein Halt am Supermarkt, er bedeutete nichts, obwohl ich mich dann fragen musste, welchen Sinn es überhaupt hatte, der Route zu folgen. Ich hatte gedacht, es würde sich irgendeine Bedeutung zeigen, aber so war es nicht gewesen, und es würde mindestens eine Stunde Fahrt zu einem Tag hinzufügen, der sich ohnehin bereits als sehr lang herausstellte. Also entschloss ich mich, diese Route aufzugeben und eine neue zu planen, diejenige, die am kürzesten war. Das hatte den fiesen Effekt, dass sich die Aufenthalte ein wenig wie Aufträge anfühlten, doch wenn ich ehrlich sein will, war das ohnehin schon der Fall gewesen.

6. SCHOTTERWERK: Ich bog in eine unmarkierte Straße ein, dann in eine weitere, parkte und ging zu einem offenen Feld. Es war ein atemberaubender Ausblick, prachtvoll bis zum Klischee: wogende Hügel, fette Heuballen, Berge in der Ferne. Ein paar große moderne Häuser, weit genug auseinander, um als Teil der Szenerie durchzugehen. Es fühlte sich vertraut an, oder vielleicht meine ich nicht vertraut, sondern *erwartet*: So sieht ein Ort mit der schrecklichsten Geschichte aus, so etwas geschieht, wenn die Zeit sich darüber hergemacht hat. Je düsterer die Geschichte, desto opulenter die Landschaft? Schotterwerk hatte zumindest elf Baracken und beherbergte mindestens 1250 Häftlinge. Ich blieb nicht länger; das Malerische verstimmte mich.

UMWEG: Ich fuhr Richtung Osówka, zur Anlage Riese, denn jemand hatte mich gebeten, ein paar Exemplare von *Za Drutami Śmierci* mitzunehmen, und die gab es im Shop. Ungefähr auf halber Strecke der kurvigen Bergstrecke musste ich an den Rand fahren, um zwei amerikanischen Vintage-Jeeps Platz zu machen, die aus der Gegenrichtung kamen. In den authentisch wirkenden Jeeps saßen Männer in authentisch wirkenden amerikanischen Militäruniformen, die definitiv keine amerikanischen Soldaten waren; ich wusste nicht, wer sie waren oder was sie taten, aber ich nahm an, falls sie nicht Forscher waren (das wäre zu akkurat, zu organisiert, zu passend gewesen), dann etwas an Forscher Angrenzendes, vielleicht Nachsteller, so etwas Ähnliches. Ich widerstand dem Impuls, ihnen nachzubrausen. Als ich für meine paar Exemplare von *Za Drutami Śmierci* zahlte, fragte ich den Mann an der Kasse im Souvenirshop, ob er das Buch gelesen habe. Er war jung, Anfang zwanzig, pickelig, lächelte entgegenkommend. Natürlich, sagte er. Was denken Sie, fragte ich. Er stieß einen kleinen Schrei aus und meinte, er halte es für ein unglaubliches Buch, es sei so viel Detailreichtum darin, alles fühle sich so real an, so wahr, außer vielleicht die vielen Schläge, das sei eventuell zu viel. Was meinen Sie, fragte ich, zu viel? Er sagte, ich weiß nicht, wie er überleben konnte, ich weiß nicht, wie jemand, der so wenig zu essen bekam, der so hart schuften musste, solche Schläge überleben konnte. Ich fragte, ehrlich, nicht konfrontativ: Glauben Sie, dass er das erfunden hat? Ich weiß nicht, ob er es erfunden hat, sagte er, aber vielleicht ist es auch nicht historisch exakt. Er hat ein Buch geschrieben, und das ist seine Geschichte. Aha, so ist das, sagte ich. Danke! Ich sagte dem Mann an der Kasse nicht, dass ich mit dem Autor verwandt war oder dass ich den Tag damit verbracht hatte, die Lager aufzusuchen, in denen er eventuell doch nicht so oft geschlagen worden war,

wie er behauptete, oder dass ich ein Buch über ihn schrieb. Ich
sah keine Notwendigkeit, den Mann an der Kasse in Verlegen-
heit zu bringen, und ich hatte auch kein besonderes Bedürfnis,
die Erinnerung an Abraham und / oder die Genauigkeit seines
Buches zu verteidigen. Die Skepsis des Mannes an der Kasse war
eine seltsam sympathische Art der Skepsis. Zuhause ist Skepsis
gegenüber einem Holocaust-Narrativ völlig inakzeptabel: Man
darf unter keinen Umständen die Glaubwürdigkeit des Berichts
anzweifeln, besonders nicht, wenn es um Details des Leidens
geht. Wir wappnen uns wachsam gegen den Mythos (obwohl er
natürlich vorhanden ist, er ist überall), da wir befürchten, »Mythos« sei nicht historisch genug, und wir fürchten, was nicht historisch genug sei, stehe in Gegensatz zur Geschichte und deshalb zu nahe an »falsch«, und wir fühlen uns verpflichtet, die
Wahrheit zu hüten und den geringsten Anschein von *falsch* aus-
zuradieren. Und es ist alles wahr, es muss wahr sein, jedes Wort
ist wahr.

7. DÖRNHAU: Der Standort von Dörnhau ist, anders als der der
anderen Lager, genau bekannt; es gibt eine Karte, gezeichnet
vom Häftling Henryk Sussmanek. Das Lager befand sich in einer
Teppichfabrik, das Gebäude steht noch, betrieben von einem
Unternehmen namens John Cotton, das laut seiner Website qua-
litativ hochwertige Kissen und Steppdecken herstellt. Ich parkte
auf dem großen, leeren Grundstück und ging vorbei an einem
unbesetzten Wächterhäuschen in den Innenhof. Da stand ein
Lastwagen, leer, offen, wartend. Ein Gabelstapler stieß aus der
Ladebucht zurück. Ich machte ein Foto und ging zurück zum
Wagen. Die Lager, meine Erfahrung dieser Lager verliefen ineinander. Ich könnte mir vorstellen, dass einem am Ende des Lebens etwas Ähnliches widerfährt. Ich drückte mein Notizbuch

auf dem Dach des Mietwagens flach und machte Notizen, hauptsächlich, um später die Lager noch auseinanderhalten zu können. Es war wichtig für mich, das tun zu können, aber ich glaube nicht, dass es für Sie wichtig ist. Dörnhau war das siebente Lager, in dem sich Abraham befand, und dann nach einer Verlegung hinaus und einer weiteren zurück auch das letzte, in dem er war, das Lager, aus dem er entkam. Ich wollte versuchen, seine Fluchtroute nachzuzeichnen; ich wollte sehen, ob ich herausbekommen oder zumindest eine wohlbegründete Vermutung anstellen konnte, in welchem Haus er sich versteckt hatte. Aber was seine Flucht angeht, wird Abraham nicht sehr ausführlich; die einzigen Hinweise sind die Richtung – nordwestlich, in Richtung Kaltwasser, wo er wusste, dass es einige Häuser gab – und dass er einer Landstraße folgte. Ich fuhr um die Kurve und auf einer nicht asphaltierten Straße in das weite Feld, das Dörnhau von Kaltwasser trennt. Ich passierte einen Zaun, in recht gutem Zustand, die Pfosten waren aus Beton und hatten oben diese gewisse bedrohliche Krümmung. Die Lager lagen nicht weit auseinander, ungefähr einen Kilometer. Welche Landstraße? Auf meiner Karte gab es keine Straße. Ich stellte die Ansicht von »Karte« auf »Satellit« um, und da war eine Straße oder ein Weg oder irgendetwas. Es war nur ein wenig weiter vorn, aber von dort, wo ich stand, konnte man es nicht sehen, weil das Gras so hoch war. Sie befand sich mehr oder weniger dort, wo man sie erwartet hätte, eine Straße zwischen den Lagern, der ein Flüchtender hätte folgen können, es hätte gewiss diese Straße sein können, das war die beste Zeitform, die ich erhoffen konnte: *hätte sein können*. Ich fuhr darauf zu, und ein Mann auf einem Traktor, dreißig Meter entfernt, starrte mich lange an – wir fuhren beide sehr langsam, und ich bog in die Vielleicht-Fluchtstraße ein, von der ich mir nicht sicher war, ob sie breit genug für das Auto sein würde; falls nicht, wäre ich gegangen, ein Teil von mir wollte das, fühlte sogar, als sollte ich zu Fuß gehen – aber es war in Ordnung, sie war breit genug. Ich folgte der Straße Richtung Kaltwasser. Sie führte unter dem Dach des Waldes weiter und endete an einem Grundstück hinter der Gdanska 4. Das konnte das Haus sein, in dem Abraham sich versteckt hatte. Doch nein, Abraham hatte notiert, er habe Häuser passiert, also konnte es nicht das erste Haus sein. Aber natürlich war das vielleicht auch überhaupt nicht die richtige Landstraße, vielleicht hatte er einen Umweg gemacht, den Wald umgangen und war an der anderen Seite der Gdanska herausgekommen. Es wäre hilfreich gewesen zu wissen, ob er die Straße überquert hatte. Es stimmt, im Text steht nirgendwo, »ich überquerte die Straße«, und unter den Umständen wäre das auch eine gefährliche und erinnernswerte Handlung gewesen. Aber die Tatsache, dass er nirgendwo schreibt, »Ich überquerte die Straße«, bedeutet nicht, dass er sie wirklich nicht überquerte; man kann einen Text nicht so wörtlich lesen. Kajzers Buch ist nicht dafür gedacht, ihm geographisch exakt folgen zu können. Es ist eine Erzählung, keine Landkarte. Ich tue es trotzdem. Den ganzen Tag fragte ich mich, in welchem Ausmaß ich mich dem Text so näherte, wie es die Schatzsucher taten, sie mit den Tunneln, ich mit den Lagern. Joanna war der Meinung, dass das Haus, in dem Abraham sich versteckt hatte – falls es sich als sicher herausstellte, dass es nicht Jaceks Haus war –, ein Gasthaus war; und Joanna hatte mir eine Vorkriegsfotografie des Gasthauses geschickt, das sie für das richtige hielt. Ich fuhr die eventuelle Fluchtstraße entlang und bog wieder in die Gdanska ein. Vor Jaceks und Dorotas Haus sah ich Dorota, die gerade ein Paket entgegennahm und unterschrieb, ich hielt an und sagte Hallo, zeigte ihr das Foto des Gasthauses und fragte, ob sie wisse, welches Haus das sei; sie wusste es nicht, rief Jacek, der auf ein über die Bäume lugendes weißes Dach wies. Ich fuhr weiter die Straße entlang. Das Gasthaus, das ehemalige Gasthaus, war groß und aus Holz gezimmert und einstmals offensichtlich prächtig und stattlich gewesen; jetzt war es verlassen und heruntergekommen. Ja, das konnte das Haus sein, in dem Abraham sich versteckt hatte; tatsächlich *fühlte* es sich wie das Haus an, in dem Abraham sich versteckt hatte, aber ich wusste, dass ich wahrscheinlich mehr auf das Faktum reagierte, dass es verlassen und heruntergekommen war, als auf irgendetwas anderes. Intuition sollte zelebriert, geprüft, untersucht werden – aber darauf verlassen sollte man sich nicht. Ich untersuchte, ich setzte den angemessenen Fleiß ein, ich verglich das Gebäude mit dem Gebäude auf Joannas Foto, verglich die Winkel, die Einfahrt, die Details des Daches. Das war nicht schlüssig. Es würde immer nicht schlüssig sein. Was machen wir mit dem Unwissbaren? Was können wir tun, außer es anzunehmen? Lassen wir unsere Geschichten leck, diffus und ungenau werden. Vielleicht war dies das Haus, in dem Abraham sich versteckt hatte, und vielleicht war es das nicht, aber jetzt ist es Teil der Geschichte. Ebenso wie Jaceks Haus. Ebenso wie das Haus Małachowskiego 12. Ich habe mir inzwischen eine umfassendere Definition von »Geschichte« zugestanden, eine, die die Fehlschüsse enthält, die Fehlinterpretationen und Irrtümer. Die Geschichte weiht einen Ort, und wenn sich herausstellt, dass es der falsche ist, kehrt er doch nicht zur Bedeutungslosigkeit zurück.

4. LARCHE: Ich fuhr weiter die Gdanska entlang, bis die Straße nicht mehr weiterführte. Ich parkte und ging zu Fuß hinein in den Wald. Da war kein Weg. Ich orientierte mich in Richtung der blauen Nadel, wie an einem digitalen Polarstern. Mein Handy, Tag für Tag allwissender, kannte nicht nur meinen Standort,

sondern auch die Richtung, in die ich ging. Ich ging aufwärts
durch einen schlammigen Graben und versuchte eine so gerade
Richtung zu halten wie nur möglich. Das Konzentrationslager
ist hier herüben, sagte mein Handy, genau hier entlang. Zehn,
dann fünfzehn, dann vierzig Minuten lang schritt ich tiefer in
den Wald. Hätte ich das mit einer niedergeschriebenen Anweisung getan, mit einer analogen Karte, ich hätte das Unterfangen
beinahe sofort aufgegeben. Die digitale Karte war beruhigend,
sie wusste, wo ich war, sie wusste, wo das Lager war. Ich fühlte
mich begleitet. (Hätte ich allerdings keine Verbindung mehr gehabt, dann wäre ich hoffnungslos verloren gewesen, ich hatte
überhaupt nicht achtgegeben, wohin ich ging.) Dann war ich da.
Eine Ziegelmauer, niedrig, bloß einen halben Meter hoch oder
etwas mehr, mindestens sieben Meter lang. Die Mauer war halb
vom Wald verschlungen. Ein wenig weiter bergauf stand ein ein-
gestürztes Bauwerk aus Beton, auch dieses ergab sich der Umgebung. Von all diesen Lagern hat Larche die meisten Überreste.
Der Erhaltungszustand ist zufällig, ein Resultat seiner Abgele-
genheit – das Lager wurde hier errichtet, damit es die Häftlinge
nicht zu weit zur Arbeitsstelle hatten, keine Sache der Barmherzigkeit, sondern der Effizienz. Die Bedingungen in Larche waren besonders schlimm: Die Insassen wohnten in Sperrholz-
baracken, die keinen Schutz vor der Kälte boten, und im Winter
und Frühjahr, wenn der Schnee schmolz, floss das Wasser nach
innen. Die Nadel hatte übrigens den exakten Punkt getroffen,
das Lager befand sich genau dort, wo es sein sollte, was mich
mehr Vertrauen in die anderen Koordinaten schöpfen ließ, obwohl mir die Irrationalität dieser Annahme klar ist. Wegen des
Gehens, wegen der Art der Ruinen fühlte sich Larche am meisten wie eine Pilgerfahrt an. Ich saß eine Weile auf der niedrigen
Ziegelmauer, um mich abzukühlen; ich schwitzte heftig.

8. ERLENSBUCH: Ich fuhr halb um den Berg herum, parkte und überquerte eine Brücke zu dem Ort, wo die Nadel Erlensbuch anzeigte: eine Lichtung am Rand des Waldes, wo ein einziges Objekt von Menschenhand stand: ein Stromleitungsmast. Im Museum von Groß-Rosen gab es eine undatierte Fotografie dieser Lichtung, und sie war von diesem Standpunkt aufgenommen: Der Blick ist genau derselbe, bis zum Leitungsmast. Nicht ein Foto des Lagers, sondern ein Foto der Stelle, wo das Lager gewesen war. Es ist das Foto einer Abstraktion, eine Wiederholung der Erinnerung. Ich stieg wieder ins Auto und fuhr weiter um den Berg herum, als ich auf die beiden Vintage-Jeeps stieß; hinten im vorderen Jeep – das hatte ich früher nicht bemerkt – saßen zwei Kinder und ein Hund. Ich folgte ihnen eine Weile, und als sie rechts ranfuhren, tat ich das auch. Die Männer in den amerikanischen Uniformen stiegen aus (der Hund und die Kinder blieben drinnen), machten große Benzinkanister von der Seite der Jeeps los und begannen aufzutanken. Ich kam näher und fragte sie nach den Uniformen, den Jeeps. Sie seien Tschechen, sagten sie, und dies sei ihr Hobby. Sie schienen nicht verlegen, aber auch nicht besonders stolz; ich hätte die eine oder die andere Reaktion erwartet. Die Jeeps seien tatsächlich authentisch, bestätigten die Männer, sie seien im ersten Golfkrieg benutzt worden. Auch die Uniformen, sagten sie. Einer von ihnen entfaltete eine riesige laminierte Landkarte. (Ich sah keine Handys; ich nahm an, dass die Regeln dieses Hobbys Handys verboten.) Wissen Sie, wo die Rakete ist?, fragten sie. Ich wusste, was sie meinten; direkt außerhalb der Anlage Rzeczka steht, aus keinem erkennbaren Grund, eine V-2-Rakete in Originalgröße. Ich zeigte es ihnen auf der Karte. Sie dankten mir, stiegen wieder in ihre Jeeps und fuhren Richtung Rakete.

5. WOLFSBERG: Wolfsberg war das größte Nebenlager des Projekts Riese. Dort befanden sich bis zu 3100 Häftlinge. Die Nadel war leicht zu finden. Es lag genau dort an der Straßenseite, wo auf einem auffälligen steinernen Denkmal in vier Sprachen steht: »ZUM GEDÄCHTNIS AN DIE KRIEGSGEFANGENEN, ZWANGSARBEITER UND HÄFTLINGE DES KONZENTRATIONSLAGERS GROSS-ROSEN, ERMORDET IM EULENGEBIRGE 1943–1945. DIE BEWOHNER DER GEMEINDE WALIM IM JAHR 2010.«

15

IM SIMPELSTEN SINN ist *Za Drutami Śmierci* die in Ich-Form erzählte Chronik von acht grausamen Monaten, August 1944 bis April 1945, in denen Abraham Kajzer in Konzentrationslagern interniert war, zuerst in Auschwitz, dann in diversen Außenlagern von Groß-Rosen in Niederschlesien. Es ist schonungslose, nüchterne, harte Lektüre; das Material wird nicht ausgeschmückt und nicht allmählich eingeführt. Der erste Satz lautet: »Wir sind im Zug.« Abraham, seine Frau und sein Kind sind eben aus dem Ghetto von Łódź deportiert worden und werden nach Auschwitz gebracht (das sogar im August 1944 für sie noch etwas Unbekanntes war: Abrahams Frau fragt: »Was ist Auschwitz?« »Eine Stadt in Oberschlesien«, antwortet Abraham.) Unmittelbar nach dem Aussteigen wird Abraham von seiner Frau getrennt (»Frauen nach rechts! Männer nach links!«) und dann von seinem Sohn (»[Der ss-Offizier] nimmt mein Kind und sagt: ›Kinder mit den Frauen.‹«). Die Szene wird schnell und mit ausdrucksloser Resignation geschildert.

Abraham nennt uns den Namen seiner Frau nicht. Er nennt uns den Namen seines Kindes nicht. Was das bedeutet, kann ich nicht wirklich sagen, außer dass damit klar ist, wie Abraham seine Gespenster präsentieren will.

Das Aussteigen und die Trennung ereignen sich auf Seite zwei. Jede folgende Seite ist geprägt von Schmerz, Entbehrung, Leiden, Verfall. Ich weiß nicht, wie ein solches Buch zusammenzufassen wäre. Es ist eine Litanei der Unmenschlichkeit. Eine endlose Reihe von Prügeln durch Deutsche, Ukrainer und Kapos; Klagelieder des Hungers; obsessive Beschreibungen kläglich magerer Rationen; Intrigen, um zu überleben; Verheerungen durch Läuse, Frostbeulen, Infektionen; der Körper zerfällt, der Geist zerfällt.

Es ist ein erstaunlich unsentimentales Buch, eindringlich und (in einem literarischen Sinn bewundernswert) schmucklos und geradlinig. Die Trostlosigkeit ist unreguliert, unverwässert. Dies ist keine Geschichte von Hoffnung oder Glauben oder auch nur von Durchhaltevermögen – dass Abraham zufällig überlebt, ist ein bedeutungsloser Nebenumstand, kein Schicksal, sondern Zufall. Gott oder irgendeine solche Macht ist abwesend. Das Universum ist kalt und tot. Aber darüber kann man nicht einmal nachgrübeln, denn man ist zu hungrig. Wenn Abraham gelegentlich über umfassendere Fragen nachdenkt, hat man den Eindruck, dass das nur geschieht, wenn er nicht anders kann, dass er dem Glauben anhängt, allein sich Fragen zu stellen sei eine Art Kapitulation. Was gibt es schon zu sagen? Das Leben ist auf einen engen schwarzen Gang zusammengeschrumpft. Wach auf, arbeite, ertrage die Stockschläge des Kapos, iss deine Suppe, versuche dich warm zu halten, versuche nicht zu sterben (oder wenn die Zeit gekommen ist, versuche herauszufinden, wie du dich am effektivsten umbringen kannst), versuche bei Verstand zu bleiben.

Die Kernfrage des Buches lautet nicht, ob Abraham überleben wird – eine ausgemachte Sache –, und auch nicht wirklich, wie er überlebt – Ergattern, Stehlen und Glück, wie alle anderen –, sondern warum: Warum durchhalten? Warum nicht einfach loslassen?

Sie wollen uns ohnehin mit dieser Arbeit bloß umbringen. Ist meine Arbeit kein Fluch? Verlängere ich nicht vergeblich mein Leiden? Oh, wie gut wäre es, wenn ich stürbe! Wie selig! Wie ruhig! Ich würde nichts mehr fühlen! Ich würde nichts denken! Ich wäre befreit! Nein, ich kann nicht daran denken! Ich muss leben! Vielleicht ist mein Kind am Leben? Vielleicht lebt er hier unter besseren Bedingungen als ich? Und was wird er tun ohne seinen Vater, wenn der Krieg vorüber ist? Ich muss leben und alles ertragen. Ich kann meinen Sohn nicht zur Waise machen und ihn in der Vernachlässigung zurücklassen. Und vielleicht wird meine Frau überleben? Ich habe bereits zu sehr versagt, habe mein Kind aufgegeben, ohne ein Wort des Protests zu äußern. Warum habe ich das getan? Warum? Als der ss-Mann mir befohlen hat, sie zu verlassen, habe ich nichts gesagt und mein Kind der Gnade des Schicksals ausgeliefert. Nein! Nicht den Händen des Schicksals, den Klauen dieser Peiniger und Raubtiere! Nein! Schlimmer noch: nicht einmal Raubtiere – deutschen ss-Männern. Warum wurde mir nicht sofort das Furchtbare meiner Handlung deutlich? Oh, wäre ich doch bei meinem Kind! Ich würde nur für ihn leben. Ich würde zumindest wissen, für wen ich leide und dass es das Leiden wert ist! Nein, ich muss rücksichtslos leben!

Nun entschließe ich mich. Ich muss wie ein Automat leben, ohne Gedanken, ohne Gefühle. Ich muss bis zum Ende durchhalten, für mein Kind, das ich so sehr verletzt habe, weil ich es dem ss-Mann übergeben habe, ohne ein Wort zu sagen.

Durch sein Kind hat Abraham Lebenswillen gefunden, aber er ist prekär, geschaffen aus dem fadenscheinigen Stoff von Gespenstern und Hoffnungen. Ein paar Monate später trifft Abraham einen Freund aus Łódź, der in einem Sonderkommando in Auschwitz war. Abraham fragt, ob er seine Frau und sein Kind gesehen habe. Der Freund aus Łódź erwidert, er habe sie nicht nur gesehen, er habe sie sogar selbst zu den Öfen gebracht. Mit sich kämpfend, ruhig zu bleiben – er will die Wahrheit, keine

Sympathie –, fragt Abraham den Freund aus Łódź, ob er sich sicher sei. Der Freund bestätigt: »Was, du glaubst nicht, dass ich deine Frau und dein Kind kenne? Ich werde dir sagen, wie sie angezogen waren. Deine Frau trug einen hellen englischen Mantel, dein Sohn braune Knickerbocker und einen Rollkragenpullover.«

Sein Grund zu leben ist tot; Abraham fasst den Entschluss, sich umzubringen. »Wie soll ich es anstellen? Mich aufhängen? Nein! Das tut zu weh. Ich werde mich vor den Zug werfen! Das wird mich rasch töten! Ich werde meine Gedanken los sein, meine Leiden, Gefühle, meinen Kummer. Nur ein Moment – und dann eine große, unendliche Ruhe!« Am nächsten Tag legt sich Abraham, zufrieden, entschlossen, sogar glücklich, vor einen fahrenden Zug. Aber sogar hier noch wird sein Plan durchkreuzt, während sein Körper auf den vibrierenden Gleisen auf Erlösung wartet. Der Zug zermalmt Abraham nicht, sondern schiebt ihn nur vor sich her, ohne ihn zu verletzen. Er krallt sich im Boden fest, um den Widerstand zu erhöhen, doch ohne Wirkung. Der Zug hält, und Abraham ist immer noch am Leben. Es gibt keinen Ausweg; das Leiden ist bodenlos.

Im April 1945 gelingt Abraham eine relativ undramatische Flucht in ein nahegelegenes Dorf, und er überredet eine ungenannte deutsche Frau, ihn in ihrem Keller zu verstecken. Dort bleibt er einen Monat, in einer für die Lagerung von Kartoffeln benutzten Kiste, bis ein sowjetischer Soldat den Deckel hochklappt, ihm ins Gesicht leuchtet und ihm sagt, er sei frei. Widerwillig verlässt er sein Versteck, wandert herum. Auf dem Boden findet er Erbsen, er beginnt sie einzusammeln. Ein Sowjetsoldat hält ihn auf, bringt ihn zu einem geplünderten Geschäft und sagt ihm, er könne sich alle Lebensmittel nehmen, die er wolle. Abraham tut so, als wähle er etwas aus, während er darauf wartet, dass der Soldat geht, dann kehrt er zurück, um die Erbsen einzusammeln und in seine Tasche zu stecken, »als wären sie ein unglaublicher Schatz«. Kein Happyend, keine Erlösung, keine Moral, keine Hoffnung. Nur Gebrochenheit. Sammle die auf den Straßen verstreuten Erbsen. »Wo werde ich hingehen«, schreibt Abraham, »wohin soll ich zurückkehren? Wer wartet auf mich? Wen brauche ich? Wer ist noch geblieben in dieser Welt?«

Za Drutami Śmierci ist ein schonungsloses, starkes Buch, wenn auch nach den üblichen Kriterien ein ziemlich normales Holocaust-Buch. (Jeder, der sich mit dem Genre beschäftigt, wird schnell die zusätzliche Tragödie erkennen, dass es eben ein *Genre* ist: Diese welterschütternden, grauenvollen Geschichten sind universell genug und vertraut genug, dass sie gewöhnlich, beinahe banal wirken können, manchmal sogar wie ein Klischee.) Doch es ist – außer bei den Schatzsuchern – unbekannt und ungelesen, eines von Tausenden ähnlicher Bücher, ein winziger Bestandteil eines sehr großen Werkkomplexes, der bemerkenswert ist, aber in einem kollektiven, überliterarischen Sinn. Auch wenn es zu viele Holocaust-Erinnerungen gibt, um sie in einer Lebensspanne lesen zu können, liegt dennoch in diesem Faktum eine starke moralische Bedeutung.

Gleichwohl ist es in bestimmter Hinsicht ein sehr bemerkenswertes, eigenartiges Buch, und das, noch bevor wir zu den Schatzsuchern und der Wertschätzung kommen, die sie ihm entgegenbringen.

Erstens ist es ein sehr frühes Holocaust-Buch – die hebräische Version kam 1952 in Israel heraus (wurde aber vollkommen ignoriert), die polnische 1962 – und zudem einer der wenigen Berichte, die wir über die Außenlager von Groß-Rosen besitzen;

vieles von dem, was bekannt ist, stammt aus diesem Buch. Die Hauptausstellung im Museum von Groß-Rosen – ein kleines Labyrinth im Eingangsgebäude des KZ Groß-Rosen – ist mehr oder minder um Auszüge aus dem Buch herum arrangiert.

Zweitens ist die Geschichte hinter dem Buch – wie es geschrieben wurde, zusammengesucht, buchstäblich und editorisch, wie es veröffentlicht wurde – etwas ganz Besonderes. Hier müssen wir Adam Ostoja vorstellen, Sekretär der Schriftstellervereinigung von Łódź und Herausgeber von *Za Drutami Śmierci*. Sein kurzes Vorwort beginnt so: »1947 kam Abraham Kajzer mit einem ziemlich ungewöhnlichen Vorschlag zu mir. Er hatte ein Lager-Tagebuch geschrieben oder eher skizziert und wollte, dass ich daraus ein literarisches Werk machte.« Ostoja fährt fort:

Abraham Kajzer war ein einfacher Mann, ein Arbeiter aus Łódź, Weber von Beruf. Er brachte ein dickes Manuskript mit und einen Stoß festes graues Papier, aus Zementsäcken gerissen. Diese Fetzen waren auf beiden Seiten mit schiefen und grob geschriebenen Buchstaben der jüdischen [soll heißen: jiddischen] Sprache bedeckt.

»Sehen Sie, mein Herr«, sagte er. »Das ist mein ›Tagebuch‹. Jeden Tag habe ich mich in der Latrine im Lager versteckt und fieberhaft meine Erfahrungen aufgeschrieben. Ich habe diese Notizen an verschiedenen Plätzen aufbewahrt, bis man mir mitteilte, dass ich in ein anderes Lager verlegt werden würde; da habe ich sie eingesammelt und unten an das Latrinenbrett genagelt.«

»Niemand hat das bemerkt?«, fragte ich.

»Nein, dann wäre ich nicht mehr am Leben.«

»Wie haben Sie sie zurückbekommen?«

»Nach dem Krieg habe ich mir von der Frau, die mein Leben rettete, ein Fahrrad geborgt. Ich fuhr zu den meisten Lagern, wo ich war, und habe diese Seiten geholt.«

Es war erstaunlich. Vor mir stand ein Mann, der verschiedene Vernichtungslager, die Deutschen nannten sie »Arbeitslager«, durchgemacht hatte. Er war möglicherweise der einzige Überlebende eines Transports mit 18 000 Männern, und dennoch war es ihm gelungen, ein »Tagebuch« zu führen.

In den Lagern besaß er nicht mehr als eine gestreifte Häftlingskleidung, eine Schnur, von der er einen kleinen Stift abnahm, mit dem er seine Notizen kritzelte. Das war sein größter Schatz.

Auch in einem Genre, dessen Herkunftsgeschichten beinahe per definitionem erstaunlich sind, ist das erstaunlich. Abraham riskiert sein Leben dadurch, dass er Tagebuchnotizen auf gestohlene Fetzen von Zementverpackungen kritzelt. Wann immer er in ein anderes Lager überstellt werden soll, versteckt er sein »Tagebuch« unter der Latrine. Wider alle Wahrscheinlichkeit überlebt er, und in den Wochen nach der Befreiung leiht er sich ein Fahrrad von der Frau, die ihn versteckt hat, und fährt von Lager zu Lager, um seine Notizen einzusammeln. (Was für ein außerordentliches Bild: Abraham fährt mit einem geborgten Fahrrad ins Konzentrationslager, direkt bis zur Latrine oder zu der Stelle, wo die Latrine war, steigt ab, holt seine Notizen hervor, steigt wieder aufs Fahrrad, fährt ins nächste Lager.) Ein paar Jahre später schleppt er das dicke graue Protomanuskript zum Lektor Ostoja, und gemeinsam mühen sie sich, daraus ein »literarisches Werk« zu machen.

»Es enthält nichts als die Wahrheit«, schrieb Ostoja. »Ich habe alles ohne Überarbeitung behalten, das Kajzer schrieb, sagte und was von seinem bemerkenswerten ›Tagebuch‹ zu lesen war. Dies sind seine authentischen Worte und Gedanken, seine Ansichten und Gefühle, und in vielen Fällen ist es auch sein Stil. Dieses Buch wurde von Kajzer geschrieben. Ich habe es nur geordnet und, so weit ich konnte, ›geglättet‹.«

Das Resultat ist nicht ganz Tagebuch und nicht ganz Memoiren, aber so etwas wie ein in Memoiren eingebettetes Tagebuch. Ungefähr die erste Hälfte des Buches, in den Jahren nach dem Krieg von Abraham aus dem Gedächtnis (das ausgezeichnet war) geschrieben, besteht aus langen, undatierten Kapiteln. Dann kommt die Passage:

> Seit einigen Tagen besitze ich jetzt einen Bleistift, den ich auf der Baustelle gefunden habe. Ich möchte sehr gerne ein Tagebuch führen, aber es ist nichts da, worauf, und kein Platz, wo man schreiben könnte. Wenn sie mich im Block bemerkten, würden sie mich für einen Verrückten halten, aber ich spüre ein unausgesprochenes Verlangen, mir Notizen zu machen. Vielleicht eignet sich das Papier, aus dem die Zementsäcke sind, für diesen Zweck? Ich könnte die Aufzeichnungen in der Latrine verstecken. Aber wo soll ich schreiben? Vielleicht ebenfalls in der Latrine? Ich empfinde das Bedürfnis, und sei es auch nur für mich selbst, meine eigenen Gedanken und Einsichten zu teilen, sodass ich sie, einmal ein freier Mann, alle neu erschaffen, und wenn ich sterbe, dieses schwache Zeichen hinterlassen kann.

Und sofort, in einer Art Nabokov'scher Realisierung eines beschriebenen Textes, werden uns die Einträge vorgelegt, die zu schreiben Abraham eben überlegt hat; wir lesen jene Fetzen von der Zementverpackung. Die Einträge sind relativ kurz und mit dem jeweiligen Ort überschrieben – das heißt, dem KZ, in dem Abraham sich befindet, sowie dem Wochentag. Obwohl man, wie ich denke, mit hoher Wahrscheinlichkeit annehmen kann, dass zumindest einiges, was als Tagebuch angegeben wird, ein Kunstgriff ist – ich kann mir nicht vorstellen, dass Monate unterhalb einer Latrine versteckte, wiederholte Fetzen noch perfekt lesbar waren (Ostoja selbst scheint solches zuzugeben) –, glaube ich nicht, dass das dem allen abträglich ist.

So wechselt das Buch also von Memoiren zu Tagebuch, von einer Erinnerung nach dem Krieg zu einer im Krieg gemachten Erfahrung, auf einer gewissen Ebene sogar von Buch zu Artefakt, und ich frage mich: Hat dieser Wechsel einen Einfluss darauf, oder sollte er ihn haben, wie wir lesen, wie wir aufnehmen? »Vertrauen« wir dem Tagebuch mehr? Ist dieser Modus authentischer, weil weniger Zeit zwischen dem Ereignis und der Aufzeichnung verstrichen ist? Ist er rauer, realistischer, unmittelbarer? Oder scheint das nur so? Auf eine Art, die ich nicht für zufällig halte – oder auch wenn sie zufällig ist, halte ich sie für nicht weniger dringlich –, wirft Abrahams Buch, ein Buch, das sich explizit Gedanken darüber macht, über sich selbst zu schreiben, heikle Fragen auf zu Erinnerung, Narrativ, Vermittlung und Mythos.

Als Abraham dann entkommen ist – ohne seinen Bleistift, ohne seine Fetzen Zementverpackungspapier –, werden die Überschriften weggelassen, der Modus kehrt zu den Memoiren zurück, es ist wieder Erinnerung.

Ostoja und Abraham arbeiteten ein Jahr lang, bis 1948, an dem Buch. Aber aus aufreizend vagen Gründen (»Die Umstände waren derart, dass …«) wurde das Buch in Polen erst 1962 veröffentlicht, fünfzehn Jahre, nachdem Abraham in Ostojas Büro aufgetaucht war. Möglicherweise hatte die Verzögerung etwas mit sowjetischer Zensur zu tun. Aber wer weiß.

An diesem Punkt, erzählt uns Ostoja, ist Abraham schon lange weg. Jahre zuvor ist er nach Israel gegangen. Ostoja behauptet, er und Abraham hätten noch für eine Weile Briefe gewechselt, aber dann habe Abraham nicht mehr geantwortet und keine Nachsendeadresse hinterlassen. Ostoja weiß nicht, wo Abraham ist, weiß nicht, wie er ihn erreichen kann, weiß nicht einmal, ob er noch am Leben ist. »Vielleicht kann ich ihn finden, und dann wird er wissen, dass das, was er geschrieben hat – wie mit seinem eigenen Blut, in täglichem Erdulden von Tod, Agonie und Folter jenseits menschlicher Vorstellungskraft –, das Licht des Tages erblickt hat.«

1962 war Abraham am Leben, es ging ihm gut, er lebte in einem Vorort von Tel Aviv.

Ostoja lässt es so klingen, als hätten er und Abraham einfach, auf unschuldige Weise, den Kontakt verloren, als wäre ihre Beziehung ganz harmlos ausgeklungen, wie es bei Beziehungen eben so ist. Ich bin skeptisch. Abraham entfernt sich eigenmächtig und trennt sich faktisch von einem Buch, das zu schreiben er sein Leben riskiert hat? Es ist schwer, Abrahams Entscheidung, zu verschwinden (will heißen, vor Ostoja), als etwas Bewusstes zu sehen. Zum Mindesten ist an dieser Geschichte offenkundig viel mehr als das, was Ostoja uns erzählt: Die Art ihrer Beziehung, im beruflichen wie persönlichen Sinn, entzieht sich. Im gesamten Vorwort gibt Ostoja wiederholt Details über Abraham falsch wieder. Zum Beispiel schreibt er, Abrahams gesamte Familie – »Frau, Kind, Bruder« – sei im Krieg umgekommen, und er habe eine entfernte Verwandte in Israel. Aber Abrahams gesamte Familie war nicht gestorben – zwei Geschwister überlebten –, und es war keine entfernte Verwandte, die in Israel lebte, sondern seine Schwester. Vielleicht hatte Ostoja es aus irgendeinem Grund vergessen oder vielleicht Abraham ihn aus irgendeinem Grund angelogen, aber man hat den Eindruck, dass zwischen den beiden Männern, Autor und Lektor, nicht im Einklang, ohne Kontakt seit mehr als einem Jahrzehnt, die einzige Verbindung ein seit langem auf Eis liegendes Buchprojekt ist, das beiden gehört und zugleich keinem. Tatsächlich liest sich Ostojas Vorwort manchmal, als beruhe es auf einer vollkommen erfundenen Version von Abraham:

»Woher haben Sie gewusst, dass Sie nicht sterben werden?«, fragte ich bewegt. Er lächelte sanft und wedelte mit den Stummeln seiner Finger, die er im Lager eingebüßt hatte.

»Ich hatte nicht die geringste Chance«, erwiderte er. »Aber ich hatte Glauben. Ich war zutiefst überzeugt, dass ich überleben würde.«

Er verdankte seine Rettung nicht nur seinem Glauben, sondern auch einer ganzen Kombination äußerst glücklicher Umstände und vor allem seinem erstaunlich widerstandsfähigen Charakter, seiner Nervenstärke und seiner unbezwingbaren körperlichen Gesundheit.

Vielleicht hat diese oder eine ähnliche Unterhaltung tatsächlich stattgefunden. (Allerdings, außer Ostoja hätte genaue Notizen gemacht, weiß ich nicht, warum er seiner Erinnerung hätte trauen sollen: Es war fünfzehn Jahre her, seit Ostoja diesen »einfachen Mann« kennengelernt hatte, dem gegenüber er, das gibt Ostoja zu, zunächst skeptisch eingestellt war, uninteressiert an einer Veröffentlichung.) Aber auch dann ist es eine Lesart, die sich Mythos und Sentiment in einem Werk unterwirft oder ihnen zumindest zu sehr nachgibt, die keines von beiden zulässt. Abraham ein erstaunlich widerstandsfähiger Charakter? Abraham betet wieder und wieder, sterben zu dürfen. Er legt sich vor einen fahrenden Zug.

Hier gibt es offensichtlich eine Abkopplung. Ich gehe noch weiter – nicht nur tat sich ein Riss auf zwischen diesen beiden Männern, auch das Buch ist in zwei gespalten. Ostoja hatte seine Version, Abraham die seine. Das meine ich in einem buchstäblicheren Sinn, als man vermutet.

Als Abraham nach Israel auswanderte, nahm er ein Exemplar des polnischen Manuskripts mit und ließ es ins Hebräische übersetzen. *Bein Hamitzarim* (*Schwere Zeiten*) kam 1952 in Israel heraus, ein ganzes Jahrzehnt vor der polnischen Ausgabe. Ostoja wusste offensichtlich nichts davon. *Bein Hamitzarim* wird als selbständiges Werk präsentiert: Abraham ließ die Hintergrundgeschichte weg – kein Vorwort, keine Danksagungen, kein Ostoja. Der Übersetzer wird erwähnt, die ursprüngliche Sprache jedoch nicht.

Eine flüchtige Durchsicht zeigt, dass *Bein Hamitzarim* eine relativ getreue Übersetzung von *Za Drutami Śmierci* ist oder, genauer gesagt, des Manuskripts, aus dem dann *Za Drutami Śmierci* werden sollte. *Za Drutami Śmierci* und *Bein Hamitzarim* erzählen die gleiche Geschichte, im mehr oder minder gleichen Stil, sie benutzen die mehr oder minder gleiche Sprache.

Dennoch sind es zwei verschiedene Bücher, die auf verschiedenen Ebenen existieren. Sie treten in zwei bestimmte Welten ein, ohne Verbindungsglied dazwischen: *Za Drutami Śmierci* wurde ohne Abrahams Wissen publiziert, *Bein Hamitzarim* ohne Wissen Ostojas (und ich bin beinahe sicher die erste Person seit *Bein Hamitzarims* Übersetzer, der die beiden verglichen hat) – und mit verschiedener Intention, Rezeption, verschiedenem Vermächtnis. So viel mehr als die Sprache unterscheidet die beiden Bücher, dass der Begriff »Übersetzung« mehr verdunkelt als erhellt. *Za Drutami Śmierci* und *Bein Hamitzarim* werden unterschiedlich gelesen, unterschiedlich bewertet, unterschiedlich verstanden.

Und zwar: *Bein Hamitzarim* ist ein würdiges, aber unbedeutendes Buch; *Za Drutami Śmierci* ist ein bedeutendes, aber unwürdiges Buch.

Bein Hamitzarim wurde ignoriert und vergessen. Nicht viele im Israel der frühen 1950er Jahre wollten die harten, trostlosen Wahrheiten des Buches hören; zu jener Zeit und an diesem Ort wurde das jüdische historische Narrativ gewaltsam Richtung Heroismus, Tapferkeit, Widerstandskraft gedreht; was in Europa geschehen war, war tragisch, schändlich, am besten sprach man nicht darüber. Später, nach dem Eichmann-Prozess, nach einer Wende im öffentlichen Bewusstsein, nach der Sturzflut an Büchern und Filmen, war *Bein Hamitzarim* längst vergriffen. *Bein Hamitzarim* kann man wahrscheinlich am besten als Träger von Abraham Kajzers Erinnerung beschreiben. Sein Protagonist ist kein Held, sondern ein Zeuge: »Ich fühle das Bedürfnis, meine eigenen Gedanken und Einsichten mitzuteilen, und sei es nur mir selbst, sodass ich, einmal ein freier Mann, das alles neu erschaffen kann. Doch wenn ich sterbe, wird dieses arme Tagebuch meine Hand und mein Gedächtnis sein.« *Bein Hamitzarim* ist ein Zeugnis, auch wenn niemand ihm zuhört.

Za Drutami Śmierci ist sehr lebendig, sehr zugänglich: Das Museum in Groß-Rosen lässt jedes Jahr eine neue Auflage drucken. Das Buch wird in den Souvenirshops der Anlage Riese verkauft, im Schloss Książ (Fürstenstein), an anderen Touristenorten in Schlesien und darüber hinaus. *Za Drutami Śmierci* wird geschätzt, studiert, analysiert, und es wird geschätzt, studiert, analysiert aus Gründen, die wenn nicht Abrahams Intentionen als Autor geradezu zuwiderlaufen, dann ihnen doch fremd sind – nicht wegen der harten, trostlosen Fakten, der Beschreibungen von Grausamkeit und Leiden, sondern wegen der zufälligsten Details. Wegen des Zeugs im tiefen, tiefen Hintergrund, was der durchschnittliche Nicht-Schatzsucher als Krümel von Information betrachten würde – welche Arbeitsstätten, welche Tunnel, welches Baumaterial. Für die Schatzsucher ist es extrahive Lektüre, Lektüre, der man etwas entnehmen kann. Alles andere kann überschlagen und ausgesondert werden. Eine Passage, in der Abraham Zwangsarbeit beschreibt, ist wichtig, nicht wegen ihrer Beschreibung der Brutalität oder Unterwerfung, sondern wegen der Besonderheiten der Arbeit. *Za Drutami Śmierci* ist das Text-Äquivalent einer Schatzkarte. Und in *Za Drutami Śmierci* ist Abraham ein Held, weil er, egal was er zu tun gedachte, als er diese Notizen auf Fetzen von Zementverpackungspapier kritzelte, erfolgreich jene Krumen an Information bewahrte. »Ich bin verblüfft über meine eigene Hartnäckigkeit«, schreibt Abraham. »Für wen verfasse ich diese Aufzeichnungen in meinem Tagebuch?«

Hier eine Passage, die Schatzsucher hervorheben:

Angesichts unserer Apathie, Niedergeschlagenheit und dem, was uns bestimmt ist, muss man einiges an Schlauheit aufbieten, um die richtige Taktik ausfindig zu machen und einzusetzen. In jedem Fall wird es immer die Taktik einer Fliege gegen eine Spinne sein. Man kann versuchen, sich zu rechtfertigen, oder seine Hiebe schweigend einstecken und warten, dass der Angreifer ermüdet. Man kann zu schreien versuchen oder, trotz der wiederholten Schläge, eine Spitzhacke ergreifen und blindlings auf die Steine oder die Erde einhauen. In einer solchen Lage rettet einen nur Geistesschärfe vor dem Massaker, und so versucht jeder, um das zu vermeiden, an seinem Platz zu bleiben. Das ist nicht leicht, denn die Unternehmen melden ständig verschiedene Bedürfnisse, und jeden Tag stellen die Lagerkapos die »Kommandos« anders zusammen. Es gibt einige Firmen, die unsere Sklavenarbeit einsetzen, nämlich Sager und Woerner, Seidenspinner, Lentz, das Bahnhofskommando und andere.

Die Arbeit ist ebenfalls unglaublich unterschiedlich. Auf der anderen Waldseite befindet sich in den Bergen eine riesige Baustelle.

Dort sind Bagger, Bohrmaschinen und Bohrer. Den ganzen Tag über fahren Schmalspurbahnen, die aus dem Steinbruch Sand, Kies, Geröll herbeischaffen, Ziegel, Zement und Rohre. Zwischen den hier und dort in den Bergen verstreuten Baustellen verlaufen Geleise.

Einige Gruppen arbeiten an einer Abwasseranlage. Knöcheltief im Wasser stehend, im Abstand von fünf Metern voneinander, hacken die Häftlinge mit Pickeln auf den harten Boden ein. Wo der Fels besonders hart ist, bohrt eine Maschine Löcher, die dann mit Dynamit gefüllt werden. Nachdem der Fels zersprengt ist, sammelt die Gruppe die Steine mit der Hand ein. Andere roden emsig den Wald und entfernen Baumstämme. Die nächste Gruppe entlädt Waggons mit Zement. Dieselbe Gruppe arbeitet daran, Steine von Güterwaggons abzuladen. Der Wagen wird an den Rand des Berges geschoben, wo ein Teil der Gruppe ihn festhält, sodass er beim Entladen nicht in die Schlucht stürzt. Nachdem die Steine abgeladen wurden, werden sie mit Schaufeln in die Schlucht geschoben. Ist sie voll, wird an der neu entstandenen Kante mit Spezialhämmern der Schienenweg gelegt. Eine weitere Gruppe lädt Sand ab, er wird zu unbekanntem Zweck Tag und Nacht herbeigeschafft. Weitere Arbeitsgruppen sind mit dem Bau neuer Trassen beschäftigt – sie legen Schienen und errichten den Unterbau, bereiten den Boden vor und schlagen Pfähle ein. Andere kümmern sich um das Entladen und Mauern oder Verlegen von Rohren. Eine Gruppe von Elektrica gräbt Löcher für die Stromkabel. Etwa ein Dutzend Häftlinge karren Erde vom Güterwaggon herbei, um die Schlucht aufzufüllen. Nachdem er wieder beladen wurde, wird einer der Häftlinge angewiesen, die Achse des Waggons auszurichten, wobei er mit einer Stange dagegen drückt, wonach der Waggon durch sein Eigengewicht den Abhang hinunter in Richtung der Schlucht rollt. Unmittelbar vor der Kluft setzt dann der Häftling mit aller Kraft die Stange ein, um den Schwung des Waggons aufzuhalten, wobei er die genaue Entfernung berechnet, die der Waggon noch bis zum Rand der Kluft zu rollen hat. Diese Arbeit erfordert Geschicklichkeit und einen scharfen Verstand. Der kleinste Fehler kann zur Folge haben, dass der Waggon, zusammen mit dem Mann, in die Kluft stürzt.

Und noch ein Zitat:

Heute habe ich mit einer anderen Gruppe gearbeitet – mit der magyarischen, in den Tunneln, in Tunnel Nummer 4. Wir bauen die Tunnelausrüstung ab – wir entfernen riesige, lange, schwere Rohre. Wir bringen sie nach außen und schlichten sie vor dem Tunnel auf. Jede Stunde kommt ein Wagen, und wir beladen ihn mit Eisen. Der Tunnel ist hoch, feucht und kalt. Der Vorarbeiter und die Aufseher bewachen uns. Wir haben eine Stunde Pause bei zwölf Stunden Arbeit. Viele von uns werden jeden Tag Opfer verschiedener Unfälle. Leute werden von Eisenträgern niedergestreckt, Rohre fallen ihnen auf die Füße, sie werden ohnmächtig unter der Last, aber trotzdem hetzen sie rasch herum voller Angst, von einem Gewehrkolben oder einer Stange aufgescheucht zu werden.

Ich möchte nicht ihr Gewicht spüren und zwinge mich selbst, an etwas ganz anderes zu denken. Meist denke ich daran, wie die Welt und das Leben nach dem Krieg sein werden.

In *Za Drutami Śmierci* gibt es eigentlich nicht besonders viel auf die Anlage Riese bezügliche Information. Ein paar Passagen wie diese, einige andere verstreute Details, aber wirklich nicht viel, und wenig, das mir aufschlussreich oder ausschlaggebend schien. Einerseits hätte das nicht so überraschend sein sollen, diese Seltenheit – darum geht es in dem Buch ja nicht: Abraham hatte sich nicht aufgemacht, das Rätsel des Nazi-Projekts zu lösen, an dem mitzuarbeiten er gezwungen worden war –, doch andererseits erwartete ich angesichts der übergroßen Bedeutung, die *Za Drutami Śmierci* für die Schatzsucher besaß, eine Menge mehr über Riese.

Bis zu einem bestimmten Grad hat das seinen Grund darin, dass es sonst so wenig Material gibt: Dies ist vergleichsweise eine Goldmine an Informationen. Dennoch ist es mehr als das. *Za Drutami Śmierci* wird von den Schatzsuchern aus Gründen geschätzt, die über die Fetzchen an Information hinausgehen, die daraus entnommen werden können. Das Buch und in der Folge der Autor sind in das Reich des Mythos eingetreten. Abrahams Buch ist totemistisch, es ist beinahe eine Art religiöser Text. Es ist mehr als reines Recherchematerial. Jerzy Cera, der bekannte Schatzsucher, meinte zu mir, er habe *Za Drutami Śmierci* mehr als vierzig Mal gelesen. Viele Entdecker sagten mir, sie hätten eine Pilgerfahrt unternommen und dabei Abrahams Reise nachvollzogen, von Lager zu Lager, Arbeitsstätte zu Arbeitsstätte. Sie taten das nicht, um etwas zu erfahren oder zu enthüllen, es war keine Erkundung; sie taten es, um etwas zu erleben, etwas, das ich Mühe habe nachzuempfinden oder zu artikulieren, das sie aber offenkundig bedeutsam fanden. Viele Entdecker baten mich, ihr Exemplar von *Za Drutami Śmierci* zu signieren. Jedes Mal war ich befremdet – dieses Buch ist ein Erinnerungsbuch aus dem Holocaust, und außerdem bin ich nicht der Autor. Aber sie fanden das ganz und gar nicht sonderbar.

Auch nachdem ich *Za Drutami Śmierci* etliche Male gelesen hatte, wusste ich kaum, wer Abraham Kajzer wirklich war; ich kannte ihn nur durch das Prisma des Mythos. In seinem Buch finden sich keine Einzelheiten über sein Leben vor dem Krieg, keine Reflexionen über sein Leben nach dem Krieg. Je mehr Zeit ich mit Abraham-als-Mythos verbrachte, desto schärfer empfand ich meine Unwissenheit über Abraham-als-Person.

Ich forschte über seine Verwandtschaft nach. Abrahams einziges Kind war in Auschwitz gestorben. Aber seine Schwester Necha hatte zwei Kinder, von denen eines noch lebte, und sieben Enkelkinder – das war in Israel Abrahams Familie gewesen. Und Abrahams Bruder Chaskiel, der vor dem Krieg nach Argentinien entkommen war, hatte vier Kinder, von denen drei noch lebten; sie hatten Abraham zwar nicht gut gekannt, ihn aber einige Male getroffen.

Ich spürte meine neuen Verwandten auf und sprach mit ihnen über ihren Onkel Abraham. Es waren seltsame und ergreifende Begegnungen, manchmal gekünstelt und gezwungen, manchmal zu Herzen gehend, immer interessant. Letztendlich erfuhr ich jedoch nicht viel über Abraham, jedenfalls wenig, das Einblicke geliefert hätte, wer er war. Es ist schwer, einen Mann durch eine Linse gebrochen kennenzulernen. Als ich auf den Plan trat, war Abraham bereits seit beinahe vierzig Jahren tot. Nach einer so langen Zeit bleiben, so nehme ich an, bloß unstrukturierte Eindrücke und Marotten hängen. Er war freundlich, er war sanft, gefangen in einer furchtbar zerrütteten Ehe, er war verzweifelt süchtig nach Zigaretten, er trainierte Tauben, er zog Erdbeeren in einem Fass in seinem Hinterhof, er fuhr ein Motorrad. Für sie war er Onkel Abraham, liebenswert, gezeichnet, zurückhaltend, exzentrisch, unnahbar. Niemand, mit dem ich sprach, schien mit Abraham wirklich vertraut gewesen zu sein; ich erhielt den Eindruck, außer seiner verstorbenen Schwester Necha sei *niemand* mit Abraham jemals wirklich vertraut gewesen.

Trotzdem erwiesen sich diese Besuche als ein bedeutsames Korrektiv: Hier war der Anti-Mythos, hier war Abraham-als-Person. Ich fand keinen Zugang, ich konnte nur in der Umlaufbahn kreisen, aber ich konnte sehen, dass es da war. Keiner oder keine seiner Verwandten wusste von den Tunneln oder interessierte sich dafür, für Abrahams Beziehung zu Riese; seine Vergangenheit im Krieg war für sie tragisch, aber weit entfernt. Niemand von ihnen hatte sein Buch gelesen; die meisten hatten nie davon gehört oder vergessen, dass es existierte.

Da wir von Mythen sprechen: Es herrscht einige Verwirrung darüber, wie viele Finger Abraham hatte – wie viele er bei seiner Geburt gehabt, wie viele und wann und wie er sie verloren hatte. Die Mythen, so könnte man sagen, können sich nicht einigen.

Abraham Kajzer hatte neun Finger. Er wurde mit zehn Fingern geboren, eine vollständige Garnitur, aber Anfang der 1930er schnitt er sich einen ab, um nicht in die polnische Armee eingezogen zu werden. »Er benutzte ein großes Werkzeug«, erzählte mir seine Nichte, »einen Bolzenschneider, oder eine Heckenschere, damit es so schnell wie möglich ging.«

Oder er verlor den Finger im Krieg. Vielleicht verlor er mehr als einen. Ostoja schreibt im Vorwort: »[Kajzer] lächelte sanft und wedelte mit den Stummeln seiner Finger, die er im Lager eingebüßt hatte.«

Obwohl es in Abrahams Buch keine Schilderung gibt, wie er seine(n) Finger verlor, kommen der oder die fehlenden Finger zur Sprache:

Ich entwickelte eine Methode, den Schmerz zu lindern. Ich sagte mir, was mir physisch wehtut, schmerzt mich nicht, nur meinen Körper – ich sollte nicht darauf achten. Ich, das bin ich – derjenige, der denkt, versteht und fühlt, während mein Körper nur ein Objekt ist, ein Instrument. Er ist wie das Stück Finger, das nun an meiner Hand fehlt. Vielleicht kann dieses Stück Finger, das jetzt irgendwo verfault, Schmerz fühlen. Vielleicht schmerzen die Muskeln, Knochen, Sehnen, roten und weißen Blutkörperchen, aber ich fühle den Schmerz nicht mehr. Obwohl es ein Teil meines eigenen Körpers ist, bin ich in diesem Moment entfremdet davon, ich habe nichts damit zu tun – genauso wie ich mit dem Rest meines Körpers nichts zu tun haben will und oft auch nicht habe. Ich versuche meinen Körper abzustellen, ihn vom Rest meines Ich zu trennen. Auf diese Art ist es leichter für mich, und ich empfinde keinen Schmerz, wie zuvor, wenn ich geschlagen werde.

Seltsamerweise – es muss aber nicht unbedingt bedeutungsvoll sein – ist dieser Abschnitt nur in der polnischen und nicht in der hebräischen Version enthalten. Vielleicht hat ihn Abraham gestrichen, vielleicht hat ihn Ostoja eingefügt.

Oder Abraham hatte elf Finger. Oder wurde zumindest mit

elf Fingern geboren. Diese Veranlagung ist ein Familienmerkmal. In den 1980ern brachte Abrahams Großnichte Osnat ein Baby mit sechs perfekt geformten Fingern an einer Hand zur Welt. Diese Form der Polydaktylie, sagten die Ärzte, sei sehr selten und genetisch bedingt. Mira Meir, die Großmutter des Babys, meinte, das ergebe Sinn, ihr Onkel Abraham sei mit elf Fingern geboren worden. Mira, eine gute Lyrikerin und eine der berühmtesten Kinderbuchautorinnen in der Geschichte Israels, schrieb bald danach ein Gedicht, »Ein sechster Finger«:

EIN SECHSTER FINGER

A.
Fünf Generationen lang wartete der sechste Finger, schlafend,
latent in der DNA, weitergereicht
in einem unsichtbaren Staffellauf. Der überzählige sechste Finger
wird entfernt. Niemand braucht zu wissen, dass er einst war.
Ein Pakt des Schweigens. Aber er gibt nicht auf
Wie um zu sagen, der Pakt ist ein Vertrag
Und er gilt weiter.

B.
Des Kindes sechster Finger
Was Überflüssiges. Ein wenig erschreckend, vielleicht.
Sollten wir die Ärzte fragen? Mag sein,
ich irre mich und es ist nicht so. Vielleicht ist's nur ein Traum –
jäh aufgetaucht, so aus dem Nirgendwo. Wer weiß,
was im Vergangenen geschah
Die Generationen schließlich aufgelöst im Nebel,
ein kleiner, überzähliger Finger
im kalt-sterilen Operationssaal abgetrennt,
betäubt und hygienisch, wie vorgeschrieben.
Wir beginnen, von neuem.

א

המודר תיששה עבצאה התכח תורוד השמח
ב .D.N.A תרסמנ יאשחב תמרזה
תרתימ תישש עבצא .יומס סיחילש ץורמב
.התיהש תעדל ךירצ וניא שיא .תרסומ
תרתומ הניא איה ךא .הקיתש לש רשק
םתוח ולאכ רשק תרמוא ולאכ
.םרוז הכישממו

ב

תקנית לש תישש עבצא
.הלהב טעמ ילוא .רתוימ רבד
ילוא ?הלאשב םיאפורל תונפל
-סולח רק ילוא .ךכ אל הזו יתיעט
עדוי ימ .סאתפ הצצ איה ןיאמ
רבעב היה המ
לפרעב ולכ םירוהה תורוד לכ
רבד לש ופוסב תרתימ הנקט עבצא
רקו יליריטס חותנ רדחב תרסומ
.שרדנכ רקעמו שחלאמ
.שדחמ םיליחתמ

Nach Angaben des Museums in Groß-Rosen wurde Abraham zusammen mit seiner Frau Sophie in Holon beerdigt, einem Vorort von Tel Aviv. Laut Internet gab es nur einen Friedhof in Holon.

Der Friedhof war viel größer, als ich erwartet hatte, eine ungerechtfertigte und dümmliche Erwartung, das gebe ich zu. Wahrscheinlich hatte ich mich an die winzigen jüdischen Friedhöfe in Osteuropa gewöhnt, in Wirklichkeit weniger Friedhöfe als Überbleibsel von Friedhöfen, die üblicherweise klein und desolat genug waren, dass man denjenigen Grabstein, der noch intakt und lesbar war, leicht finden konnte. Aber hier gab es Tausende gepflegte Gräber; ich hatte keine Ahnung, wo dasjenige Abrahams war; eine Suche ohne Anhaltspunkte hätte Stunden gedauert.

Ich folgte den Hinweisen zur »Friedhofsdirektion«, vorbei an einer Reihe von Örtlichkeiten im Freien für Verabschiedungen und einem kleinen Gebetsraum in ein kleines, vollgeräumtes, muffiges Büro. Ein alter Mann mit einem langen weißen Bart und einer schwarzen Kippa saß hinter dem Schreibtisch und sprach leise ins Telefon. Neben ihm saß ein zweiter alter Mann, ebenfalls mit weißem Bart und schwarzer Kippa, wenn auch weitaus weniger gepflegt, er tat gar nichts, saß nur da und beobachtete träge, wie der erste alte Mann am Telefon redete. Friedhofsangelegenheiten, sagte ich mir. Weder der Direktor noch der Famulus schenkten mir die geringste Aufmerksamkeit, als ich das Büro betrat.

Ich setzte mich auf eine an der Wand stehende Bank, um das Telefongespräch abzuwarten, und hatte dadurch Zeit, mein Anliegen präzise zu formulieren; mein Hebräisch war ohnehin eingerostet.

Ein paar Minuten später legte der Direktor den Hörer auf, ich trat an den Schreibtisch heran und sagte ihm in trügerisch fließendem Hebräisch, ich suchte Abraham Kajzers Grab. Er nickte, tippte auf der Tastatur herum und fragte: »Sein Vater war Feiwusch?« Ich sagte Ja, und als ich Ja sagte, fühlte ich einen Schwall des Stolzes – ich mochte gut und gerne der einzige Mensch auf der Welt sein, der diese Frage mit Überzeugung beantworten konnte. Der Direktor griff sich die Fotokopie einer Karte des Friedhofs (es gab einen ganzen Stapel davon; anscheinend waren Anliegen wie das meine etwas Normales). Er überstrich den betreffenden Abschnitt mit einem Marker und schrieb unten auf die Seite Reihe und Grabstellennummer.

Den Sektor fand ich leicht, aber die Reihen waren nicht angeschrieben, und ich wanderte zwischen den Gräbern hin und her und hielt Ausschau: So stand ich in der Mitte einer Reihe und suchte das Meer an Grabsteinen in jeder Richtung nach dem Wort קיזר ab – der hebräischen Schreibweise von Kajzer – oder irgendeiner Variante davon. Aber ich konnte es nicht finden. Ich musste methodischer vorgehen. Ich begann jede Reihe entlangzugehen, prüfte jeden Grabstein. Es dauerte lange, der Sektor mochte vier-, fünfhundert Gräber umfassen, aber schließlich fand ich dasjenige Abrahams. Natürlich hatte ich es zuerst übersehen: Der Grabstein war nur wenige Zentimeter hoch, ein niedriges steinernes Rechteck mit der Beschriftung oben, in Richtung zum Himmel; um sie lesen zu können, musste man davor stehen und nach unten blicken. Eigentlich hätte man sie nicht einmal dann lesen können, denn ein dichter dorniger Busch war direkt darüber gewachsen, und sie war mit Schmutz und Abfall vom Busch bedeckt. Sophies Grabstelle, ebenso verdeckt, lag in der Nähe, doch nicht angrenzend – das Paar war durch die doppelte Grabstelle von Herrn und Frau Poterkovsky getrennt. Dies war entweder eine empörend schlechte Friedhofsplanung oder ein ewiges Zeugnis einer sehr unglücklichen Ehe.

Ich kniete nieder, zwängte meinen Körper zwischen den Grabstein und die Zweige, wischte den Schmutz von Abrahams Stein und dann von dem Sophies. Der Schmutz war schwer und feucht; es hatte in dieser Woche immer wieder Gewitter gegeben.

Da stand kein Grabspruch, nur der Name. Ich stand auf, die Zweige darüber schnellten zurück und verdeckten den Grabstein wieder. Ich war verdreckt, meine Hände mit Schmutz verklebt. Ich hatte Schmutz in meinem Gesicht und auf den Haaren. Wie vergessen diese Gräber waren. Wäre Abraham in Schlesien begraben gewesen, hätte das Grab sehr wohl ein Schrein sein können. Zumindest wäre es gepflegt und oft aufgesucht worden. Aber hier in Israel war er bloß ein weiterer Überlebender aus Polen. Tot, kinderlos, und nur eine rasch schwindende Zahl an Menschen erinnerte sich an ihn. Er war tot, und sein Gedächtnis lag im Sterben. Hier war kein besonderer Mythos mit ihm verbunden. Ich möchte eine Frage stellen, aber ich weiß nicht, ob sie passend ist, und ich weiß auch nicht genau, wie ich sie formulieren soll. Ich möchte fragen: Was ist vorzuziehen? Der zelebrierte Mythos, der zumindest teilweise falsch ist? Oder die nicht zelebrierte Person, deren Andenken so rasch verschwindet?

Bevor ich den Friedhof verließ, kehrte ich noch einmal ins Büro zurück zu den beiden bärtigen Männern hinter dem Schreibtisch, dem Direktor und dem Gehilfen, und sagte ihnen, ein Busch verdecke Abrahams und Sophies Grabsteine, die Steine seien kaum sichtbar und verdreckt, und der Friedhof sei verantwortlich dafür, sie sichtbar zu machen und zu säubern. Oder zumindest versuchte ich ihnen das zu sagen; ich stotterte in meinem schwerfälligen Hebräisch. Ich weiß nicht, was ich rüberbringen konnte. Der Direktor lächelte und nickte und tippte auf seiner Tastatur herum, und der Helfer tat gar nichts.

16

WIR ERHOBEN EINSPRUCH gegen den Bescheid von Richterin
Wioleta Grabowska vom Bezirksgericht Sosnowiec. Wir glaubten, gute Karten zu haben, unsere Argumente, meine Verwandten, die im Holocaust gestorben waren, seien tot, müssten stichhaltig sein; ein übergeordnetes Gericht müsse anerkennen, dass
die Entscheide der zwei untergeordneten widersprüchlich sei-
en; ein übergeordnetes Gericht würde die wahrscheinlich anti-
semitische Kasuistik erkennen und aufheben.

Die Anhörung war für Anfang September 2018 im Bezirksgericht Kattowitz angesetzt, und wieder war ich aufgerufen, stell-
vertretend für meinen Vater und meine Tante auszusagen. Aber
ich war gerade nach New York übersiedelt und konnte die Kosten und Mühen nicht rechtfertigen, für einen Tag oder zwei nach
Polen zu fliegen. Und es war ohnehin auszuschließen, dass diese zweite Verhandlung so anders als die erste sein würde: neue
Richterin, aber gleiches Verfahren, gleiche Argumente, gleiche
Dokumente, gleiche Aussagen. Die Killerin vertrat mich in meiner Abwesenheit.

Am Morgen nach der Verhandlung rief ich Grazyna und die
Killerin an, um zu hören, wie es verlaufen war. Es war eine typi-
sche Unterhaltung, frustrierend: Ich wollte alles wissen, von der
Farbe der Wände bis zu dem, was auf dem Gesicht der Richterin
vor sich gegangen war, aber sie schienen nicht zu glauben, dass
es viel zu berichten gebe, nur dass die Killerin Einspruch einge-
legt hatte und wir jetzt auf den Entscheid warten mussten. Von

vorne anfangen, sagte ich. Wie hat der Gerichtssaal ausgesehen? Grazyna meinte, sie wisse es nicht, sie sei nicht hineingegangen – nur ihre Mutter habe eintreten dürfen. Ich bat Grazyna, ihre Mutter zu fragen, wie der Gerichtssaal aussehe. Meine Mutter sagt, es sei ein Gerichtssaal, meinte Grazyna, im Bezirksgericht in Kattowitz. Glaubt Ihre Mutter, dass es gut gegangen ist, fragte ich. Meine Mutter hat die Dokumente vorgelegt und ihre Argumente vorgebracht, und jetzt warten wir auf die Entscheidung, sagte Grazyna. Hat die Richterin irgendetwas Unerwartetes gesagt?, fragte ich. Meine Mutter sagt, drei Richterinnen seien dort gewesen. Drei Richterinnen?, fragte ich. Ist das normal? Grazyna sagte etwas über eine Änderung der Bestimmungen, aber ich bekam nicht mit, welche Bestimmung geändert worden war, ob das für alle Berufungen galt oder nur Erbschaftsangelegenheiten oder was auch immer.

Drei Richterinnen! Hätte ich gewusst, dass drei Richterinnen dort sein würden, wäre ich nach Polen geflogen, egal was es kostete. Dass drei Richterinnen anwesend waren – ein gottverdammtes Tribunal, und dazu noch Richterinnen bei einer Berufung, nichts weniger –, betraut mit der Entscheidung, ob meine toten Verwandten nun tot waren oder nicht, trieb die Absurdität noch auf die Spitze: Jetzt war es eine vom Staat finanzierte Farce. Kann man sich das vorstellen? Drei Richterinnen, in ihren Talaren, auf der Richterbank, zusammengekniffene Lippen, gerunzelte Brauen, wie sie den Argumenten der Killerin zuhörten, die Entscheidung der Richterin in Sosnowiec evaluierten, sich hinter verschlossene Türen zurückzogen, um zu debattieren, ob diese vier toten Juden nun tot seien oder nicht. (Um der Phantasie aufzuhelfen: Alle drei Richterinnen waren Frauen Ende vierzig, Anfang fünfzig, was ich für eine sonderbare Koinzidenz hielt, besonders wenn man bedachte, dass die Richterin in Sosnowiec ebenfalls eine Frau Ende vierzig, Anfang fünfzig war; die Killerin stimmte mir zu, dass das eigenartig sei, lieferte aber keine weiteren Einsichten.) Dass der Fall laut diskutiert, nicht nur im Privaten durchgegangen, dass er debattiert, dass ein Konsens erreicht werden musste – das setzte auf die Absurdität noch eins drauf. Ich stelle mir vor, dass die Diskussion pedantisch wurde, technisch, ja metaphysisch. Was bedeutet tot überhaupt? Wenn ein Jude im Wald stirbt, und niemand ist da, um das aufzuzeichnen ... Kann man um der Zweckdienlichkeit willen den Holocaust als Naturkatastrophe bezeichnen? Ich stelle mir vor, dass zu Beginn die Richterinnen in der Sache uneins waren: Eine vertrat die Meinung, dass diese Juden für tot erklärt werden sollten; eine war der Meinung, diese Juden sollten nicht für tot erklärt werden, und eine war unentschieden, konnte beiden Seiten etwas abgewinnen. Ich kann beide Seiten sehen, sagt die unentschlossene Richterin, die in der Mitte sitzt. Einerseits sind sie tot, aber andererseits sind sie vielleicht, technisch gesehen, nicht tot. Es fällt mir schwer zu entscheiden. Natürlich sind sie tot!, sagt die Richterin auf der rechten Seite. Das wissen wir alle. Wir kennen unsere Geschichte. Alle Juden sind gestorben! Wir können auch rechnen. Wenn jemand 1888 geboren wurde, wie alt wäre er dann heute? Sie sind tot. Was gibt es da noch zu reden? Interessantes Argument, sagt die Richterin in der Mitte. Ich kann Ihren Standpunkt nachvollziehen. Idiotinnen!, donnert die Richterin zur Linken. Perverse Vernünftlerinnen! Habt ihr nicht geschworen, die polnischen Gesetze buchstabengetreu zu befolgen? Natürlich, sagt die Richterin in der Mitte. Das haben wir getan, sagt die Richterin zur Rechten, wenn auch missmutiger. Dann sagen Sie mir, meint die Richterin zur Rechten, was hat Totsein mit irgendetwas zu tun? Wir sind nicht hier, um zu entscheiden, ob drei Juden tot sind!

Nicht?, fragt die Richterin in der Mitte. Nein!, sagt die Richterin links. Wir sind hier, um zu entscheiden, ob sie als tot *qualifiziert* werden können, egal ob sie buchstäblich tot sind. Und an diesem Punkt ist das Gesetz eindeutig: Sie sind nicht qualifiziert. Kennen wir das Datum? Kennen wir den Grund? Ja, sagt die Richterin zur Rechten, wir kennen den Grund! Der Grund war der Holocaust! Nicht spezifisch genug!, sagt die Richterin auf der Linken. Ganz und gar nicht spezifisch genug! Hmm, sagt die Richterin in der Mitte. Ebenfalls ein interessantes Argument. Ich sehe auch Ihren Standpunkt.

Ich bedrängte die Killerin noch eine Weile, tat mein Bestes, um ein Gefühl dafür zu bekommen, wie die Anhörung verlaufen war, aber sie war ihr übliches lapidares und kryptisches Selbst. Was passiert, wenn wir verlieren?, fragte ich. Die Frage schien Grazyna und die Killerin beinahe zu beleidigen; sie boten mir eine weitere Beruhigungspille an: abwarten. Ja, ich weiß, sagte ich, aber wenn wir verlieren, können wir berufen, oder? Ja, sagte Grazyna, wir könnten berufen, das nächste Gericht wäre dann der Oberste Gerichtshof. Ich lachte. Teilweise aus Unglauben und teilweise wegen des manischen Vergnügens, das es mir verschaffte, wenn ich mir vorstellte, dies vor dem Obersten Gerichtshof zu argumentieren.

Abgesehen von den frustrierenden legalen Implikationen liegt etwas Profundes in der Unterscheidung zwischen »tot« und »verschwunden« – es verweist auf die Verpflichtung der Lebenden, den Tod zu verzeichnen, will heißen, zu erinnern. Der Tod verlangt, dass man ihn anerkennt.

Ein paar Wochen später schickte mir die Killerin eine Nachricht, dass das Distriktsgericht in Kattowitz die Entscheidung des Bezirksgerichts in Sosnowiec bestätigt habe; unser Antrag wurde abgelehnt, mit anderen Worten: Die drei Richterinnen waren sich einig, dass meine toten Verwandten nicht für tot erklärt werden konnten.

Das war jetzt kein Zufall mehr. Keine komische Geschichte von einer hyperpingeligen Provinzrichterin. Oder auch die (weniger komische) Geschichte von einer Bezirksrichterin, deren Hyperpingeligkeit ein halb unbewusstes Deckmanöver für das war, was um jeden Preis nicht als Antisemitismus zu sehen ich mich bemühte. Jetzt fühlte es sich aggressiv an, als würden sie (»Polen«) mich quälen, mit mir spielen. Jetzt war es unterstrichen und fettgedruckt, diese ärgerliche Pedanterie, diese radikale Abstraktion des Todes, dieses grobschlächtige Beharren darauf, das banalste Faktum zu leugnen: dass diese Leute tot waren. Nun war das System darein verwickelt. Eine Richterin kommt mit irgendeiner abstrusen Argumentation daher, warum deine toten Verwandten nicht für tot erklärt werden können, und das ist dumm und ärgerlich, und du zweifelst die Unparteilichkeit dieser Richterin an; drei Berufungsrichterinnen erklären die abstruse Argumentation für stichhaltig, und du fragst dich, welcher Logik dieses Universum gehorcht. Der absurde Entscheid war letztlich gar nicht so absurd, bloß die erste Kontrollstation eines surrealen Systems.

Der gute Glauben, mit dem ich meine polnische Gerichtsreise begonnen hatte, war zerstört. Ich hatte mich gegen das Vorurteil gegen Polen, das zuhause eine weitergereichte Norm war, gewappnet, sogar darüber gehöhnt. Aber nun war es noch schwerer, sich nicht diesem Vorurteil zu ergeben. Ich wollte nicht, dass es so war – ich wollte, dass alle Schwierigkeiten, denen ich begegnete, rein bürokratische waren; wenn mir von den polnischen Gerichten Hindernisse in den Weg gelegt wurden, dann sollte es aufgrund von Ineffizienz oder schlampiger Aktenführung sein, nicht wegen Vorurteilen. Aber ja, an diesem Punkt war es schwer, das Ganze nicht so zu sehen. Zum Obersten Gerichtshof, sagte ich zur Killerin.

Und dann stellte sich heraus, wie an so vielen Punkten in dieser Geschichte, dass ich das alles falsch gesehen hatte, dass ich, Gesetze betreffend, keine Ahnung hatte, was Sache war. Wie mein Großvater vor mehr als fünfzig Jahren hatte ich die Anweisungen missverstanden.

Es gab, so erfuhr ich, *zwei* Vorgangsweisen, mit verschiedenen Kriterien und verschiedenen Auswirkungen, wie der Staat einen Todesfall ratifiziert (drei, falls man die übliche Sterbeurkunde mit einschließt): *Anerkennung des Todes* (*stwierdzenie zgonu*) und *Für-tot-Erklärung* (*uznanie za zmarłego*). Um jemanden für tot erklären zu lassen, muss man die Umstände des besagten Todes feststellen können, also das Wann und Wo und Wie; um jemanden als verstorben anerkennen zu lassen, muss bloß eine bestimmte Zeitspanne verstrichen sein, seit jemand vermisst wurde (wie lange, hängt von den Umständen ab; zehn Jahre ist das Maximum).

Die zwei Richterinnen an den untergeordneten Gerichten, diejenige in Będzin und diejenige in Sosnowiec, waren sich tatsächlich gar nicht uneins gewesen; sie hatten eigentlich in verschiedenen Angelegenheiten entschieden.

Die Richterin in Sosnowiec, Richterin Grabowska, hatte nur beurteilt, ob meine Verwandten »für tot erklärt« werden konnten oder nicht, und entschieden, dass das nicht der Fall war, da die Voraussetzungen nicht zutrafen. Wann waren sie gestorben?

Wo waren sie gestorben? Wie waren sie gestorben? Es war alles eine leere Fläche. Es gab keine Augenzeugen; sie schienen auf keiner Liste eines Konzentrationslagers auf, man wusste nicht, wo sie während des Krieges gewesen waren. Richterin Grabowska hatte nicht böswillig das Gesetz verdreht; sie hatte ein technisches Argument für eine technische Voraussetzung bemüht. (Eine eventuell verstörende Begleiterscheinung ist, dass Polen / 1939 bis 1945 / Holocaust als zu abstrakt oder diffus gelten, um als Ort / Zeit / Todesumstand durchzugehen, was einerseits ja tatsächlich abstrakt und diffus ist, andererseits aber könnte man auch argumentieren, dass der Holocaust zumindest als ebenso »tödlich« und »spezifisch« gelten müsste wie eine Naturkatastrophe.)

Die Richterin in Będzin hingegen hatte überlegt, ob meine Verwandten »für tot erklärt« *oder* ob sie »als verstorben angesehen« werden könnten. Und während sie mit Richterin Grabowska insofern übereinstimmte, dass das Erste für sie nicht galt, gab es keine Frage, dass das Zweite auf sie zutraf.

Ich versuchte die Killerin über die Diskrepanz auszufragen, versuchte sie dazu zu bewegen, mir zu erklären, warum es in Będzin für uns geklappt hatte, nicht aber in Sosnowiec, welche Vorgangsweise sie überhaupt vom Gericht verlangt hatte, aber natürlich führte das alles zu nichts. Ich konnte keine klare Antwort erhalten, und so nahm ich mir einen weiteren Anwalt, Szymon, der mir meine Anwältin ausdeuten sollte. Ich schickte Szymon die relevanten Dokumente, und eine Woche später schickte er mir ein siebenseitiges Memorandum in wunderbar klarem Englisch, was geschehen war.

Die Killerin hatte einen falschen Antrag eingebracht. Sie hatte um eine »Für-tot-Erklärung« angesucht, für die meine Verwandten absolut nicht qualifiziert waren, und nicht um eine

»Anerkennung des Todes«, was auf sie zutraf. Die Richterin in Będzin war großzügig gewesen und hatte die »Anerkennung des Todes« trotzdem gewährt; die Richterin in Sosnowiec war nicht großzügig gewesen, war nach dem Buchstaben vorgegangen und hatte gegen uns entschieden.

Es war also meine Schuld (eigentlich jene der Killerin) gewesen, nicht jene der Richterin. Mein Verdacht war unbegründet, mein Gezeter fehlgeleitet. (Es stimmte, Richterin Grabowska hätte gnädig sein können. Sie verstand, was wir tun wollten, sie verstand, dass die Killerin einen Fehler gemacht hatte, sie hätte uns erlauben können, trotzdem fortzufahren; war man so geneigt, konnte man Grabowskas Entscheid durchaus eine gewisse Boshaftigkeit zubilligen. Aber es entspricht wohl kaum Sabotage, wenn jemand getreu dem Buchstaben des Gesetzes vorgeht.) Gute Nachrichten also, nahm ich an. Wir befanden uns immer noch im Bereich enervierender Bürokratie, nichts Hässlicheres war in Sicht. Aber der Umstand, dass ich von vorne anfangen musste – an das Höchstgericht zu appellieren ging nicht, es gab ja keinen Grund, die Entscheidungen der untergeordneten Gerichte aufzuheben –, war frustrierend und zermürbend, nicht nur, weil es nun noch viel länger dauern würde, sondern weil es neuerlich bloßlegte, wie wenig ich verstand, wie unvorbereitet ich war, wie endlos dieser Vorgang sein konnte, wie wenig ich das Heft in der Hand hatte. Der Gegenspieler war noch abstrakter, als ich gedacht hatte; der Gegenspieler war der Vorgang selbst.

Die Killerin – ich feuerte sie nicht, weil sie trotz dieses Fehlers einen guten Job zu machen schien und weil ich sie mir leisten konnte – brachte am Gericht in Sosnowiec einen neuen Antrag ein, mit dem Ersuchen, meine Verwandten »als verstorben anzuerkennen«. Wir waren wieder am Anfang. Wieder setzten wir eine Anzeige in die Zeitung und baten jeden, der Informationen über den Aufenthaltsort von Mosche, Sura-Hena, Michoel Aaron und Tamara Kajzer habe, sich in den nächsten sechzig Tagen zu melden.

17

Aus Kapitel XXVIII
Za Drutami Śmierci von Abraham Kajzer
Herausgegeben von Adam Ostoja

Ohne nachzudenken lenkte ich meine Schritte die Landstraße hinunter. Ich ging wie ein Geist, wie ein Gespenst aus einer anderen Welt. Ich war vollkommen resigniert. Meine Überlebenschance war gleich null. Gedankenlos betrachtete ich die Häuser. Ich blieb stehen und fragte mich: Hier vielleicht? Es schien mir, als sei ich eine lange Strecke gegangen, als sei ich weit entfernt vom Lager. Ich stolperte. Unbewusst und vollkommen zufällig ging ich an einer Abzweigung vorbei und betrat eine Allee.

Ich verbarg mich hinter einer Tür vor dem lästigen Wind und stand dort wie betäubt für längere Zeit, gleichgültig, ohne Vorstellung, was ich jetzt tun sollte. Ich konnte nicht klar denken. Ich vermochte nicht einmal die Hoffnungslosigkeit meiner Lage zu erfassen. Ich stand ruhig da, an die Wand gelehnt, froh, dass es Nacht war und dass alles um mich herum schlief, dass mich niemand sehen konnte.

Es dämmerte kaum, als ich Fußtritte hörte. Instinktiv straffte ich mich, klammerte mich an die Mauer, wollte mich vor den Blicken desjenigen verstecken, wer immer sich da näherte. Kleine, laute Schritte kamen langsam näher. Mein Herz schlug heftiger, mein Atem wurde rascher. Wie Blitze schossen Gedanken durch meinen Kopf und verschwanden wieder. Erst jetzt erkannte ich das Furchtbare meiner Lage.

Dann hielten die Schritte irgendwo in der Nähe an. Ich lugte vorsichtig nach draußen, um zu sehen, ob die Gefahr vorüber sei, und sah vor mir eine Frau mit einem Krug in der Hand. Sie stand etwa fünf Schritte von mir entfernt, wartend, unsicher.

Als sie mich sah, ließ sie den Krug fallen und bedeckte ihr Gesicht mit den Händen, als wolle sie das Bild von etwas Schrecklichem, Schauderhaftem ausblenden. Dann wurden die Finger ihrer Hände zu Raubvogelklauen, bereit, gegen diesen furchterregenden Geist zu kämpfen, der sie anstarrte. Langsam, ohne ein Wort zu sagen, begann sie zurückzuweichen. Es sah aus, als würden ihr die Augen vor Angst aus den Höhlen fallen. Ihr Schrecken gab mir meinen Gleichgewichtssinn zurück. Ich tat einen Schritt nach vorn, und sie blieb auf der Stelle stehen, den Mund offen, die Augen geweitet, starrend, gebannt.

Leise sagte ich auf Deutsch:

»Frau, haben Sie keine Angst. Ich tue Ihnen nichts.«

»Aber Sie sind aus dem Lager geflohen ... Sie werden Sie fangen und aufhängen!«, sagte sie mit entsetzter Stimme.

»Das muss nicht so sein«, sagte ich.

»Gehen Sie weg von dem Haus!«

»Nein, ich gehe nicht. Verstehen Sie nicht, dass ich nirgendwohin kann?«

Ich bemerkte ein Zögern in ihren Augen.

»Frau«, sagte ich, »der Krieg wird bald enden. Die Amerikaner, die Briten, die Russen werden bald hier sein, und dann wird es sehr schlecht aussehen für die Deutschen. Wenn Sie mich verstecken, werden Sie eine Rechtfertigung haben – ich werde mich für Sie einsetzen. Ich werde Sie verteidigen, dann werden Sie nicht in Gefahr sein.«

Ich versuchte meine Worte überzeugend klingen zu lassen, aber eigentlich glaubte ich nicht an diese Worte, denn ich wusste nicht, was die Zukunft bringen würde.

»Wo ich doch nicht einmal eine eigene Wohnung habe«, erwiderte sie voller Verzweiflung. »Ich bin ein Flüchtling aus Breslau. Ich bin hier mit meinen fünf Kindern bei meinem Vater untergekommen.«

»Ich will keine Wohnung ... Ich kann im Keller oder im Untergeschoss bleiben, oder auf dem Dachboden ... irgendwo.«

»Und wenn sie es herausfinden? Sie werden mich zusammen mit meinen Kindern aufhängen … Vielleicht hat Sie jemand gesehen?«

»Niemand hat mich gesehen. Ich bin seit ein paar Stunden in diesem Durchgang. Und ich verrate Sie ohnehin nicht, auch wenn sie mir bei lebendigem Leib die Haut abziehen. Rasch, rasch, man sieht uns sonst!«

»Und Sie sind sich sicher, dass Sie niemand gesehen hat? Sie sind sich ganz sicher?«

»Ja!«

Sie trat vom Haus weg und sah sich um. Sie blickte in alle Richtungen, kam endlich wieder, nahm mich mit einer festen Bewegung am Arm und führte mich ins Kellergeschoss.

Wir standen einander gegenüber – sie, schlank und blass, ich, elend und unglücklich. Sie nahm meine Hand, und zu meiner großen Überraschung fiel eine warme Träne. Ich stand reglos, stumm und erfüllt von einem innerlichen Zittern.

Nach einem langen Augenblick brach sie das Schweigen.

»Wir verschwenden Zeit«, sagte sie. »Es dämmert schon. Bald werden einige Polinnen kommen, die für uns arbeiten. Lassen Sie sich vor niemandem blicken. Sie kommen hier herunter, um Wasser zu holen. Denken Sie daran, trauen Sie niemandem! Lassen Sie sich nicht blicken!«

Ich bemerkte einige lange Kisten, die an der Wand standen. Ich ging hinüber und hob den Deckel – und sah die Kartoffeln. Gierig ergriff ich sie, und ohne auf die Anwesenheit meiner Retterin zu achten, begann ich zu essen. Es lag außerhalb meiner Macht, mich zurückzuhalten. Ohne nachzudenken kaute und schluckte ich die Kartoffeln und bemerkte nicht einmal, dass die Deutsche den Keller verlassen hatte. Nachdem ich einige rohe Kartoffeln verschlungen hatte, sah ich sie wieder. Sie war mit Wäsche und Essen zurückgekehrt.

»Essen Sie«, sagte sie. »Und ich werde inzwischen in der Kiste ein Versteck vorbereiten, denn der Morgen graut schon, und sie werden bald um Wasser herunterkommen.«

Sie setzte das Essen ab und legte sorgfältig die Kartoffeln von einer

Kiste in eine andere. Ich begann riesige Brocken Kuchen zu verschlingen. Ich nahm mir keine Zeit zum Kauen. Nach ein paar Minuten war alles aufgegessen. Ich ging zu ihr hin und half ihr, den Rest der Kartoffeln umzuschlichten.

Als die Kiste leer war, legte sie ein Federbett, zwei kleine Kissen und zwei Decken hinein, dann sah sie mich an und fragte, ob ich noch mehr zu essen wolle.

»Ja ... aber bringen Sie nur Brot.«

Ich bereute, dass ich so viel Kuchen gegessen hatte. Nach einer Weile kam sie mit vier Scheiben Brot und einem Litertopf Haferbrei mit Milch zurück.

Auch das aß ich in kürzester Zeit. Dann half sie mir, mich in der Kiste hinzulegen – und ich war allein.

Ich schlief ein. Als ich erwachte, sah ich, wie sie sich über mich beugte. Sie betrachtete mich besorgt und ängstlich. Als sie bemerkte, dass ich die Augen öffnete, stieß sie einen Seufzer der Erleichterung aus.

»Gott sei Dank«, hörte ich ihre Worte. »Ich dachte, Sie wären tot. Sie haben vierundzwanzig Stunden durchgeschlafen. Hat Sie jemand gesehen?«

»Nein«, antwortete ich.

»Sie müssen ... essen und trinken. Morgen komme ich wieder, und jetzt muss ich gehen, ich habe Angst, dass mich jemand sieht.«

Ich war wieder allein, lag ruhig da und lauschte. Ich hörte Leute in den angrenzenden Kellerraum gehen, wie sie mit leeren Eimern klapperten, wie sie die Pumpe betätigten. Da war das Geräusch eines Eimers, der sich mit Wasser füllte, der Klang von Fußtritten auf den Stufen. Von Zeit zu Zeit sang jemand ein Lied. Durch die Ritzen in der Kiste beobachtete ich die Abenddämmerung und das einfallende Zwielicht. Oft hatte ich Angst, dass meine Retterin ihre Meinung geändert haben könnte ...

Jeden Tag wartete ich vierundzwanzig Stunden darauf, dass sie kam. Immer begrüßte ich sie mit rückhaltloser Freude, und mein Herz wurde schwer, wenn sie ging. Ein seltsames Wohlsein erfüllte mich, wenn ich ihre Worte hörte, die sie beinahe jeden Tag wiederholte:

»Haben Sie gut geschlafen? Auf Wiedersehen. Bis morgen.«

Dann schloss sie den Deckel und verließ den Keller. Ich war wieder allein. Neuerlich horchte ich – Schritte, das Klappern von Eimern, Wasserplätschern, abgehackte Worte, noch einmal Schritte – und dann vierundzwanzig Stunden unnatürliche Stille.

Nach ein paar Tagen konnte ich nicht mehr in der Kiste liegen. Nachts erwachte ich und ging sehr leise im Keller umher. Frierend kehrte ich zur Kiste zurück, wickelte mich in Decken und träumte, dass ich wieder die Stimme derjenigen hörte, die mir das Leben gerettet hatte – ich schlief ein.

Eines Tages brachte sie unerwartet einen Stuhl mit in den Keller. Sie stellte ihn in eine Ecke und sagte:

»Sie dürfen in der Nacht herauskommen und ein bisschen darauf sitzen, aber seien Sie vorsichtig … leise.«

Ich konnte ihr nicht danken, bevor sie wie ein Schatten wieder verschwand.

In jenen Tagen waren ihre Besuche meine einzige Freude. Ihre Stimme ließ mein Herz schneller schlagen. Es gab so viel, so viel, das ich sagen, erzählen, fragen wollte – aber ich tat nichts davon, denn ich musste ständig achtgeben, beobachten, lauschen. Mit einem Übermaß an Fragen, das über meine Lippen drängte, konnte ich oft kein Wort herausbringen. Die Worte erstarben mir auf den Lippen, und ich fürchtete mich vor meiner eigenen Stimme, fürchtete mich, dass jemand, der sie hörte, misstrauisch werden und Verdacht schöpfen könnte.

Eines Tages im Jahr 1998 waren Schimon und Rochel Plonsker, ein älteres Ehepaar aus Ramat Gan in Israel, auf dem Frankfurter Flughafen, vielleicht waren sie gerade angekommen, vielleicht auf dem Weg nachhause, jedenfalls hatte etwas nicht geklappt, Schwierigkeiten mit einer Fluglinie, und sie sprachen mit einer der Mitarbeiterinnen, die Argumente wurden immer hitziger.

Ein Mann namens Alexander Fröhlich ging zufällig vorbei und bemerkte den Tumult. Fröhlich arbeitete für die Fluglinie – an diesem besonderen Tag aber arbeitete er nicht, er war bloß mit seiner Frau auf dem Weg nachhause nach Berlin – und intervenierte, kam den Plonskers zu Hilfe.

Die dankbaren Plonskers luden die Fröhlichs zum Mittagessen ein.

Beim Essen erzählte Alexander, nachdem er erfahren hatte, dass die Plonskers aus Israel stammten, er habe eine besondere Beziehung zu jemandem in Israel, obwohl er sich nicht ganz sicher sei, wo in Israel dieser Jemand wohne oder auch nur, ob er noch am Leben sei; es war einige Zeit her, dass sie in Kontakt gewesen waren. Sein Name war Abraham Kajzer. Ob ihn die Plonskers vielleicht zufällig kannten? Nein, sagten sie, sie kannten ihn nicht. Aber wie lautete die Geschichte? Was war die besondere Verbindung? Alexander erzählte, mehr als fünfzig Jahre zuvor, 1945, in den letzten Kriegswochen, habe seine Mutter Gertrud Fröhlich Kajzer im Keller in einer Kartoffelkiste versteckt und damit sein Leben gerettet. Nach dem Krieg waren Gertrud und Abraham in Verbindung geblieben, sagte Alexander, 1965 sei Abraham sogar einmal auf Besuch gekommen, später aber hätten sie den Kontakt verloren. Gertrud sei noch am Leben, sagte Alexander. Sie war neunzig Jahre alt und hatte Abraham nie vergessen. Sie hatte immer noch ein Foto von ihm an der Wand hängen.

Die Plonskers waren sehr berührt von der Geschichte und setzten sich in den folgenden Monaten an die Spitze einer Bewegung, die sich dafür starkmachte, Gertrud als Gerechte unter den Völkern auszeichnen zu lassen, eine Anerkennung, die von Yad Vashem an Nichtjuden vergeben wird, welche unter großer Gefahr während des Krieges Juden gerettet haben. Als

Beweis legten sie den obenstehenden Abschnitt aus Abrahams Memoiren vor; einen Brief Abrahams, der die Geschichte bestätigte; einen Artikel aus einer deutschen Zeitung von 1965 über Gertruds heroische Tat; eine Fotokopie einer Weihnachtskarte, die Abraham an Gertrud und ihre Kinder geschickt hatte; ein Foto von Gertrud, die ein Foto Abrahams in der Hand hielt, sowie eine Aufnahme von drei Gegenständen in Gertruds Besitz, die mit Abraham zu tun hatten, nebeneinander aufgereiht: das obenerwähnte Foto von Abraham, eine Ausgabe von *Za Drutami Śmierci*, die Abraham ihr geschenkt hatte, und eine einfache Metallgabel, die ohne Kommentar beigelegt wurde.

Ihre Bemühung war erfolgreich. Am 29. März 2000 wurde Gertrud Fröhlich in einer Zeremonie im deutschen Streganz, wo sie lebte, als Gerechte unter den Völkern geehrt (es ging ihr nicht gut genug, um nach Israel zu reisen). Der israelische Botschafter überreichte Gertrud eine Medaille und eine Urkunde, ihr Name wurde der Ehrenmauer im Garten der Gerechten in Jerusalem hinzugefügt. Das Ereignis wurde in der deutschen Presse weitum publiziert. In den Artikeln hieß es, Gertrud wisse nicht, ob Abraham noch am Leben sei – anscheinend hatte ihr niemand gesagt, dass er mehr als zwanzig Jahre zuvor gestorben war.

Gertrud Fröhlich starb kaum sechs Wochen danach, am 9. Mai 2000.

Jetzt bewegt sich die Geschichte, zumindest für einige Seiten, weg von Abraham zu der Frau, die Abraham rettete, Gertrud Fröhlich, obwohl Abraham sie nirgendwo mit einem spezifischeren Namen bezeichnet als »meine Retterin«. Es ist ein Wechsel in den Protagonisten. Und eine Entspannung der Geschichte, Abrahams Erlösungsgeschichte, die bis jetzt auf einige erschütternde, aber undetaillierte Abschnitte in seinen Memoiren beschränkt war, knapp und prägnant wie ein Mythos, die Perspektive beschränkt auf das Innere einer Kartoffelkiste. Nun wenden wir Abrahams Geschichte um, brechen sie auf, erblicken die Masse von darunterliegenden Geschichten, die im Inneren surren und summen.

Es war nicht schwer, Alexander Fröhlich zu kontaktieren – die Telefonnummer, die er in seinem Brief an Yad Vashem zwanzig Jahre zuvor angegeben hatte, war noch gültig. Er sagte, er würde sehr gerne mit mir sprechen. Und er vermittelte mir den Kontakt zu seinen beiden älteren Schwestern Rita und Helga.

Am Silvestertag – genau ein Jahr, nachdem ich nach Israel geflogen war, um mit Abrahams Familie zu sprechen – flog ich nach Deutschland, um mit der Familie jener Frau zu reden, die ihn gerettet hatte. Alexander, Rita und Helga waren alle in den Achtzigern, sie hatten ihre Ehepartner überlebt und lebten jetzt allein. Im Verlauf von drei Tagen fuhr ich zu ihnen allen nachhause und fragte sie über ihre Mutter aus, über den Krieg und Abraham. Alexander war formell, korrekt, doch sehr freundlich und liebenswürdig. Rita und Helga waren laut, bunt, lebhaft, witzig. Alle hatten sie Kekse, Kuchen und Tee für meinen Besuch vorbereitet. Sie waren sehr stolz auf ihre Mutter und freuten sich, über Herrn Kajzer sprechen zu können.

Was ich erfuhr, klärte einige Geheimnisse auf, ließ aber auch neue entstehen. Der Mythos wurde verzwickt, insgesamt tragischer, aber auch berührender. Es wurde eine Art Liebesgeschichte. Ich greife vor. Beginnen wir beim Ausbruch des Zweiten Weltkriegs, 1939.

Gertrud und ihr Mann, der ebenfalls Alexander hieß, hatten fünf Kinder: Dieter, Rita, Helga, Alexander und Adolf. Sie lebten in Breslau. Sie waren nicht reich, erzählte mir Alexander, aber sie hatten, was sie brauchten. Bei Kriegsausbruch wurde Alexander senior in die Wehrmacht eingezogen und später nach Italien geschickt. Er kam am 27. April 1945 in Padua ums Leben, einen Tag, bevor Partisanen und britische Streitkräfte die Stadt befreiten. Die Familie wurde jedoch nicht von seinem Tod informiert; etwas war mit der Benachrichtigung schiefgegangen, sie wurde zwar abgeschickt, kam aber nie an. Jahrelang lebten sie in der zunehmend schwindenden Hoffnung, dass er noch am Leben sein könnte. Erst 1992 erhielten sie die offizielle Bestätigung.

Alexander verließ also seine Familie 1939, das war's, und er kam nie zurück. Helga und Alexander junior waren damals fünf und vier Jahre alt, und sie erzählten mir, sie hätten keine Erinnerung an ihren Vater. Die damals siebenjährige Rita schon; sie sagte mir mehrmals, beinahe beschwörend, sie sei der Liebling ihres Vaters gewesen. Sie zeigte mir einen Brief, den er ihr von der Front geschrieben hatte. Er war herzzerbrechend alltäglich, voll zärtlicher väterlicher Fragen, Versprechen und Anspielungen auf Familienrituale. Auf irgendeiner Ebene, sagte mir Rita, verstand oder fühlte sie sogar damals schon, dass er nicht zurückkommen würde.

Der Krieg tobte weiter; die Lage in Breslau wurde schwierig, es herrschte arge Knappheit an Lebensmitteln, Medikamenten, sonstigen Bedarfsgütern. Irgendwann hatten alle fünf Kinder Scharlach, alle mussten sie ins Krankenhaus. Adolf, der Jüngste, Gertruds Baby, starb.

Im Januar 1945 flohen Gertrud und ihre Kinder aus der Stadt – im Zuge der oder kurz vor der Evakuierung der Zivilbevölkerung, die angesichts einer drohenden sowjetischen Belagerung (später als Schlacht von Breslau bekannt) angeordnet worden war. Die Kinder erinnerten sich an und beschrieben mir den stetigen Strom an Breslauern, meist zu Fuß, in klirrender Kälte, ihre Habseligkeiten auf den Rücken geschnürt oder auf Leiterwagen gestapelt, die sie zogen, und überall Soldaten.

Die Familie zog in das Dorf Dörnhau, um mit Gertruds Vater in seiner Wohnung in einer großen Herberge zu leben. Noch zwei andere Flüchtlingsfamilien wohnten in der Herberge, dazu etwa zwei Dutzend polnische Frauen, Zwangsarbeiterinnen, die im obersten Stockwerk interniert waren.

Alexander, Rita und Helga erzählten mir von ihrem Großvater, ihrem Opa. Er war stolz, sagten sie. Furchtlos. Er war Patriot und ein Held des Ersten Weltkriegs – an der Wand hing irgendeine Medaille, die ihm für seine Tapferkeit verliehen worden war –, aber er war, darauf bestanden sie, ein Gegner der Nazis.

Sie erzählten mir von ihrem Leben in Dörnhau während des Kriegs, als sie so nahe an Konzentrationslagern lebten – eines direkt an der Straße weiter oben, mindestens zwei weitere in Gehweite. Das ist eine Perspektive, von der man nicht oft erfährt, deutsche Kinder, die in der Nähe der Lager leben und spielen, Kinder, die nicht blind sind gegenüber dem, was vor sich geht, aber trotzdem ihr Leben weiterführen. Sie erzählten, sie hätten ständig jüdische Häftlinge gesehen, wie sie zur Arbeit und zurück ins Lager marschierten. Oft sahen sie Leichentransporte; alle Kinder im Dorf, sagten sie, wussten, wo die Massengräber waren. Rita erzählte, Gertrud habe extra Essen gekocht und die Kinder es an die Häftlinge verteilen lassen, aber deutsche Soldaten erwischten und warnten sie, das nicht mehr zu tun, und Opa meinte, es sei am besten, zu gehorchen. Alexander erzählte mir eine Geschichte, wie er eines Tages unter dem Druck der Gleichaltrigen einknickte und sich mit einigen Freunden in ein KZ schlich. Er berichtete es seinem Großvater, der ihn bestrafte, er sagte, das solle er nie wieder tun, und er gehorchte, er tat es nie wieder. Alexander wollte oder konnte mir nicht beschreiben, was er im Lager sah.

An einem frühen Morgen im April ging Gertrud nach draußen und sah sich von Angesicht zu Angesicht einem skeletthaft dürren Häftling gegenüber, einem aus dem KZ Geflohenen, einem Juden, der in der Allee kauerte. In seinen Erinnerungen berichtet Abraham, wie er die zu Tode erschrockene Deutsche anfleht, ihn zu verstecken, wie er plädiert, das sei in ihrem besten Interesse: Der Krieg ist beinahe vorbei, sagt er, und dann wird es schlecht aussehen für die Deutschen; ich werde Sie beschützen. Anfangs zögert sie, sie hat Angst, ist selbst ein Flüchtling, aber dann gibt sie nach. Sie bringt ihn in den Keller, in die Kartoffelkiste. Den Großvater, Gertruds Vater, erwähnt Abraham nicht, weder jetzt noch später. Gertruds Kinder meinten, es sei ein wenig anders abgelaufen: Sie sagten, Gertrud habe die Entscheidung nicht allein getroffen, ihr Opa habe von Abraham gewusst, habe seine Zustimmung gegeben, den Juden zu verstecken. Laut Aussage der Kinder, also Gertruds, war es noch dramatischer, als Abraham es beschrieben hatte: Sie sagten, bald danach seien deutsche Soldaten gekommen und hätten Abraham gesucht; Gertrud, so erzählten ihre Kinder, habe Wasser über die Stufen gegossen, um Abrahams Geruch vor den Hunden zu verbergen. Rita behauptete, ein Soldat habe sogar den Deckel der Kiste geöffnet, in der Abraham versteckt lag – doch er sah ihn nicht, er war unter den Kartoffeln gut verborgen.

Länger als einen Monat blieb Abraham in der Kiste im Keller. Alexander und Helga sagten, sie hätten keine Ahnung gehabt, dass irgendetwas nicht stimmte. Rita meinte, sie habe es gewusst, bestand darauf, ihre Mutter habe sich ihr anvertraut und sie gelegentlich damit beauftragt, Abraham Essen hinunterzubringen. Alexander und Helga meinten, sie hätten bemerkt, dass ihre Mutter zusätzliches Essen zubereitete und in den Keller brachte, aber nie irgendwelchen Verdacht geschöpft. Alexander erzählte, nach dem Krieg habe Gertrud zu ihm gesagt, er sei am schwersten zu hintergehen gewesen, weil er als der Jüngste ihr immer auf den Fersen war.

Abraham schreibt, er habe den Monat isoliert verbracht, unterbrochen nur von den nächtlichen Besuchen seiner Retterin. Die Kinder berichteten mir, auch der Opa sei hinuntergegangen und habe Abraham aufgesucht; Alexander erzählte, Opa habe Abraham Kleidung und Schnaps gebracht, und manchmal habe er nachts Abraham in den Hof hinausgeführt.

Laut allen Berichten, jenem Abrahams, jenen der Kinder, geschah die Befreiung sehr plötzlich. Helga und Alexander erzählten mir, sie seien an diesem Morgen auf dem Dachboden gewesen und hätten durchs Fenster zugeschaut, wie sich die deutschen Soldaten zurückzogen und sowjetische Soldaten aus dem Wald kamen. (Rita war nicht zuhause; wahrscheinlich war sie im Krankenhaus, wo sie als Schwester arbeitete, sagte sie mir.) Irgendwann kamen die Kinder herunter, oder man holte sie, und trafen in der Küche auf die zwei Erwachsenen, die sie kannten – ihre Mutter und ihren Großvater –, und auf einen, den sie nicht kannten, einen Mann, der gestreifte Kleidung trug, einen KZ-Insassen, einen Juden. (Abraham hatte von Gertrud frische Kleidung bekommen, aber in Vorbereitung auf seine Befreiung die KZ-Uniform angezogen, möglicherweise um den Sowjetsoldaten erklären zu können, wer er war und dass diese Deutschen ihn gerettet hatten.) Abraham beschrieb den Moment seiner Befreiung anders. Er schrieb, er sei in der Kartoffelkiste gewesen, als er erschreckend unvertraute Fußtritte hörte, und plötzlich »öffnete jemand mit einem kräftigen Ruck den Deckel, riss rüde die Decke weg, fasste mich am Hals und leuchtete mir mit einer Taschenlampe in die Augen. Ich war zu Tode erschrocken.« Es war ein Sowjetsoldat. »Du bist frei!«, sagte er.

Abraham schrieb, er sei nach draußen gegangen, habe über seine Freiheit nachgegrübelt, und dann nahm sein namenloser Retter ihn am Arm und führte ihn zurück ins Haus, damit er sich waschen und rasieren konnte; dann ging er wieder, anscheinend für immer. Das ist das Ende der Erinnerungen. Was er am nächsten Tag tut, steht nicht dort. Die Jahre, die Abraham nach dem Krieg in Polen verbrachte, waren mir immer undeutlich. Alles, was ich wusste, war, dass Abraham irgendwann seine Manuskripte zu Ostoja brachte und 1948 oder 1949 nach Israel auswanderte.

Von Gertruds Kindern erfuhr ich, dass Abraham Gertrud nicht verließ. Er blieb, monatelang, ein Jahr lang, vielleicht zwei Jahre, blieb bei Gertrud und ihren Kindern und ihrem Vater. Abraham und Gertrud hatten eine Beziehung, sie waren ein Liebespaar. Die Kinder beteten ihn an. Sie nannten ihn Papa. Alexander erzählte mir Geschichten, wie er mit Abraham angeln gegangen war, wie seine Mutter und Abraham Radausflüge auf dem Land unternommen hatten, oft auf einem einzigen Rad. Opa und Abraham verbrachten Stunden miteinander, erzählten mir die Kinder, tranken hausgebrannten Schnaps und unterhielten sich. Abraham übernahm die Rolle des Ernährers. Verschiedene Güter waren knapp, die Familie hatte nicht genug zu essen, und so fuhr Abraham nach Łódź und grub die Wertsachen aus, die er vor dem Krieg vergraben hatte (natürlich existierte dieser Mythos – ob er nun wahr ist oder irgendwie wahr oder überhaupt nicht – auch hier) und kehrte mit Koffern voller Lebensmittel zurück. Das war die Geschichte hinter der Fotografie der Gabel, die als Beweisstück nach Yad Vashem geschickt worden war – Abraham hatte diese Gabel aus Łódź mitgebracht, erzählte mir Alexander, und Gertrud hatte sie für den Rest ihres Lebens gehütet. Abraham griff oft beim Umgang mit den Lokalbehörden ein und benutzte seinen neugewonnenen Einfluss, um Gertrud und ihrer Familie zu helfen. Er bürgte für sie. Als die Sowjets wegen Opas Medaille aus dem Ersten Weltkrieg, die an der Wand hing, misstrauisch wurden und ihn verdächtigten, ein Nazi-Sympathisant zu sein, intervenierte Abraham. Und als ein Lokalpolitiker der halbwüchsigen Rita Avancen machte, intervenierte Abraham ebenfalls.

Gertrud und Abraham: Können wir angesichts dessen, wie sie angefangen hat, diese Beziehung verstehen? Worin verwandelte sich diese absolute Abhängigkeit, als die Gefahr erst einmal vorüber war, war es etwas wie Liebe oder jenseits von Liebe oder überhaupt nicht wie Liebe? Oder vielleicht grüble ich zu viel darüber nach, vielleicht war es genau das, Liebe?

Abraham wollte Gertrud heiraten. Gertrud wollte Abraham heiraten. Rita und Helga sagten mehrmals zu mir, sie wünschten, Abraham wäre bei ihrer Mutter geblieben; ihr Leben wäre ganz anders verlaufen, meinten sie. Alexander war zurückhaltender, schien das aber ebenfalls zu glauben. Als ich Helga ein Foto von Abraham zeigte – dasselbe Foto, das ihre Mutter vierzig Jahre lang in ihrem Haus aufbewahrt hatte –, hielt sie es in der Hand und sprach es direkt, liebevoll an: Warum bist du nicht bei uns geblieben?

Die Kinder erzählten mir, ihre Mutter, die nie wieder heiratete, habe den Rest ihres Lebens ständig an Abraham gedacht.

Was riss sie auseinander? Die Geschichte, könnte man sagen. Der Krieg war zu Ende. Schlesien fiel an Polen, aus Dörnhau wurde Głuszyca, die ethnischen Deutschen wurden gewaltsam vertrieben, der Staat Israel wurde gegründet. Gertrud bat Abraham, mit ihnen nach Deutschland zu gehen, aber Abraham wollte nicht nach Deutschland, das war anscheinend zu viel für ihn; er bat Gertrud, mit ihm nach Israel zu gehen, aber sie sagte Nein, nicht mit ihren vier Kindern, das war anscheinend zu viel für sie. Und offiziell war sie ja immer noch verheiratet, obwohl ihr Mann beinahe sicher tot war, oder etwa nicht?

Opa sagte immer, wenn man ihn zwingen würde, sein Heim zu verlassen, würde er sich umbringen. An dem Tag, bevor polnische Beamte kamen, um ihn zu zwingen, sein Heim zu verlassen, brachte er sich um. Er tat es im Obergeschoss, er steckte seinen Kopf durch eine Schlinge, die er am Dachsparren befestigt hatte. Alexander und Helga sagten, sie erinnerten sich, Opas Körper von der Decke baumeln gesehen zu haben. (Rita sagte, Opa sei an einem kranken Herzen gestorben, aber ich weiß nicht, ob sie das wirklich glaubt oder ob sie es mir zuliebe sagte.)

Ein letztes Mal intervenierte Abraham: Er war behilflich, die Deportation der Fröhlichs um eine Woche zu verschieben, sodass man Vorkehrungen für Opas Begräbnis treffen konnte. (Diese Verzögerung hatte bleibende Konsequenzen, wie sie Entscheidungen in Zeiten von Chaos und Umsturz oft haben: Die Familie war für einen Transport nach Westdeutschland vorgesehen gewesen, aber den versäumten sie, und so wurden sie stattdessen nach Osten geschickt, hinter den späteren Eisernen Vorhang, der damals noch nicht existierte.)

Und Abraham? Mein Einblick ist begrenzt: Niemand in seiner Familie, zumindest niemand von jenen, mit denen ich gesprochen hatte, wusste etwas über seine Beziehung zu Gertrud Fröhlich. Vielleicht wäre er auch nach Israel gegangen, wäre Gertrud in Dörnhau geblieben. Vielleicht hatte Abrahams Entscheidung, so lange in Polen zu bleiben, wie er es tat, nichts oder zumindest nicht nur mit Gertrud zu tun. Vielleicht, aber das ist nicht die Geschichte, die ich mir ausgesucht habe. Ich wähle die

Geschichte, dass Abraham nur wegen Gertrud in Polen blieb – warum sonst sollte man in dem Land bleiben, wo Frau, Sohn, Eltern, Geschwister und die meisten, die man gekannt hat, ermordet wurden? Als Gertrud weg war, blieb Abraham nur noch so lange, bis er sein Manuskript druckfertig hatte; dann ging er nach Israel. Bald heiratete er wieder, Sophie, ebenfalls eine Überlebende. Sophie litt an paranoider Schizophrenie, sie wütete oft gegen das Radio und den Fernseher, überzeugt, dass man ihr nachspioniere. Sie und Abraham hatten keine Kinder. Rita und Helga erzählten mir, ihre Mutter habe nie erfahren, dass Abraham wieder geheiratet hatte. Laut Alexander wusste sie es; Alexander hatte ihr als Grund dafür, sich nicht mehr zu melden, angegeben, dass es seine Frau verstöre.

Und Gertrud? Ihre Kinder sagten mir, für sie seien die beiden Männer, Alexander und Abraham, die großen Lieben und die großen Tragödien ihres Lebens gewesen. Ihr Mann, den der Krieg verschlang, der verschwunden war, aber nicht ganz, der sie 47 Jahre lang nicht völlig losließ. Und der Häftling, den sie gerettet und dann geliebt hatte und mit dem sie nicht zusammen sein konnte. Mir fällt unwillkürlich die Ironie auf – jene Art Ironie, die die Geschichte mit Sicherheit immer parat hat –, dass der deutsche Soldat starb, während seine Frau den jüdischen Häftling am Leben erhielt, der dann ihr Liebhaber wurde.

Nachdem ich Gertruds Kinder getroffen und die wahre Geschichte von Abraham und Gertrud erfahren hatte, las ich die Passagen in Abrahams Buch, in denen Gertrud, oder eher seine namenlose Retterin, erwähnt wurde, noch einmal. Sie fühlten sich äußerst bewegend an, trotz oder aufgrund der Tatsache, dass er Gertrud anonym sein ließ. Alles klang jetzt codiert, all diese vergrabenen Wahrheiten und Gefühle, als hätte Abraham in seinen Bericht vom Überleben in Kriegszeiten seine Nach-

kriegsgefühle der Zuneigung hineingeschmuggelt. »Immer begrüßte ich sie mit rückhaltloser Freude, und mein Herz wurde
schwer, wenn sie ging. Ein seltsames Wohlsein erfüllte mich,
wenn ich ihre Worte hörte.« »In jenen Tagen waren ihre Besuche meine einzige Freude. Ihre Stimme ließ mein Herz schneller schlagen.«

Ich sollte vielleicht davon absehen, mich in ihre Köpfe und
Herzen hineinzudenken. Aber wie kann ich das nicht? Ihre Geschichte verlangt es, man kann nicht anders, als hineinzulugen
und zu versuchen, den langen leeren Epilog zu füllen. Ob das,
was wir uns vorstellen, historisch genau ist oder nicht, tut nichts
zur Sache; Geschichten wie diese, Geschichten, die sich so
plötzlich verdunkeln, haben eine Wucht, sie laden uns ein, laden
uns ein, uns vorzustellen ...

Gertrud zog in Ostberlin, später in Streganz, vier Kinder auf,
bald genug waren sie erwachsen und fort, und dann war sie allein. Täglich denkt sie an den Krieg, an ihr totes Kind, ihren toten Vater, und an ihren Mann, vielleicht tot, wahrscheinlich tot,
so gut wie sicher tot. Sie denkt an Abraham. Verzehrt sie sich? Ja,
oder vielleicht ist das die falsche Frage, das falsche Wort: Da ist
zu viel Verlust, zu viel Leid, zu viel Unrast und Trauer, und was
Gertrud in diesen Jahren und Jahrzehnten nach dem Krieg für
Abraham empfindet, kann nicht davon losgelöst werden. Doch
was sie für Abraham empfindet, ist die Speerspitze, was sie am
schärfsten spürt, was die Wunde offen hält, denn nur, was Abraham betraf, gab es da jemals eine Wahl – auch wenn es eigentlich
keine Wahl gab, nur die Illusion davon –, und hier setzt sich das
Bedauern fest. Und so empfindet sie Schmerz. Es ist nichts so
Einfaches, Bewältigbares, zu Vergessendes wie eine verflossene
Liebe, denn was sie hatten, war verankert durch ihren Akt der
Erlösung, diesen einzigartigen Akt des Mutes, etwas, das bei-

nahe ihr ganzes Leben hindurch nicht anerkannt war, das sie aber trotzdem definierte und sie auch als deutsche Bürgerin kontradefinierte. Sie leidet. Der Schmerz nagt, Abraham ist weg, aber nicht tot, und dieser Schmerz winkt und vermischt sich mit dem Schmerz über den stufenweisen Verlust ihres Ehemannes, der Schmerz lockt und verschärft ihr Schuldgefühl wegen des Betrugs an ihrem Ehemann. Wo ist er?, denkt sie. Wo sind sie? Wo ist Alexander, das, so fühlt sie, darf sie noch fragen, obwohl sie weiß, dass sie es nicht sollte. Wo ist Abraham? Früher hat er Briefe geschrieben. Einmal ist er sogar zu Besuch gekommen. Aber dann hörten die Briefe auf, und sie weiß nicht mehr, ob er noch am Leben ist.

Und Abraham in Holon, der sich um Sophie kümmert, sie zu besänftigen versucht, wenn sie wütet, dass *die*, wer sie auch sein mögen, sie vom Fernseher aus beobachten. Wann immer er kann, springt er auf sein Motorrad und fährt zu seiner Schwester Necha, um Tee zu trinken, Erinnerungen auszutauschen und über ihr Leben vor dem Krieg zu reden, über ihr Zuhause, ihre Eltern, Geschwister und Freunde, die alle jetzt verschwunden sind. Vielleicht haben sie es auch nicht getan, vielleicht war ihr Trauern anders und dünn auf Tausende Stunden untragischer Gespräche verteilt. Erzählt er seiner Schwester von Gertrud? Und falls ja, erzählt er die ganze Geschichte, oder eine gesäuberte Version, eine Version, die mehr an Nachkriegseinstellungen und -gefühle in Bezug auf Deutsche und Deutsche-und-Juden angepasst ist, Einstellungen und Gefühle, die mutige und selbstlose Handlungen einschließen können, aber keine Liebe, denn Liebe zwischen denen, die das Leid zufügten, und jenen, die litten, wären zu skandalös, abstoßend, ein Verrat? Täglich denkt er an Gertrud. Auch er leidet Schmerzen. Es ist nichts so Einfaches, so Bewältigbares, so leicht zu Vergessendes wie eine verflossene Liebe, denn was sie hatten, war verankert in ihrem Akt der Erlösung, ihrer Barmherzigkeit und ihrem Mut und seinem Zustand der Hilflosigkeit, seiner vollkommenen Abhängigkeit. Er hatte alles verloren, hatte jeden verloren, aber am Ende war es Liebe, warum kann es nicht Liebe sein, aber da ist der Schmerz über den Verlust seiner Frau und der Schmerz über den Verlust seines Sohnes: Die Liebe der und zu der Frau, die ihn gerettet hat, wird immer mit dem Schmerz über den Verlust der Frau verbunden sein, die er nicht retten konnte, des Sohnes, den er nicht retten konnte, und hier kommt nun auch das Schuldgefühl, obwohl er weiß, dass er sich selbst verzeihen sollte, er hat jedes Recht, sich selbst zu verzeihen, aber wie? Sie sind tot und er nicht. Was war diese Liebe zu Gertrud? War es ein Verrat? Und nun liebt er, oder hat sich ihr zumindest verschrieben, Sophie – ist das seinerseits wieder ein Verrat? An Gertrud? An seiner ersten Frau, Chana? Wo ist Chana? Sie ist tot. Wo ist Sophie? Physisch ist sie zuhause, aber wo ist sie? Und wo ist Gertrud? Er hat Briefe geschrieben, einmal ist er auch zu Besuch gekommen, aber er musste sich von ihr lösen, um ihrer willen, um Sophies willen, für sich selbst, und jetzt weiß er nicht mehr, ob sie noch am Leben ist.

18

DIE KILLERIN VERSICHERTE mir tausend Mal, dass die Rückforderung, waren meine Verwandten einmal offiziell für tot erklärt, so gut wie erledigt sei, der letzte Schritt sei eine Formalität,
die Richterin würde die Treppe hinuntergehen und das Grund-
buch öffnen und bestätigen, dass der letzte eingetragene Besitzer tatsächlich mein Urgroßvater gewesen war, und das wäre es
dann, das Erbrecht würde schlagend werden und das Gebäude
uns gehören. In einem frühen Stadium hatte es einige Hinweise
gegeben, dass unser Fall vorgezogen werden oder dass man ihm
sich zumindest widmen würde. Eine Entscheidung stehe unmittelbar bevor, sagte die Killerin.

Ein Monat verging, dann zwei, dann drei.

Ich piesackte die Killerin, sie solle dem Gericht die Hölle
heißmachen, um herauszufinden, was die Verzögerung verur-
sachte, zu schauen, ob wir die Sache nicht beschleunigen könnten. Die Killerin tat, was sie konnte. Sie schickte eingeschriebe-
ne Briefe an das Gericht, versuchte Beziehungen spielen zu lassen. Nichts ergab sich. Wir brüllten in eine bürokratische Leere
hinein. Es gebe einen enormen Rückstau, meinte die Killerin,
wegen der Justizreform; alles sei durcheinander. Mir war unklar,
ob das eine beruhigende Erklärung war. Sechs Monate vergingen, ein Jahr. Ich hörte auf, die Killerin zu belästigen. Weitere
sechs Monate vergingen. Meine Erwartungen welkten. Man
steckt lange genug in einem Vorgang fest, den man nicht verstehen und dessen Ende man nicht absehen kann, und schließlich

akzeptiert man dieses Feststecken als den Normalzustand. Die Killerin sagte mir, ich solle die Hoffnung nicht verlieren, bestand darauf, wir seien bloß Zentimeter von der Ziellinie entfernt. Aber waren wir das? Je länger sich alles hinzog, desto weniger glaubte ich ihr. Selbst wenn und falls ich meinen Tag vor Gericht haben würde, warum annehmen, es würde alles nach Plan gehen? Nichts war nach Plan gegangen. Etwas würde schiefgehen – ein Verfahrensfehler, ein Tippfehler, ein Gesetz, das wir falsch interpretiert hatten, weitere Justizreformen. Die Killerin würde es versemmeln, wir würden von irgendeinem Halunken oder einer Katastrophe, die wir nicht vorausgesehen hatten, ausgebootet werden. Dies würde ewig so weitergehen.

Ich hatte gehofft, meine Geschichte ordentlich und befriedigend abschließen zu können. Fade-out über einer erfolgreichen Rückgewinnung des Besitzes meiner Ahnen, ein triumphaler Abschluss des unvollendeten Unterfangens meines Großvaters, hurra, Mission accomplished, wie großartig, wie bewegend, und unterwegs so viele schöne Lektionen gelernt. Aber keiner von diesen Schlüssen hat sich ergeben. Es ist fast fünf Jahre her, seit ich mich zum ersten Mal mit der Killerin hingesetzt, die ersten Schritte zur Rückforderung unternommen habe, und ich habe weder Erfolg noch Misserfolg vorzuweisen; es ist ein Ende mit offenem Ende. Meine Anwältin (und der Anwalt, den ich engagiert habe, um mir meine Anwältin zu erklären) und andere, die das alles miterlebt haben, sagen mir, mein Fall sei nicht ungewöhnlich, so gehe das eben, so lange brauche das, aber fünf Jahre sind fünf Jahre, und es ist alles so unentschieden, ich weiß nicht, wie lange es dauert, bevor die Angelegenheit erledigt ist, so oder so, bis ich das Gebäude zurückerhalte oder es endgültig verfügt wird, dass das nicht geschehen wird. Es könnte Monate sein, Jahre, es könnte sehr wohl niemals sein.

Das ist nicht das Ende, das ich erhofft habe, aber vielleicht ist es ein wahreres, passenderes Ende. Denn im Kern ging es ja nie wirklich darum, ob es mir gelingen würde oder nicht, Familienbesitz zurückzubekommen; solche Einsätze sind bedeutungslos. Sagen wir, ich bekäme ihn schließlich zurück. Dann was? Hätte ich dann »gewonnen«? Meine Erinnerungssuche beendet? Den End-Boss besiegt? Welche Epiphanien wären plötzlich erschienen, welcher sentimentale Bogen wäre plötzlich geschlossen? Ich kann nicht einmal mit Bestimmtheit sagen, dass es das gewesen wäre, was mein Großvater gewollt hätte. Vielleicht wäre es ihm viel lieber gewesen, keiner seiner Nachfahren wäre je nach Polen zurückgekehrt, als der Besitz seines Vaters wäre zurückgewonnen worden. Vielleicht hätte er das Haus nur zu gerne aufgegeben, hätte das zur Folge gehabt, dass ich nicht über den Streit zwischen seinen Kindern schrieb. Vielleicht wäre er erbost gewesen, dass ich seinen ältesten Sohn aus den polnischen Aufzeichnungen getilgt hatte. Es geht weniger um das Gebäude als um das, wofür das Gebäude steht, und wiederum darum, wofür die Rückforderung steht; das sind offene Fragen. Was hier bedeutsam ist, ist weniger der Name auf einer Besitzurkunde als der Versuch und das Misslingen und der neuerliche Versuch zu verstehen, was es bedeutet, zu verlieren, zu nehmen, zurückzuholen, einzudringen, zu erben, sein Vermächtnis zu definieren, sein Vermächtnis zu deklarieren, sein Vermächtnis aufzubürden, sein Vermächtnis misszuverstehen, etwas einen Wert – historisch, materiell, sentimental – zuzuschreiben und dann diesen Wert umgehend anzuzweifeln, die Rolle des Protagonisten in einer Geschichte zu übernehmen, die nicht die deine ist und die du nie verstehen kannst, die Moralgeschichte von jemand anderem neuerlich in Gang zu setzen, die ouroborische Spirale von Fragen zu Familie, Geschichte, Ge-

rechtigkeit, Geld, Religion, Ego, Objekt, Erinnerung, Bedeutung wieder in Bewegung zu setzen. In anderen Worten, das ist
keine Mission, die einfach abgeschlossen werden kann. Doch je
mehr ich darüber nachdenke, desto mehr denke ich, dass in der
moralisch ehrlichsten Version dieser Geschichte die Rückforderung immerwährend, unentscheidbar, sisyphusartig sein müsste; meine Kinder und deren Kinder sollten nicht das Gebäude
erben, sondern den Kampf darum, zu verstehen, was es ist, das
sie zurückzugewinnen versuchen.

Als ich meinem Vater zum ersten Mal von Abraham erzählte,
davon, wie ich diesen neuen Verwandten entdeckt hatte, war er
skeptisch; er glaubte, ich hätte mich geirrt. »Das ergibt keinen
Sinn«, meinte er. »Wie kann das sein, dass mein Vater einen
Cousin hatte, der den Krieg überlebte, in Israel lebte, sogar ein
Buch veröffentlichte, und mein Vater wusste es entweder nicht –
was unmöglich ist –, oder er hat es nie erwähnt, was genauso unmöglich ist?« Eine gute Frage. Eine Zeitlang fragte ich mich, ob
mein Vater vielleicht recht hatte, ob ich mich tatsächlich geirrt
hätte, ob ich irgendwie konfus geworden war. Aber dann erfuhr
ich, dass Abrahams Bruder Chaskiel, derjenige, der vor dem
Krieg nach Argentinien entkommen war, eine Firma für Kristall-
waren gehabt hatte, Kaiser Crystal, und das setzte das Erinne-
rungsvermögen meines Vaters in Gang – er erinnerte sich, dass
einmal, als er noch ein Kind war, ein Verwandter mit Kristallwa-
ren ins Haus gekommen war und meinem Großvater einen Job
angeboten hatte; und mein Vater erinnerte sich, dass einiges von
dem Kristall, das er und meine Mutter von seinen Eltern geerbt
hatten – eine Vase und eine Garnitur Schnapsgläschen, die ich
immer geliebt hatte –, tatsächlich Kaiser-Kristall war, Probestü-
cke von Chaskiel. Es war schlüssig, aber kaum tröstlich, bedeutete es doch, dass zwar Abraham der war, für den ich ihn hielt,

aber auch, dass mein Vater über seinen Vater noch weniger wusste, als ihm klar war. Monate danach brachte mein Vater, immer wenn wir uns unterhielten, phantasievolle Szenarien aufs Tapet, warum sein Vater ihm nichts von Abraham erzählt hatte, oder, noch phantastischer, warum er nichts von Abraham gewusst haben könnte. Er war verunsichert, das merkte ich. Und später, nach all meinen Fehlgriffen, meinen falschen Annahmen, konnte ich sehen, wie dies der Beginn eines nie durchbrochenen Musters gewesen war: Bei jedem Schritt schien das Vermächtnis meines Großvaters zu entschwinden. (Hier ist das Haus, in dem er aufgewachsen ist, aber eigentlich ist er hier gar nicht aufgewachsen, und das ist auch nicht das Haus.) Es kam schließlich dazu, dass ich ein völlig anderes Vermächtnis fand, darein eintauchte: Die Leichtigkeit, mit der ich Zugang zu Abrahams Geschichte fand, hob sich davon ab, wie unzugänglich jene meines Großvaters war.

Ich wünschte, ich hätte meinen Großvater gekannt. Ich wünschte, ich hätte seine Geschichte gekannt. Es ist eine Art Sehnsucht nach der Sehnsucht: Ich möchte trauern können.

Ich vertraue dem Genre nicht, in dem ich schreibe, dem des Enkelkinds, das auf seiner bedeutungsschweren Erinnerungsmission zum alten Heim zurückwandert – das ist zu selbstgewiss, zu trittsicher, die Bedeutung wird zu rasch und zu entschieden festgelegt; man benennt den Abgrund nicht, die Leere, den nicht erfassbaren Raum zwischen deiner Geschichte und der Geschichte deiner Großeltern. (Ich gebe zu, ich bin auch eifersüchtig – all die anderen Enkel-Autorinnen und -Autoren scheinen so leicht Zugang zur Erinnerung und Bedeutung der Erinnerung an ihre Großeltern zu erlangen.) Ich verstehe, warum wir diese Geschichten auf diese Art schreiben, warum wir unsere Abstiege in die Erinnerung als Missionen darstellen – das ist es, was erwartet wird, was funktioniert, was am spannendsten und zugänglichsten und verkäuflichsten ist, und wenn man drinnen ist, fühlt es sich ja wirklich wie eine Mission an; es gibt Orte, wo man hinreisen, Hindernisse, die man überwinden, Anhaltspunkte, die man entdecken muss –, aber es ist eine Lüge, oder zumindest nicht die reine Wahrheit, denn »Mission« deutet die Möglichkeit einer Vollendung an, Erlösung, Katharsis, aber es kann keine Vollendung, Erlösung, Katharsis geben, denn unsere Geschichten sind keine Erweiterung der Geschichten unserer Großeltern, keine Fortsetzung. Wir setzen ihre Geschichten nicht fort; wir handeln danach. Wir sprechen heilig, und wir plündern.

Beinahe so lange, wie ich für die Niederschrift dieses Buches gebraucht hatte, fragte ich mich, ob ich es falsch angepackt hatte, ob es ein Fehler war, es als Erinnerungsbuch anzulegen, ob ich stattdessen einen Roman hätte schreiben sollen. Dass es ein Sachbuch ist, machte es leichter, die Grenzen zu ziehen, die Leser und Leserinnen zum Mitfühlen zu bringen, aber die Beschränkungen wurden deutlich: Wäre dies ein Roman gewesen, hätte ich alles in ein Narrativ hineinstopfen können, das sich ausbreiten, fabulieren, risikolos Bedeutungen hätte behaupten können. Im Moment bin ich auf die Wahrheit beschränkt, und die Wahrheit ist, dass ich sehr wenig weiß über meinen Großvater. Wäre dies ein Roman, könnte ich ihn heraufbeschwören.

Er wäre der Protagonist, nicht ich. Er wäre es, der das Haus zurückzuerhalten versuchte, nicht ich, und es wäre *sein* Haus, oder eher das Haus seines ermordeten Vaters, obwohl es das alles nur noch gefühlsbefrachteter gemacht hätte. Er hätte sich mit den legalen Aspekten und den bürokratischen Aspekten und der Sache mit den Bewohnern herumschlagen müssen, nicht ich. Die Einsätze und Konflikte wären unmittelbar und unvermittelt gewesen; das Trauma des Krieges und das Trauma des Verlusts seiner Familie wären unmittelbar und unvermittelt gewesen. Seine Motivationen hätten nicht bewertet oder erklärt werden müssen; er muss das Haus zurückbekommen, weil das sein muss, sein Gefühl der Entwurzelung und Rehabilitierung wird sofort verstanden und akzeptiert, über nichts muss spekuliert, nichts muss vorausgesetzt werden. Man bräuchte nicht bis zur Erschöpfung zu unterscheiden zwischen dem, was bekannt ist, und was unbekannt, diese Fragen der Legitimität durchkauen, bis alles zu Brei wird; stattdessen wäre da die umfassende Solidität des Imaginierten. Ich könnte meinen realen Großvater, den ich gar nicht kenne, austauschen und meinen fiktiven Großvater, den ich genau kenne, dafür einsetzen. Und ich bräuchte diesen Ersatz-Großvater nicht, den die Schatzjäger so verehren (oder ich könnte ihn natürlich meinem fiktiven Großvater einverleiben).

In dem Roman, der dies hätte sein können, hätte ich beinahe sicher den Protagonisten das Haus zurückerhalten lassen, seine Mission hätte Erfolg gehabt, er hätte seinen Sieg auskosten können; in dem Roman, der dies hätte sein können, hätte Erlösung Sinn. Aber er wäre kurzlebig; binnen kurzem gäbe es einen heftigen emotionalen Fall-out. Denn es ist in Wahrheit nicht die Geschichte einer Rückforderung, es ist eine Geschichte des Verlusts – und nicht des Verlusts einer Immobilie, nicht von irgendetwas, das man wiedergewinnen könnte. Die Rückforderung war nur eine verzweifelte Reaktion auf den Verlust, und das Haus war bloß ein Symbol – und der Protagonist hatte es aus den Augen verloren: Er war auf die Mission selbst fixiert gewesen, war auf die Fiktion hereingefallen, wenn die Mission vollendet wäre, dann könnte vielleicht der Verlust aufgehoben sein. Doch ist er einmal erfolgreich, ist das Haus zurückgewonnen, kommt der Verlust neu zum Vorschein und wird bis zu einem gewissen Ausmaß neu erfahren. Das Haus steht jetzt für nichts und ist deshalb auch nichts, alles, was da ist, ist Verlust, nichts steht zwischen ihm und der Leere. Er taumelt hinein. Er ertrinkt in Trauer, monate-, vielleicht jahrelang. Und dann, denke ich, würde ich ihn das Haus bis auf den Erdboden niederbrennen lassen. Niederreißen, zerstören, ausradieren. Vielleicht könnte man das als einen Akt des Wahnsinns lesen, vielleicht als einen Akt vollkommener Geistesgesundheit; das ist egal, kein wichtiger Unterschied. Zwischen den Ruinen würde er ein Denkmal für seine verschwundene Familie errichten. Einen Grabstein, oder vier Grabsteine, jedenfalls etwas Schlichtes, aber Dauerhaftes. Und in der letzten Szene, denke ich – falls ich es schaffe –, legt mein Großvater einen Kiesel auf den Grabstein. Vielleicht ist sein Sohn bei ihm.

EPILOG

ALS ICH DAS letzte Mal in Polen war, traf ich einen Mann, den ich Steve nennen will. Anwalt aus dem Mittleren Westen, Mitte sechzig, graues Ziegenbärtchen, Baseballmütze. Sehr umgänglich, ein wenig zynisch, wenn auch nur nach Mittelwest-Maßstäben. Steve und ich hatten einander durch Zufall kennengelernt, oder was in Krakau als Zufall durchgeht: Jechiel, der lokale Macher, der mich mit der Killerin bekanntgemacht hatte, hatte Steve im koscheren Laden getroffen und ihn auf ein Bier eingeladen, und ich war zufällig in der Gegend.

Es war der erste Tag von Steves erster Polen-Reise, und er staunte über all die Dinge, worüber Juden staunen, die zum ersten Mal Polen besuchen. Die Architektur, die Touristen; die sonderbare jüdische Energie. Er erzählte uns, er sei hier mit einer Reisegruppe von 250 Personen, die alle ihre Wurzeln in Sosnowiec und Będzin hätten. Oh!, machte ich und sagte Steve, dass auch ich Wurzeln in Sosnowiec und Będzin hatte. Nun, die Wahrheit ist, sagte Steve, es sind nicht meine Wurzeln, sondern die meiner Frau – ihr Vater, mein Schwiegervater, stammte aus Będzin. Aber er hat nie mit ihr darüber gesprochen, nur mit mir, und da bin ich nun. Er fragte mich, was ich in Polen machte, und ich lieferte ihm das übliche Blabla – Besitz meiner Vorfahren, Abraham Kajzer, Schatzsucher.

Hmm, sagte Steve. Das ist interessant. Das ist sehr interessant. Ich habe eine Geschichte für Sie. Sie sprechen über Häuser und Schätze – ich denke, diese Geschichte werden Sie noch interes-

santer finden. Steve rückte seinen Stuhl näher an den Tisch heran. Es gibt eigentlich einen weiteren Grund, warum ich nach Polen gekommen bin, sagte er.

Mein Schwiegervater hatte in Będzin einen Juwelierladen, erzählte Steve, direkt unter seiner Wohnung, und um es kurz zu machen, bevor er deportiert wurde, nahm er alle seine Goldwaren, schmolz sie ein und formte daraus zehn Eier, die er auf dem Dachboden versteckte. Er hatte nie eine Möglichkeit, sie zu holen. Die ganze Zeit hat er mit mir über die Eier geredet. Er sagte mir sehr genau, wo sie waren: Auf dem Dachboden sind zwei Fenster Richtung Westen, mit ungefähr sechs Meter Abstand, und die Eier sind unter dem kleineren Fenster, auf der rechten Seite, zwei Ziegel über dem Boden. Er hat mir sogar eine Karte gezeichnet, sagte Steve. Er zeigte sie mir auf seinem Handy.

Jechiel fragte, wie viel die Eier wert seien. Jedes Ei wiegt ungefähr zehn Unzen, sagte Steve, also etwa hundert Unzen. Jechiel sah den Goldpreis nach – ungefähr 1200 Dollar pro Unze. Gevalt!, sagte Jechiel.

Bemerkenswert, sagte ich. Es war eine bemerkenswerte Geschichte, aber eben nur eine von diesen bemerkenswerten Geschichten. Dieser Ort ist getränkt in bemerkenswerten Geschichten. Seit Jahren hatte ich bemerkenswerte Geschichten über polnische Schätze gehört. Mein ganzes Leben lang hatte ich Geschichten von Juden vernommen, die Kostbarkeiten in Mauern versteckten – darunter eine über meinen eigenen Urgroßvater. Von Leuten, die Schätze in Wänden fanden, habe ich nicht viele Geschichten erfahren.

Ich kenne Będzin ein wenig, sagte ich; wie lautet die Adresse? Steve lächelte und meinte, nicht unfreundlich, das kann ich Ihnen nicht sagen. Ich war angetan davon, dass er es mir nicht sagte, dass er sich seinem Mythos gegenüber besitzergreifend fühlte.

Natürlich sagte ich, ich verstehe. Haben Sie vor, zu dem Haus hinzugehen?

Ich weiß nicht, sagte er. Das würde ich gerne. Es würde mir viel bedeuten, die Wohnung zu sehen. Das wäre was, die Eier zu suchen. Ich weiß genau, wo sie sind. Aber wir werden sehen. Steve hatte Bedenken, einfach so reinzugehen, einfach aufzutauchen und an die Tür zu klopfen. Er wollte etwas Offizielleres, etwas mit Vermittlung. Er hatte Anwälte kontaktiert, hatte herauszufinden versucht, ob er irgendwelche gesetzlichen Handhaben hätte. Aber seinem inzwischen lange verstorbenen Schwiegervater hatte das Haus nicht gehört, eine Rückforderung kam also nicht in Frage. (Da haben Sie Glück, sagte ich.) Und es ist ja nicht so, als ob es ein Gesetz gäbe, das es einem erlaubt, ein Grundstück zu betreten, das einem nicht gehört, um einen Gegenstand zurückzuholen, der einem toten Verwandten gehörte, besonders einen Gegenstand, dessen Herkunft nicht nachgewiesen werden kann und auf den die gegenwärtigen Bewohner sicher nicht so ohne Weiteres ihren Anspruch aufgeben würden. Steve hatte sogar überlegt, eine Pressekonferenz abzuhalten –

ein wenig Publicity zu erzeugen, ein Anliegen daraus zu machen, eine Abmachung mit den Behörden und den Bewohnern auszuhandeln. Aber er kannte niemanden in Polen. Er wusste nicht, wem er trauen konnte. Und er war nur für fünf Tage hier. Seine einzige Option war, an die Tür zu klopfen und zu sehen, was passierte. Er war nicht optimistisch, was seine Aussichten betraf. Ich bezweifle, dass irgendjemand von den Leuten, die dort wohnen, mit mir sprechen wird, meinte er, ganz zu schweigen von reinlassen, ganz zu schweigen davon, dass ich ihren Dachboden durchsuchen darf. Also, wir werden sehen. Ich erkannte Steves Zögern wieder. Die sentimentale Verpflichtung, die mit Anstand kollidierte, dieses Widerstreben davor, Überschreitungen zu begehen, dieser Wunsch, nicht das Leben anderer zu stören, Konfrontationen zu vermeiden (und egal, wie höflich man ist, es ist eine Konfrontation). Sie sollten das tun, sagte ich. Ich erzählte Steve von meiner eigenen Erfahrung, als ich an fremde Türen klopfte, wie unangenehm das anfangs gewesen war. Aber ich garantiere, Sie werden etwas erleben.

Yeah, meinte er. Er schien es sich zu Herzen zu nehmen. Wir werden sehen, meinte er.

Die Wahrheit war, dass ich weniger an den goldenen Eiern von Steves Schwiegervater interessiert war als an den 250 Leuten mit Wurzeln in Sosnowiec und Będzin, die nach Polen gekommen waren, um ihr Erinnerungswerk zu erledigen. Ich war mir nicht sicher, was ich davon halten sollte. Ein bisschen fühlte es sich an, als wollten sie meine Party crashen. Als hätten sich plötzlich 250 Fremde meiner einsamen Wanderung zugesellt. Steve lud mich ins Hotel zum Startschuss-Abendessen ein; ich sagte gerne zu.

Der Speisesaal war voller schmausender Juden, dazu eine Handvoll schmausender Nichtjuden. Diese nervöse Energie von Einzelpersonen, die zu einer Gruppe gerinnen. Alle waren gerade erst angekommen, alle lernten gerade alle anderen kennen. Es war eine Menge von Leuten vor allem in mittleren Jahren, dazu ein paar Senioren, eingeschlossen mindestens zwei Überlebende. Überall wurden Familiengeschichten ausgetauscht. Mein Vater, meine Mutter, meine Großmutter, von dort, haben auf diese Weise überlebt, sind hierhergezogen. Manche stellten kleine Kärtchen an ihren Plätzen am Tisch auf, auf denen nicht ihr Name und der ihrer Heimatstadt stand, sondern der Name und die Heimatstadt des Familienmitglieds, das sie vertraten. Überall fanden Wiederbegegnungen statt. Geschwister, Cousins und Cousinen, Verwandte, die herausfanden, dass sie verwandt waren. Die meisten waren nie in Polen gewesen und würden wahrscheinlich auch nie wieder herkommen; für sie war das eine Pilgerreise. Polen war weniger ein Reiseziel als etwas, das man erledigen, eine Verpflichtung, die man erfüllen musste.

Die Organisatoren gaben mir einen Terminplan und luden mich ein, mitzukommen, wohin immer ich wollte.

Ein paar Tage später nahm ich einen Bus nach Sosnowiec, stieß umgehend auf die Gruppe – 250 herumschlendernde Touristen sind dort kein alltäglicher Anblick – und stand mit ihnen in grässlicher Hitze vor dem Bahnhof, während der Bürgermeister eine Tafel enthüllte, auf der der Opfer des Holocaust aus der Stadt gedacht wurde. Denkmäler sind gut und wichtig – es ist gut und wichtig, dass die Erinnerung dem Raum eingeprägt wird, sonst ist es abstrakt, die Erinnerung versickert, der Raum darf vergessen. Eine Wandtafel allerdings ist die am wenigsten auffällige Art von Denkmal; sie wird beinahe sofort unsichtbar. Keine Ahnung. Es war in Ordnung. Sicher besser als nichts. Die meiste Zeit während der Zeremonie plauderte ich mit Steve, für den ich eine Art Reiseführer geworden war, ein hilfsbereiter Insider.

Am Nachmittag wurde in einem Konzertsaal unweit vom Stadtzentrum ein Klavierkonzert gegeben, bei dem ein berühmter polnischer Pianist auftrat. Der berühmte Pianist war sehr gut, aber ich ging nach zwanzig Minuten. Ich hatte genug. Solche Veranstaltungen fühlten sich an wie eine Charmeoffensive. 250 relativ wohlhabende Ausländer besuchten die Stadt, und die zog alle Register, widmete Wandtafeln und organisierte Konzerte und fabrizierte die Botschaft, die die Fremden hören wollten, nämlich: Wir nehmen eure Geschichte ernst. Aber wie ernst nahmen sie sie wirklich? Man sehe sich die Mühen an, die ich durchmachen musste, damit der Tod meiner toten Verwandten anerkannt wurde. Ich weiß nicht. Vielleicht sollte ich mich nicht mehr ärgern über solche Sachen. Viele unter den Zuhörern schienen bewegt zu sein, oder zumindest gefiel es ihnen.

Am Abend gab es ein Bankett. Ein paar Lokalpolitiker sprachen, ebenso das Oberhaupt der Warschauer Kultusgemeinde. Das Thema war Einheit.

Am nächsten Morgen fand am Ghetto-Denkmal in Będzin eine Zeremonie statt. Es ist ein eindrucksvolles Denkmal, ganz das Gegenteil einer Wandtafel – ein paar Meter überdimensionale Zugschienen, die auf einem Platz im Zentrum des ehemaligen Ghettos – heute ein heruntergekommenes Stadtviertel – abrupt anfangen und abrupt enden. Es ist Schmerzliches, verbunden mit Irrelevanz. Es stört die Stadtlandschaft, sicher, aber die einzigen Leute, die das Mahnmal jemals zu Gesicht bekommen, sind die Einwohner – und wer weiß, wie sie es betrachten – und die stetig schwindende Zahl an Leuten, die sehr weit reisen, um ihren Respekt zu erweisen. An diesem besonderen Vormittag allerdings waren 250 von diesen Leuten hier. Reden wurden gehalten. Das Lokalfernsehen nahm die Veranstaltung auf. Ich stand an der Seite im Schatten und schwatzte mit Steve. Dann wurde Steve auf die provisorische Bühne gebeten und sang, auf Jiddisch und ohne Begleitung; den transkribierten Text las er vom Blatt. Er war sehr gut.

Als er fertig war, trat er wieder zu mir in den Schatten. Ich machte ihm ein Kompliment und begann mich dann zu verabschieden; wir würden uns treffen, wenn er wieder nach Krakau kam, aber Steve meinte, ich solle bleiben – er werde am Nachmittag mit Piotr, einem lokalen Aktivisten, der vorher zur Gruppe gesprochen hatte, zur Wohnung seines Schwiegervaters gehen, und ich solle mitkommen. Wir debattierten eine Weile darüber. Ich fragte, ob er versuchen wolle, auf den Dachboden zu gelangen. Steve zuckte die Achseln. Weiß nicht, meinte er. Muss improvisieren. Aber was haben Sie Piotr gesagt – haben Sie etwas von den Eiern erzählt? Nein, sagte Steve. Ich habe ihm bloß gesagt, das sei die Wohnung, in der mein Schwiegervater vor dem Krieg gelebt hatte, ich hätte sie gerne gesehen, es würde mir eine Menge bedeuten, hineinzukommen, das stimmt ja alles. Sie müssen es Piotr sagen, sagte ich, oder ihm zumindest irgendetwas sagen. Es wäre ganz schön heftig, wenn Sie ihn während des Besuchs dort damit überfallen. Etwa so, he, das läuft ja prima, können Sie sie fragen, ob wir raufgehen und nach zehn goldenen Eiern herumstöbern dürfen? Steve gab das zu. Er meinte, er werde es Piotr sagen – wenn nicht direkt das von den Eiern, dann zumindest eine Andeutung, dass sich auf dem Dachboden etwas befinde. Etwas von sentimentalem Wert, eventuell, wenn auch nicht unbedingt besonders wertvoll. Vielleicht so etwas wie ein Gebetbuch, schlug ich vor.

Steve fühlte sich unbehaglich, das merkte ich. Es ging nicht darum, Piotr etwas zu sagen – der war ein bewundernswert engagierter Beschützer der jüdischen Geschichte von Będzin –, es ging eher darum, dass das Geheimnis nun, nachdem er jahrzehntelang dieses Wissen gehütet hatte, ans Tageslicht kommen würde.

Ein paar Stunden später, ich hatte gerade mein Mittagessen bestellt, kamen Steve und Piotr und sagten mir, es sei Zeit, wir würden jetzt zu der Wohnung gehen.

Wir gingen eine Anhöhe hinauf und um eine Kurve und fanden die Adresse. Es war ein schlichtes zweistöckiges Gebäude an einer Hauptstraße, ein paar Hundert Meter unterhalb der Burg Góra Zamkowa. (Genauer darf ich laut Steve nicht werden.) Steve erkannte das Haus aus der Beschreibung seines Schwiegervaters sofort. Wir gingen ein wenig weiter die Straße entlang, um einen besseren Blick auf das Dach zu bekommen: Da waren die beiden Dachbodenfenster, Richtung Westen. Das ist es, sagte Steve leise. O mein Gott. Piotr und ich standen respektvoll daneben. Piotr hatte so etwas schon früher gemacht, hatte sentimentale Amerikaner zu den Heimstätten begleitet, wo ihre Eltern oder Großeltern vor dem Krieg gelebt hatten. Das ist profund und bedeutsam und zugleich ganz alltäglich. Piotr wusste, so wie ich es wusste, dass wir wahrscheinlich nicht hineinkommen würden. Es war Mittagszeit an einem Werktag, man konnte annehmen, dass niemand zuhause war. Und selbst wenn jemand da war, war anzunehmen, dass man uns nicht hineinlassen würde. Vielleicht würden sie höflich Nein sagen, vielleicht weniger höflich. Auch Steve wusste das, wenn auch auf eine etwas abstraktere Weise. Aber Steve war auf seiner Mission. Weggeschickt zu werden ist ganz und gar nicht dasselbe, als gar nie hingegangen zu sein.

Bevor wir den Hof betraten, wandte sich Steve an Piotr und sagte nervös, ich muss Ihnen etwas sagen. Es könnte sein, dass auf dem Dachboden etwas ist. Etwas wie ein Erbstück. Es könnte zur Sprache kommen, eventuell sage ich etwas, je nachdem, wie es läuft, ich könnte fragen, ob ich den Dachboden sehen dürfe. (Ich erinnerte mich an die verzuckerten Lügen, die Larysa, Jason und ich eingeübt hatten, bevor wir die Małachowskiego 12 betreten hatten.) Piotr zuckte die Achseln. Sicher, meinte er, kein Problem.

Die Tür zum Hof stand offen, ebenso die Tür ins Haus, das bedeutete, dass wir nicht anläuten mussten, das war gut; üblicherweise hat man ein sehr kleines Zeitfenster, um zu erklären, wer man ist und was man will – wenn es zu verwirrend ist, ziehen sie sich meist gleich zurück –, und es ist einfacher, so etwas von Angesicht zu Angesicht zu tun, die Leute sind einer Person gegenüber aufgeschlossener als gegenüber einer körperlosen Stimme. (Aus ähnlichen Gründen, denke ich, ist es auch einfacher, zu lügen und mit der Lüge durchzukommen.)

Wir gingen hinauf in den zweiten Stock. Die Treppe führte weiter zum Dachboden. Sie war durch eine Tür mit Schloss blockiert, aber das war kein großes Hindernis, es wäre nicht allzu schwer gewesen, über das Geländer zu klettern.

Auf dem Stockwerk befand sich nur eine einzige Wohnung. Piotr klopfte, und eine Frau in den Zwanzigern öffnete umgehend; sie musste direkt dahinter gestanden haben; neben ihr war ein drei-, vierjähriger Junge, der an ihrer Hose zerrte und ihre Aufmerksamkeit zu erhaschen versuchte. Die Frau sah erschöpft aus, ungeduldig. Nicht unfreundlich, sie hatte bloß alle Hände voll zu tun. Piotr begann seinen Sermon, und die Frau starrte ihn, starrte uns verständnislos an; es war deutlich, dass sie uns keinesfalls entgegenkommen würde. Wir verleihen unseren Erinnerungsreisen solche Bedeutung und schreiben den Leuten, denen wir unterwegs begegnen, ein so striktes Binärsystem zu – entweder helfen sie, oder sie enttäuschen, entweder sind sie mitfühlend und offenherzig oder ängstlich und engherzig. Aber oft ist es einfach viel banaler. Es war leicht zu sehen, dass diese Frau sich entschuldigen würde, höflich oder weniger höflich, weil sie sich eben jetzt nicht damit befassen konnte, mit diesen drei Männern, diesen Fremden, dazu zwei aus einem anderen Land, die an ihre Tür geklopft hatten und etwas daherquasselten über den Zweiten Weltkrieg.

Aber es lief nicht so ab. Ohne etwas zu sagen, wandte sie sich um und rief nach ihrer Mutter, die rasch herbeikam. Wieder begann Piotr seinen Sermon. Die Mutter war verwirrt; mit sehr heiserer Stimme sprach sie rasch, aufgeregt. Ich wechselte Blicke mit Steve. Es ist ein sonderbarer Moment, wenn die Tür (buchstäblich, metaphorisch) offen steht, es aber noch nicht klar ist, ob man hineingebeten wird. Auch wenn sie anfangs gar nicht misstrauisch sind, erkennen sie doch oft, dass sie misstrauisch sein *sollten*: Jede Erwähnung von »Besitz« und »Krieg« und »Juden« kann einen Alarm auslösen. Normalerweise ist er unbegründet, beruht nicht auf irgendetwas, das sie wissen – meiner Erfahrung nach wissen sie für gewöhnlich wenig über die Vorgeschichte ihres eigenen Zuhauses –, doch daraus kann eine allgemeinere, diffusere Angst erwachsen, ein Erkennen, dass hier Ärger droht. Manchmal kann man tatsächlich sehen, wie der Verdacht einsickert: Die Gesichtszüge verhärten sich, die Körper versteifen sich in Abwehrhaltung.

Doch sie war äußerst arglos und freundlich – ich glaube nicht, dass es ihr überhaupt in den Sinn kam, es könne irgendetwas geben, weswegen sie misstrauisch sein müsste. Auf Steves Bitte hin erwähne ich ihren richtigen Namen nicht, nennen wir sie Justyna. Justyna war ganz aufgeregt. Sie nickte, während Piotr erklärte, wer Steve war, dass sein Schwiegervater (vielleicht war »Vater« daraus geworden) vor dem Krieg in dieser Wohnung gelebt hatte. Sie nickte heftig und sagte in ihrem kratzigen Polnisch, ja, ich erinnere mich an Sie. Das ist unmöglich, sagte Steve. Ich war noch nie in Polen. Die Frau zuckte die Achseln und sagte, Sie waren vor langer Zeit hier, vor achtzehn oder neunzehn Jahren. Wieder meinte Steve, das sei unmöglich. Nun, irgendjemand war hier, sagte sie. Achselzuckend lachte sie und bedeutete uns, einzutreten, dann aber winkte sie uns hinaus und ließ uns warten, während sie sich die Haare bürstete; dann holte sie uns wieder hinein. Das Wohnzimmer war nett, bescheiden, sauber. Auf einem riesigen Fernseher lief eine Episode von etwas wie *Cops*, sie war nicht auf stumm geschaltet. Wieder und wieder sagte Steve, wie wichtig es für ihn sei, hier zu sein, diese Wohnung zu sehen. Justyna wohnte hier erst seit den 1970ern; sie wusste nicht viel über die Geschichte des Hauses.

Wir traten hinaus auf den kleinen Balkon, kaum groß genug für uns vier. Man hatte einen guten Blick auf die Kirche von Góra Zamkowa, wo ein Priester den aus der von den Nazis abgesperrten und in Brand gesteckten Synagoge fliehenden Juden Unterschlupf gewährt hatte. Ich werde es tun, sagte Steve zu mir.

Mein Schwiegervater, sagte Steve zu Piotr und Piotr zu Justyna, hat aus dem Dachboden beobachtet, wie die Synagoge brannte. (Stimmte das? Ich weiß es nicht. Ich glaube es nicht.) Es wäre sehr wichtig für mich, wenn ich hinaufgehen und den Dachboden sehen könnte.

Die Bitte drang nicht gleich durch – Justyna war nervös, einiges ging in der Übersetzung verloren, sie kam immer wieder auf das wenige zurück, das sie über die Kirche wusste. Aber als sie einmal verstanden hatte, worum Steve bat, sagte sie: Natürlich.

Sie holte den Schlüssel, öffnete das Vorhängeschloss, und wir stiegen die hölzerne Treppe zum Dachboden hinauf. Er war äußerst dachbodenartig – unausgebaut, knarrende, unebene Holzböden mit erhöhten Planken, schräges Dach. Irgendwelcher Plunder lag herum, aber nicht viel, das war kein Lagerraum. Es war deutlich, dass hier nie jemand heraufkam.

Das ist es, sagte Steve. Er ging zum Fenster. Es war das größere. Vielleicht sechs Meter entfernt war das zweite, kleinere Fenster, darunter sollten die Eier sein, aber der Dachboden war unterteilt worden, zwischen den beiden Fenstern befand sich eine Wand. Steve und ich gingen zur Trennmauer, wir achteten darauf, unser Gewicht auf dem Stützbalken zu halten. Wir blickten durch ein Loch in der Trennmauer. Da war es, wir konnten es sehen, das zweite, kleinere Fenster. Steve fragte Justyna, ob es einen Zugang zu diesem Teil des Dachbodens gebe, wo das kleinere Fenster war. Das war das Fenster, aus dem mein Schwiegervater alles beobachtet hat, lautete seine Ausrede, obwohl es inzwischen egal war, Justyna war es egal, sie war absolut nicht misstrauisch. Sie zuckte die Achseln. Sie wusste es nicht genau, sie kam nie hier herauf. Möglicherweise gelange man über die Nachbarwohnung hin, meinte sie. Also gingen wir vier hinunter in den Hof und klopften an die Tür des Nachbarn, aber niemand reagierte. Steve und ich gingen unter irgendeinem Vorwand wieder zurück auf den Dachboden. Vielleicht gab es eine andere Möglichkeit, an das zweite Fenster zu kommen, eventuell über das Dach.

Allein auf dem Dachboden, ohne Justyna, ohne Piotr, konnten wir ungehindert allerhand anstellen, das war gut, aber auf einer gewissen Ebene auch unangenehm, denn wir begingen, das war immer schwerer zu leugnen, einen Übergriff. Justyna hatte uns die Erlaubnis gegeben, hier heraufzukommen, aber wir näherten uns rasch den Grenzen dessen, was diese Erlaubnis implizit umfasste. Wir betraten den Bereich der Täuschung.

Steve war aufgeregt und nervös. Ich glaube, das war der Moment, an dem alles erschreckend unabstrakt wurde. Werden Sie darüber schreiben?, fragte Steve. Er wollte die Geschichte abschirmen. Ich weiß nicht, sagte ich. Sicher nicht ohne Ihre Erlaubnis. Okay, meinte er, das ist beruhigend. Es ist nicht meine Geschichte, sagte ich, es ist Ihre, aber es fühlt sich nahe an. Vielleicht als Epilog. Aber nichts ohne meine Erlaubnis, ja?, sagte er. Ja, sagte ich. Was immer Sie wollen, dass ich weglassen soll, lasse ich weg. Okay, wir werden sehen, sagte er, aber eventuell verwenden Sie nicht meinen richtigen Namen. Natürlich, sagte ich.

Über das Dach zum zweiten Fenster zu gelangen war gefährlich. Die einzig denkbare Option führte durch das Loch in der Trennwand.

Steve hatte irgendwelche Probleme mit seinem Bein und konnte das nicht machen, aber ich konnte es und sagte, ich würde es tun. Sind Sie sicher?, meinte Steve. Ich glaube, er fühlte sich ein wenig schuldig. Ich versicherte ihm, wie gern ich es tun würde. Wir sind genau da, sagte ich, wir sind so nahe daran, bei diesen Ziegeln nachsehen zu können. Ich legte mich auf den Rücken und schob mich vorwärts, zwängte mich hindurch, dann ging ich zur Außenmauer und hockte mich vor das zweite Fenster hin. Es gab keine Fensterscheibe, nur ein viereckiges Loch in der Mauer, verdeckt durch ein Holzbrett, das von zwei kreuzweise gespannten Metalldrähten gehalten wurde.

Das Fenster befand sich vier Ziegelreihen über dem Boden. Laut Steve, laut seinem Schwiegervater, sollten die Eier im oder hinter dem Ziegel sein, der unter dem Ziegel unter dem rechten Fenster war. Steve legte sich auf den Bauch und steckte den Kopf durch das Loch, um es zu sehen. Wow, sagte er. Das ist es. Sie sind da. Sie sind tatsächlich genau da. Das ist unglaublich, sagte er wieder und wieder.

Steve gab mir Anweisungen von seinem Hochsitz aus; das war seine Show, ich war sein Stellvertreter. Sind die Ziegel locker?, fragte er. Können Sie sie herausbrechen? Sie waren nicht locker. Steve stand auf und suchte im Dachboden herum, um etwas zu finden, mit dem ich die Ziegel losbrechen konnte. Er kam mit einem Nagel zurück, den er mir durch das Loch hindurch reichte.

Indem ich den Nagel als Meißel und einen Ziegel, den ich vom Boden aufhob, als Hammer verwendete, klopfte ich am Mörtel herum, der den obersten Ziegel am Platz hielt. Das machte ich eine Weile und kam auch ein wenig voran, aber nur sehr schrittweise und unter ziemlichen Mühen. Meine Finger begannen zu brennen, auch meine Beine und mein Rücken, denn ich konnte nur in der Hocke an die Ziegel heran. Zudem wurde ich immer nervöser. Wir waren weit über eine Täuschung hinausgaloppiert. Wir waren buchstäblich dabei, jemandes Zuhause zu zerstören, jemandes, der so entgegenkommend gewesen war. Falsche Vorspiegelungen waren die eine Sache; nicht erlaubtes Entfernen von Ziegeln etwas ganz anderes.

Es fühlte sich also nicht richtig an, und außerdem kamen wir nicht recht voran. Ich legte den Nagel und Ziegel hin, und Steve und ich besprachen, wie wir weiter vorgehen sollten. Wie wäre es, fragte ich, wenn Sie ihr einen Anteil an dem bieten, was immer Sie finden? Etwa eines der Eier. Zehn Prozent. Steve zögerte. Er war nicht gierig, aber er hatte Angst, dass uns Justyna, hatte sie erst einmal bemerkt, dass wir im wörtlichen Sinn nach einem Schatz suchten, auf der Stelle loswerden wollte. Bis jetzt war sie sehr liebenswürdig gewesen, das stimmte, aber wer wusste, was geschehen würde, bekäme sie mit, dass auf ihrem Dachboden zehn goldene Eier im Wert von 120 000 Dollar lagen. Also tüftelten wir diesen Plan aus: Steve würde ein wenig Geld anbieten, er würde sagen, wir suchten etwas, implizit sollte das heißen, etwas von sentimentalem Wert, aber wir würden Ziegel entfernen müssen, und wenn wir tatsächlich die Eier fanden, würden wir ihr trotzdem einen Anteil geben.

Steve ging hinunter zu Piotr und Justyna.

Ich meißelte weiter herum, langsam und unter Schmerzen. Es war glühend heiß auf dem Dachboden. Ich war schmutzig, schweißgetränkt, doch zielgerichtet und entschlossen und fühlte mich auf bizarre Weise zufrieden. Dauernd lachte ich in mich hinein. Da bin ich jetzt in Będzin auf dem Dachboden einer Fremden, hämmere an Ziegeln herum, suche zehn goldene Eier. Natürlich muss meine Geschichte so aufhören, sagte ich laut zu mir selbst.

Zehn Minuten später kam Steve zurück. Großartige Neuigkeiten, sagte er. Er hatte Justyna hundert Dollar angeboten, um am Dachboden suchen und ein paar Ziegel entfernen zu dürfen, und sie hatte eingewilligt, hatte ihm Carte blanche gegeben, keine Fragen gestellt, war liebenswürdig und nicht neugierig. Sie hatte ihm sogar ein kleines Beil gegeben, das einzige Werkzeug, das sie finden konnte. Steve reichte mir das Beil durch das Loch hindurch.

Ich hackte damit am Mörtel herum. Es war leichter als mit dem Nagel, ging aber trotzdem noch sehr langsam. Steve hatte ein besseres Gespür als ich, wie man Ziegel entfernte, und leitete mich an, das Beil als Keil zu verwenden, es zwischen die Ziegel hineinzutreiben, bis sie absprangen. Ich verwendete einen Ziegel, um auf das Beil zu hämmern. Es tat sehr weh. Ich bekam Blasen auf den Handflächen, und meine Finger wollten schön langsam nicht mehr mitmachen; ich hatte Mühe, den Ziegel zu umklammern. Aber wir kamen weiter. Wir kamen dem Punkt näher, wo die Eier entweder da oder nicht da sein würden, im Gegensatz zu vielleicht da.

Steve und ich redeten ununterbrochen. Steve kommentierte, wie irre das alles sei, dass er so viel weiter gekommen sei, als er je erwartet hatte. Dann sagte er: Vielleicht schreiben Sie lieber nichts über diesen Teil, das Suchen. Das ist Ihre Sache, sagte ich, aber darum geht es ja, dass wir suchen. Diesen Teil kann ich nicht rausschneiden. Wenn Sie nicht möchten, dass ich das reinnehme, dann müsste ich alles weglassen. Und das ist wiederum Ihre Sache.

Steve dachte einen Moment darüber nach. Wenn wir etwas finden, sagte er, dann schreiben Sie das nicht. Er war aus zwei Gründen nervös. Erstens, falls wir etwas fanden und ich darüber schrieb, dann hatte er nicht mehr das Heft in der Hand, und er sah das alles, wie schon immer, als höchst private Geschichte. Diese Geschichte gehört mir, so verstand ich das, was Steve mir in diesem Moment sagen wollte. Und zweitens dachte Steve, ein praktischer Typ, bereits über Steuern, Importzoll und so weiter nach. Natürlich, sagte ich. Es ist Ihr Schatz. Es ist Ihre Geschichte. Ich bin bloß Ihr Komplize.

Ich holte den ersten Ziegel heraus. Ich war erschöpft, meine Hände zitterten. Ich konnte kaum meine Finger krümmen.

Piotr rief nach Steve, und Steve ging nach unten. Ich machte weiter, machte schmerzhafte Fortschritte beim nächsten Ziegel. Einige Minuten später kam Steve zurück und erzählte mir, Justyna habe ihm für 10 000 Dollar die gesamte Wohnung angeboten. Er schien das tatsächlich zu überlegen. Dann schüttelte er den Kopf. Ich will die Wohnung nicht, sagte er. Wegen der Wohnung bin ich nicht gekommen. Ich bin wegen der Eier gekommen. Eigentlich nicht einmal wegen der Eier. Ich bin gekommen, um nach den Eiern zu suchen. Und wenn wir die Eier finden, gebe ich ihr gerne 10 000 Dollar.

Ich brauchte noch zwanzig Minuten, zwanzig schmerzhafte Minuten, bis der nächste Ziegel sich löste. Ich blickte zu Steve, der auf dem Bauch lag und starrte. O mein Gott, sagte er.

DANK

Dieses Buch würde nicht existieren ohne die Freundlichkeit und Großzügigkeit, die mir so viele Menschen erwiesen haben.

Auf den Seiten kommt es nicht immer zum Ausdruck, aber praktisch jede im Text erwähnte Person – alle, mit denen ich gesprochen, die ich interviewt, die ich behelligt habe – war außerordentlich entgegenkommend und geduldig, egal wie lästig oder uninformiert ich war. Joanna Lamparska im Besonderen öffnete mir jede Tür, und das über sehr lange Zeit: Die Chronologie in diesem Buch ist ein wenig unscharf, ich weiß, aber meine Zeit mit Joanna umfasste Jahre. Auch Larysa Michalska verdient besondere Erwähnung dafür, dass sie mir so oft bei so vielen Aufgaben geholfen hat. Danke an die Bewohner des Hauses in der Małachowskiego 12, besonders Bartek Piotrowski und Hanna Dobiecka. Hanna, eine unvergleichliche Chronistin der Liegenschaften in Sosnowiec, dazu eine liebevolle Mutter und Großmutter, ist 2018 gestorben. Danke an die Killerin und Grazyna für ihre harte Arbeit – eines Tages werden wir diese Party feiern. Und natürlich danke an die Schatzsucher, besonders meine Kameraden von HUNTER. Ich hoffe, ihr findet, was ihr sucht.

Meine Familie ist größer geworden. Shula, Rafi, Beni, Dorit, Sharon, Osnat, Oren; Albert und Maria; Alexander, Helga und Rita (sie sind ebenfalls Verwandte, wenn auch keine Blutsverwandten) – sie haben mich bei sich zuhause aufgenommen, mir ihre Geschichten erzählt und mir die Erlaubnis erteilt, jene von Abraham wiederzugeben. Ich bin für immer dankbar.

Danke an das Personal im Museum Groß-Rosen, besonders Dorota Sula, für die Hilfe bei der Recherche und in einem weiteren Sinn für ihre Bemühung darum, die Erinnerung an Abraham Kajzer und die anderen Häftlinge von Groß-Rosen zu bewahren. Justyna Kramarczyk war die absolut beste Rechercheassistentin, auf die ich gehofft haben könnte.

Michael Bayzler, hervorragende Autorität zu Fragen der Holocaust-Restitution, führte mich durch die Komplexitäten des polnischen Erbrechts; er war es, der mich auf den Umstand aufmerksam machte, dass es zwei verschiedene Arten von Todeserklärung gibt. Danke auch an Szymon Gostyński für seinen außerordentlich wertvollen juristischen Rat und sein Verständnis. Malwina Tuchendler, Luba Shynder und Gosia Wieruszewska waren meine Dolmetscherinnen bei einigen der längeren, intensiveren Interaktionen mit den Schatzsuchern; diese Aufträge waren, das können Sie mir glauben, kein Honiglecken, aber sie ließen sich nicht abschrecken.

Lotte Thaa leistete unschätzbare Hilfe bei den deutschen Dokumenten und während meiner Reise nach Deutschland. Dass ich die Gelegenheit erhielt, Gertruds Kinder zu treffen, ist allein ihr Verdienst.

Danke an Denise Grollmus, Dalia Wolfson und Shoshana Olidort für ihre hervorragende Übersetzungsarbeit.

Ich würde noch ein weiteres Buch brauchen, um allen in Polen gebührend zu danken, die meine Zeit dort so speziell gemacht haben; ein besonderer Dank geht aber an Anna »Spinjawa« Rozalka und Patrycja Pikul für ihre langandauernde Freundschaft, ihre Unterstützung, Aufnahme und gelegentlichen medizinischen Beistand und an Maria Bilyk für, nun ja, eine ganze Menge. Yak und Mechel sage ich *yasher koach* und *jeszcze jeden*.

Danke allen, die mir unterwegs geholfen haben: Elias Alt-
man, Arielle Cohen, Daniel Cowen, Natalia Czarkowska, Maay-
an Dauber, Lidija Haas, Yonah Krakowsky, Josh Lambert, Agi
Legutko, Anthea Malone, Sheila Miller, Judi Powers, Ezra Selig-
sohn und Rebecca Wolff. Danke auch dem Fulbright-Stipen-
dium und dem Wexner-Stipendium für die Unterstützung und
meinen ProfessorInnen und KommilitonInnen an der Univer-
sity of Michigan.

Dana Hammer bot unschätzbares Feedback zum Manuskript
und ist immer für mich dagewesen, hat mich immer unterstützt;
mein Leben ist so viel besser, weil sie dazugehört. Auf eine ein-
geschränkte, nichtsdestotrotz profunde Weise ist sie mein Rol-
lenvorbild.

Jason Francisco ist der liebenswürdigste und großzügigste
Mensch, den ich kenne, dazu ein unvergleichlicher Künstler,
Geistesmensch und Fotograf; was für ein Segen, ihn bei diesen
Reisen dabeizuhaben, was für ein Segen, ihn meinen Freund
nennen zu dürfen. Er hat mich viele Male daran erinnert, was
Schaffen bedeutet. Jason, lass dich umarmen. Maia Ipp ist von
Anfang an für mich dagewesen, hat mich unterstützt, beraten, er-
mutigt, gelobt, lektoriert, zurechtgewiesen, und das immer mit
viel Liebe, Geduld und Intelligenz. (Und es war wahrscheinlich
Maia und nicht ich, der zuerst auffiel, wie Andrzej und Joanna
damals an jenem Tag im Restaurant »Kajzer« sagten und damit
dieses Abenteuer anfachten; so jedenfalls in ihrer und Jasons
Erinnerung.) An jedem Punkt dieses Projekts war es sie, an die
ich mich gewandt, auf die ich mich verlassen, auf die ich mich ge-
stützt habe.

Danke an Janet Silver, ohne die ich nirgendwohin gekommen
wäre – ihr Urteil und ihre Anleitung waren alles.

Danke, immer und immer wieder, an Deanne Urmy für ihre

Ratschläge, ihren Weitblick und ihren Enthusiasmus, dies alles Wirklichkeit werden zu lassen. Ihre Unterstützung und ihr Glaube an das Projekt – und an mich – waren unerschütterlich; in meinen dunkleren Momenten, wenn ich keinen Sinn mehr sah oder wie es geschafft werden sollte oder warum es wichtig sei, war es ihre Zuversicht, die mir die meine gab.

An jene, die das Gefühl haben, ich hätte kein Recht oder hätte zumindest ein wenig vorsichtiger dabei sein sollen, Familienangelegenheiten hinauszuposaunen – ich hab's verstanden. Die Frage lastet auf mir. Es gab keine einfache Lösung. Es ist der Fluch des Schriftstellers, er muss versuchen, seine Geschichte so wahrhaftig und vollständig wie möglich zu erzählen, während er gleichzeitig jene Details minimieren muss, die andere als überflüssig oder beschämend empfinden könnten. Vielleicht habe ich in diesem Punkt versagt. Falls ja, dann hoffe ich, dass man mir vergibt.

Reva, Tehila, Batsheva, Shalom und Miri – ich liebe euch und finde es wunderbar, dass wir einander am Hals haben.

Und schließlich danke an meine Eltern, die geben und geben und geben, die mir den Wert der Tradition beigebracht haben, was es bedeutet, die Vergangenheit wichtig zu nehmen, seine *yichus* zu ehren, jene in Ehren zu halten, die vor einem waren.

ANMERKUNGEN

Dies ist ein Sachbuch, es ist alles wahr, es ist alles geschehen, doch etliche Einschränkungen sind zu beachten. Die Dialoge sind nicht notwendigerweise wörtlich wiedergegeben – ich habe mir nicht immer Notizen gemacht oder Unterhaltungen aufgenommen, besonders in der frühen Phase –, und mein Gedächtnis ist nicht vollkommen. Einige Namen wurden geändert, um Anonymität zu bewahren, und »Jechiel« ist aus mehreren Personen zusammengesetzt.

KAPITEL 1

Polnische Namen und Orte sind in der polnischen Schreibweise wiedergegeben, die Vornamen meiner Verwandten wurden anglisiert (*bzw. in deutscher Schreibweise wiedergegeben; Anm. d. Ü.*). So wurde zum Beispiel aus »Mosze« (oder »Moszek«) – so wurde der Name meines Urgroßvaters auf den polnischen Dokumenten geschrieben – »Mosche«. Ich habe diese Ausnahme gemacht, weil die Namen ja eigentlich nicht polnisch, sondern hebräisch / jiddisch sind; in anderen Worten, sie wurden bereits transliteriert; die englische (*bzw. deutsche*) Schreibweise stimmt sozusagen ebenso wie die polnische.

KAPITEL 13

Ein paar Wochen danach führten Joanna und ich Andrzej zu Jaceks Haus; wir wollten herausfinden, was sich hinter den mysteriösen Wänden im Keller verbarg. Wir hatten keinen Erfolg. Andrzej, der einen lachhaft großen Bohrer verwendete – mindestens einen Meter lang –, bohrte ein Loch in die Wand und versuchte dann eine Rohr-Inspektionskamera hineinzubefördern, aber er brachte sie nicht zum Funktionieren, es war zu viel Schutt darin.

KAPITEL 14

Ich fand schließlich heraus, in welchem Haus Abraham sich versteckt, oder besser, wo das Haus gestanden hatte. Während meines Besuchs bei Gertruds Sohn Alexander Fröhlich zeigte er mir Videos von einer Reise nach Głuszyca, die er Anfang der 1990er Jahre unternommen hatte, und darin kam auch das Haus vor, ein hübsch aussehendes zweistöckiges Landhaus. Aber es war inzwischen abgerissen worden, und Alexander erinnerte sich nicht mehr an seinen Standort.

Später sah ich mir meine Aufnahme seiner Aufnahme (ich hatte sie mit meinem Handy fotografiert) noch einmal an und bemerkte, dass direkt gegenüber dem Haus auf der anderen Straßenseite eine in auffälligem Rot gestrichene metallene Schaukel stand. Auch der Spielplatz war inzwischen demoliert worden, aber Joanna fand Fotos davon im Archiv, dadurch konnten wir den Standort lokalisieren und zusätzlich die Position des Hauses: Dort ist jetzt ein offenes Feld in der Kościuszko-Straße, auf der westlichen Seite, nicht allzu weit vom Friedhof.

KAPITEL 15

Bein Hamitzarim ist, wie ich erwähnt habe, eine relativ getreue Übersetzung von *Za Drutami Śmierci*, aber interessanterweise weit entfernt von einer vollkommenen. Es gibt Dutzende Abweichungen zwischen den beiden Texten. Die meisten sind unbedeutend, sie haben mit Wortwahl oder Stil zu tun – die natürlichen Nebenprodukte einer Übersetzung – oder den Besonderheiten der jeweiligen Sprache. *Bein Hamitzarim* verwendet zum Beispiel mehr biblische und religiöse Sprache / Metaphern, aber das gehört zum umgangssprachlichen Hebräisch. Und einige der Änderungen können wahrscheinlich dem Umstand zugeschrieben werden, dass *Za Drutami Śmierci* im kommunistischen Polen der frühen 1960er Jahre erschien. In *Bein Hamitzarim* findet sich zum Beispiel eine wenig schmeichelhafte Erwähnung eines kommunistischen Kapos, gefolgt von wenig schmeichelhaften Bemerkungen über die politischen Häftlinge im Lager. Aber in *Za Drutami Śmierci* wird aus dem Wort »Kommunist« das Wort »Bürokrat«, und die Bemerkung über die politischen Häftlinge fehlt.

Auch einiges an der Formatierung ist unterschiedlich – Kapitel und Abschnitte beginnen und enden an anderen Stellen. Ich weiß nicht, wie ich das erklären soll.

Etwas seltsamer sind die Abweichungen bei Fakten und Zahlen – Maße, Schätzungen, Entfernungen, Zahl der Häftlinge, Wochentage. Auch da bin ich mir nicht sicher, wie ich es deuten soll. Hatte Abraham in *Bein Hamitzarim* Ungenauigkeiten aus *Za Drutami Śmierci* korrigiert? Ich nehme an, das ist möglich, obwohl es angesichts dessen, dass viele davon sich in jenem Abschnitt des Buches finden, der angeblich als Tag-für-Tag-Bericht verfasst wurde, wirklich keinen Sinn ergibt. Vielleicht hatte Ostoja etwas falsch gelesen oder aus irgendeinem Grund etwas verändert, das im Tagebuch gestanden hatte, und *Bein Hamitzarim* war eigentlich eine Korrektur. Vielleicht ist der Übersetzer ins Hebräische dafür verantwortlich.

Es gibt auch drastischere Unterschiede. Sätze und manchmal ganze Absätze wurden umgestellt und weggelassen oder hinzugefügt. Einige dieser Änderungen scheinen erklärbar. Ungefähr in der Mitte von *Za Drutami Śmierci* findet sich eine herzzerreißende Passage, in der Abraham den Verlust seines Sohnes und seiner Frau beklagt. In der entsprechenden Stelle in *Bein Hamitzarim* allerdings wird seine Frau nicht erwähnt – anscheinend hatte Abraham entschieden, sie aus dem Text zu eliminieren (sonst würde das bedeuten, dass Ostoja aus eigenem Antrieb die Frau in die Stelle hineinschrieb, was unwahrscheinlich scheint). Wer weiß, was Abrahams Motive waren, aber ich glaube, es bedeutet etwas, dass Abraham inzwischen wieder verheiratet war. Aber die meisten der drastischeren Veränderungen bleiben im Dunkeln, weil wir nicht wissen, welche Richtung die Adaptionen nahmen. Offenbar gab es ein originales polnisches Manuskript, auf das sich Ostoja und Abraham geeinigt hatten, Abraham nahm Änderungen daran vor, als er *Bein Hamitzarim* herausbrachte, und Ostoja wiederum seine eigenen bei der Publikation von *Za Drutami Śmierci*. Wir wissen also bei keiner Variation, was das Original war und was justiert wurde.

Ostojas Rolle in dieser Geschichte schien mir so eigenartig und lückenhaft, dass ich tatsächlich begann, an seiner Existenz zu zweifeln, mich zu fragen begann, ob er nicht vom Verleger erfunden worden war, um Abrahams Buch besser präsentieren zu können oder etwas Ähnliches. Ich konnte zwar nie besonders viel über Ostoja herausfinden, aber schließlich eine Bestätigung erhalten, dass er eine reale Person gewesen war. Ich werde Ihnen sagen, wie das vor sich ging; es wird ein Gefühl von der verrückten, emotionsbeladenen Zufälligkeit vermitteln, die so oft diese polnischen Erinnerungsabenteuer antreibt.

Ich fuhr mit einem Freund nach Łódź, um das Grab von Abrahams Vater und von meinem Großonkel Feiwusch aufzusuchen – soweit ich wusste, das einzige Kajzer-Grab in Polen –, und nachher riefen wir ein Taxi und baten den Fahrer, uns irgendwohin zu bringen, wo wir uns aufwärmen und eine Tasse Kaffee trinken könnten, irgendetwas, das er uns empfehlen könne. Er ließ uns im Stadtzentrum aussteigen, an der Piotrkowska 86, einem prachtvoll restaurierten Gebäude mit einem Café im Erdgeschoss. Als wir hineingingen, merkte ich, dass mir die Adresse bekannt war, obwohl ich nie vorher in Łódź gewesen war: Sie stand auf der

Copyright-Seite der ursprünglichen polnischen Version von *Za Drutami Śmierci* – es war die Adresse des seit langem nicht mehr existierenden Verlags, Wydawnictwo Łódzkie. Monatelang hatte ich versucht, jemanden zu finden, der dort gearbeitet hatte oder wusste, wo seine Unterlagen aufbewahrt wurden, um mehr über *Za Drutami Śmierci* und Adam Ostoja zu erfahren, hatte aber keinen Erfolg gehabt.

Wir fragten die Kellnerin, ob sie etwas über Wydawnictwo Łodzkie oder die Geschichte des Gebäudes wisse. Nein, aber vielleicht der Besitzer, und sie führte uns zu ihm. Auch der Besitzer meinte, er wisse nichts, doch eventuell sein Vater – nachdem Wydawnictwo Łódzkie ausgezogen sei, erklärte er, habe der Verlag seines Vaters die Räumlichkeiten übernommen.

Der Cafébesitzer rief seinen Vater an, der nichts wusste, aber vorschlug, wir sollten seinen guten Freund Ryszard Bonisławski fragen, Senator im polnischen Parlament und Amateurhistoriker; sein Büro lag zufällig auf der gegenüberliegenden Straßenseite; der Vater des Cafétiers vermittelte uns den Kontakt zum Senator, der sich gerne bereiterklärte, uns zu treffen.

Senator Bonisławski kannte die Ostojas gut: Adams Sohn Andrzej war ebenfalls Senator gewesen, dazu Science-Fiction-Schriftsteller von einigem Renommee.

Am nächsten Tag gingen wir in Warschau zur polnischen Schriftstellervereinigung, schlugen Andrzej Ostojas Bücher nach und entdeckten, dass er gemeinsam mit seinem Vater zwei Bücher geschrieben hatte, *Tirolinka* (1968) und *Waleczny Domek* (1969). Aus dem Klappentext erfuhren wir, dass Adam Ostoja 1963 gestorben war, nur ein Jahr nach der Veröffentlichung von *Za Drutami Śmierci*; er hatte so gut wie sicher nie wieder mit Abraham gesprochen.

KAPITEL 17

Laut Abrahams Bericht hatte Gertrud fünf Kinder, die bei ihr lebten. Aber tatsächlich waren es nur vier: Gertruds jüngster Sohn Adolf war damals schon an Scharlach gestorben.

KAPITEL 18

Die Besitzverhältnisse an dem Gebäude schlüsseln sich auf wie folgt:

Der gesamte 68-prozentige Anteil Mosche Kajzers ging an sein einziges überlebendes Kind, meinen Großvater.

Schia hatte keine Kinder – zumindest keine überlebenden –, und so ging sein 32-Prozent-Anteil an seine Geschwister, von denen wiederum nur zwei, Mosche und Feiwusch, Kinder hatten, welche den Krieg überlebten. Dementsprechend ging eine Hälfte von Schias Anteil an meinen Großvater und eine an Necha, Chaskiel und Abraham.

Also gehören meinem Vater, meinem Onkel und meiner Tante 84 Prozent des Gebäudes; Nechas und Chaskiels Kinder besitzen die restlichen sechzehn Prozent.

INHALT

Teil eins
MAŁACHOWSKIEGO 12
– 7 –

Teil zwei
RIESE
– 61 –

Teil drei
MAŁACHOWSKIEGO 34
– 151 –

Teil vier
DAS EWIGKEITSBUCH
– 227 –

Epilog   – 305 –

Dank   – 323 –
Anmerkungen   – 327 –